Esoterik

Herausgegeben von Gerhard Riemann

Etwa ein Drittel unserer Lebenszeit verbringen wir schafend bzw. träumend. Was wissen wir hierüber? Im Grunde genommen herzlich wenig.
Sicherlich, die Forschung hat herausgefunden, daß bei 8 Stunden Schlaf
pro Nacht in etwa 1½ Stunden im Traumzustand verbracht werden. Aber
was geschieht in den Tiefschlafphasen? Es gibt Spekulationen der-
gestalt, daß sich unser Astralleib vom Körper löst und sich in andere
Dimensionen begibt, an die wir uns beim Erwachen nicht mehr erinnern
können. Ähnlich der Reinkarnationsvorstellung, daß die Seele beim Ein-
tritt in einen neuen Körper allmählich das konkrete Wissen ums Jenseits
und um Erfahrungen aus früheren Leben verliert. Also: Der Schlaf, ein
kleiner Tod?!
Leichter als Tiefschlafphasen erschließen sich uns Traumphasen.
Obwohl viele Menschen meinen, sie würden gar nicht träumen, weil sie
sich nie an Träume erinnern können, so konfrontiert uns doch jede Nacht
mit Inszenierungen unserer unbewußten Seeleninhalte. Sie ins Bewußtsein zu heben, mit ihnen umgehen zu lernen und somit ihre dunkle, weil
unerkannte Seite zu erhellen, dazu leiten uns die Traumseminar-Abende
mit Hildegard Schwarz an.

Originalausgabe 1987
© Droemersche Verlagsanstalt Th. Knaur Nachf., München 1987
Das Werk einschließlich aller seiner Teile ist urheberrechtlich geschützt.
Jede Verwertung außerhalb der engen Grenzen des Urheberrechts-
gesetzes ist ohne Zustimmung des Verlages unzulässig und strafbar.
Das gilt insbesondere für Vervielfältigungen, Übersetzungen,
Mikroverfilmungen und die Einspeicherung und Verarbeitung
in elektronischen Systemen.
Umschlaggestaltung Dieter Bonhorst, München
Satz IBV Satz- und Datentechnik GmbH, Berlin
Druck und Bindung Ebner Ulm
Printed in Germany   5   4   3   2
ISBN 3-426-04170-7

Hildegard Schwarz:
Aus Träumen lernen

Mit Träumen leben

Inhalt

Vorwort

So fing es an. Gelangweilt und mit mir und der Welt zerfallen, drehte ich am Radioknopf und sprang von Frequenz zu Frequenz. Da sagte eine melodische Stimme: »Träume sind...«, und ich horchte auf.

»Erinnerungen, Träume, Gedanken« hieß das von C. G. Jung verfaßte Buch, aus dem einige Passagen vorgelesen wurden. Ein Funke sprang auf mich über, zündete und gab meinem Leben eine völlig neue Richtung. Mit einnemmal war es da, das große Abenteuer, das nicht nach außen, sondern in die eigene Innenwelt führte, wo Schätze auf ihre Entdeckung warteten.

Ein Kindertraum, im Gedächtnis aufbewahrt, stand mir wieder vor Augen. Ich sah mich in einigem Abstand vor mir herlaufen, im kurzen Kleid, den Zopf auf dem Rücken und ungefähr elf Jahre alt. Dann beobachtete ich, wie sich rechts und links Teile von meiner Schulter lösten und zu Boden fielen. Nach dem Aufwachen schien es mir, als sei ich aus einer Hülle geschlüpft und verwandelt worden. Unwirklich brachte ich diesen Vorgang in Beziehung zu meinem »Max-und-Moritz«-Buch. Es war die Erzählung, wo der Bäcker die beiden in einen Brotteig einbäckt, aus dem sie sich später wieder herausknabbern. Wie die weiteren Erzählungen zeigen, hatte diese Prozedur keinerlei Erfolg. Die Lausbuben mußten ihren jugendlichen Übermut erst ausleben, ehe sie den nächsten Entwicklungsschritt vollziehen konnten.

Rückblickend gesehen, kündigte sich jedoch in meinem Traum eine neue Lebensphase an. Das Kinderkleid glitt von den Schultern, und das mühsame Erwachsenwerden begann. Entwicklung bedeutet Auswickeln, heraus aus dem Alten und hin zu unbekanntem Neuen.

Bereit zur Verwandlung sein und sich dem Fluß des Lebens nicht widersetzen, das war die große neue Richtung, der Sinn meines Lebens. Und ich bin ihm und den Träumen, die mir dabei halfen, treu geblieben. Zehn Jahre intensive Arbeit an den eigenen Träumen, dem unerschöpflichen Potential unserer nächtlichen Existenz, gaben mir Kraft, Mut und Selbstvertrauen. Ich war nicht mehr allein. Träume, inzwischen zu Freunden geworden, begleiteten mich. Sie halfen Schwierigkeiten überwinden, trösteten, warnten und belehrten mich, ohne die Geduld zu verlieren. Anlagen und Fähigkeiten, unbewußt und unbeachtet, drängten nach Betätigung. Die Verwirklichung neuer Ideen und guter Einfälle gaben das Gefühl, jetzt erst wirklich zu leben. Es war wunderbar, und ich erkannte: »Wer an Wunder glaubt, dem geschehen sie.«

Ich kam dem Wunsch nach, in Seminaren mehr über meine Traumerfahrung zu berichten und Anleitung über den Umgang mit Träumen zu geben. Aus dieser fruchtbaren Erfahrung mit Menschen, die sich nicht mehr einfach treiben lassen und in den Tag hinein leben wollen, entstand dieses Buch. Es möchte die Einsicht wecken für ein Phänomen, das uns zur Orientierungshilfe mitgegeben wurde. In unserem inneren Kosmos haben sich die Erfahrungen der ganzen Menschheit niedergeschlagen, und sie finden ihren bildhaften Ausdruck in den Träumen.

Geniale Seelenkenner entwickelten Hilfsmittel, um die Bildersprache der Träume verstehen zu lernen. In meinem aus der Praxis entstandenen Buch verwende ich dieses Rüstzeug und biete in einfacher und verständlicher Form Möglichkeiten an, Botschaften der Träume zu erkennen und zu verstehen. Es will den Leser ermutigen, sein Traumland zu entdecken, in dem Kräfte wirken, die ihm lebenswichtige Einsichten vermitteln. In den Gestalten von Menschen und Tieren, Weisen und Narren, Zauberern und Königen, Hexen und Heiligen, Engeln und Teufeln rühren sie ihn an, und wenn er sie versteht, wird sich sein Leben auf wunderbare Weise ändern.

Ich möchte hier gleich den Dank für alle Teilnehmer meiner Seminare anfügen, die mir so viel Vertrauen entgegenbringen. Gemeinsam mit mir gehen sie den unbekannten Weg ins Unbewußte, um die in ihm wirkenden positiven und negativen Kräfte zu erkennen und zu lernen, mit ihnen umzugehen. Zu eigenem Wohl und zu dem der Mitmenschen.

Mein Dank gilt auch Herrn Dr. Michael Günther, der das Manuskript redigierte, sowie Frau Ingeburg Baum und Frau Helga Vonbrunn, denen ich es in die Maschine diktierte.

Kulmbach, im Frühjahr 1987

DAS TRAUMSEMINAR

Liebe zukünftige Traumfreunde,
ich freue mich, daß Sie mit mir in einen Bereich der Seele
gehen wollen, in dem die Träume wirken. Wir begegnen
ihnen während des Schlafens in den Traumphasen und
verfolgen das dramatische Geschehen mit Interesse. Sich
nach dem Aufwachen daran zu erinnern ist sinnvoll und
nutzbringend.

Auch wenn Träume beängstigend und verworren erschienen, sollten sie nicht mit der Redensart »Träume
sind Schäume« abgetan werden, was besagen will,
Träume hätten nichts zu bedeuten, seien unwichtig und
überflüssig. Obwohl Träume, diese zarten, flüchtigen
Gebilde, meistens vergehen wie der Schaum, den die
Welle an den Strand wirft, sind sie nicht bedeutungslos.
Im Gegenteil. Ohne unsere Träume wären wir arm dran.
Wir würden körperlich und seelisch erkranken. Vor dieser Gefahr schützen uns die Träume. Sie versuchen, unser Gleichgewicht, wenn es verlorenging, wiederherzustellen.

Diese ausgleichende oder kompensierende Funktion der
Träume ist experimentell belegt, in Schlaflaboratorien
hat man sie in Versuchen mit Studenten bewiesen: Jeden
Abend kamen die jungen Leute mit dem Schlafanzug unter dem Arm, legten sich in die bereitgestellten Betten,
wurden an Apparate angeschlossen, die ihre Gehirn-
ströme maßen, und versanken in Schlaf. Während man
alles registrierte, beobachtete man die Augen der Schla-
fenden besonders aufmerksam. Sobald diese begannen,

sich sehr schnell hin und her zu bewegen, hat man die Versuchspersonen geweckt. Die schnellen Augenbewegungen in der REM-Phase (*rapid eyes movement*) zeigen das Träumen an. Sie sind ein Zeichen dafür, wie interessiert wir das Traumgeschehen verfolgen.

Ungefähr vier- bis fünfmal jede Nacht wurden die Versuchspersonen auf diese Weise geweckt und damit am Träumen gehindert. Nach mehreren Nächten traumlosen Schlafens waren die Studenten tagsüber reizbar, überängstlich und konnten sich nicht mehr konzentrieren. Alle diese Symptome verschwanden, als man sie wieder träumen ließ. Sie holten sogar in den folgenden Nächten das Träumen nach, denn ihr Traumphasenanteil am Schlaf erhöhte sich von vorher 18 auf 29 Prozent. Trotz ausreichender Schlafdauer geht also bei einem Traumentzug das seelische Gleichgewicht verloren, und es treten heftige Störungen auf, wenn man das Träumen ausschaltet.

Eigentlich könnten wir uns mit dieser Tatsache zufriedengeben und sagen: »Gut, die Träume balancieren mich aus, sie kompensieren meinen mehr oder weniger entgleisten Zustand über eine schwierige Lage, in der ich mich augenblicklich befinde, und sie sorgen dafür, daß die Bäume nicht zu klein und nicht zu groß in den Himmel wachsen.«

Doch der Mensch hat schon immer geahnt – zu allen Zeiten und bei allen Völkern –, daß Träume, die aus hellen und dunklen Bereichen der Seele kommen, viel mehr bedeuten. Denken Sie nur an die zahlreichen Träume, von denen die Bibel erzählt. Für die Menschen der damaligen Zeit waren sie eine Verbindung zum Jenseits. Zu Recht hat jemand einmal Träume als »die vergessene Sprache Gottes« bezeichnet.

Jakob träumte von der Himmelsleiter, auf der die Engel

auf- und niederstiegen. Ein Pharao träumte von den sieben mageren und den sieben fetten Kühen und daß die mageren die fetten auffraßen. Der babylonische König Nebukadnezar träumte von einem Baum, der sein Reich überspannte und abgehauen werden mußte. Um die Träume zu verstehen, bedienten sich die Herrscher ihrer Traumdeuter, die ihnen die Träume auslegten. Der große Alexander zog in keine Schlacht, ohne vorher seine Traumdeuter befragt zu haben.

Bis in die heutige Zeit ist der Gedanke erhalten geblieben, daß Träume Botschaften senden, die für uns wichtig sind. Da sie in Bildern zu uns sprechen, müssen wir diesen Bildertext der Seele erst lesen lernen. Helfer für diese Aufgabe sind Traumseminare wie auch Bücher, die in den Umgang mit Träumen einweisen. Leider gibt es eine ganze Reihe von Traumbüchern, die es sich sehr einfach machen. Sie rechnen mit der Gedankenlosigkeit und Bequemlichkeit des Lesers. Man braucht nur nachzuschlagen auf Seite soundso, und schon ist man im Bilde. – Da heißt es beispielsweise:

Aal aus der Hand schlüpfen lassen = Dir geht ein vorteilhaftes Geschäft verloren
Ansichtskarte schreiben = Du hängst unnützen Plänen nach
Austern essen = Glückliche Schwangerschaft
Ball spielen = Du handelst unbesonnen
Rote Beeren pflücken = Tod eines nahen Verwandten
Schwarze Beeren pflücken = Viel Herzeleid und Kummer
Ein Findelkind entdecken = Treulosigkeit des Gatten
Federvieh rupfen = Du hast mit schwatzhaften Personen zu tun
Bombe explodieren sehen = Ein unerwartetes Ereignis

Dies ist natürlich reiner Unsinn und einer ernsthaften Auseinandersetzung mit Träumen abträglich.

Berühmte Psychologen wie Sigmund Freud, Alfred Adler und C. G. Jung haben in jahrzehntelangen Studien Erfahrungen über Träume gesammelt, die uns heute allen zugute kommen. Endlich wissen wir mehr um den Schatz, den wir in Form der Träume in uns tragen. Ihn wieder auszugraben kommt einem seelischen Erwachen gleich. Ungeahnte schöpferische Kräfte werden frei, mit denen umzugehen unsere Leiden verringern und unsere Freuden verdoppeln kann.

Machen wir uns doch einmal klar, daß wir ein Drittel unseres Lebens schlafend verbringen. Im Alter von 75 Jahren hat man 25 Jahre seines Lebens schlafend und träumend verbracht. Und was erleben wir nicht alles im Traum! Welch seltsame Begegnungen haben wir hier! In was für abenteuerliche Geschichten werden wir verwikkelt! Manche Träume sind so eindrucksvoll, daß wir uns noch jahrelang an sie erinnern. Schade nur, daß sie ihre Botschaften in Bildern verschlüsseln, die uns meist fremd anmuten. Es gelingt uns nicht, sie zu enträtseln. Das soll sich nun mit diesem Traumseminar ändern. Es ist gedacht als Einführung in den Umgang mit den eigenen Träumen.

Wie wird diese Arbeit aussehen?

Wir werden zunächst klären, warum wir uns mit Träumen beschäftigen. Zweitens, wie wir uns ihnen gegenüber zu verhalten haben, und drittens, wie wir uns am besten an sie erinnern können. Danach verschaffen wir uns einen allgemeinen Überblick über den Traum und sehen zu, aus welchen Elementen er zusammengesetzt ist. Mit den Fragen nach Figuren, Motiven und Handlungsabläufen erhalten wir die ersten Antworten über seinen Aufbau, der dem eines Dramas sehr ähnlich ist.

In den nächsten beiden Runden geht es um zwei Regeln der Traumdeutung. Die eine nennt sich »Deutung auf der Subjektstufe«, die andere »Deutung auf der Objektstufe«. Das sind zunächst etwas merkwürdige Bezeichnungen, die, an mehreren Beispielen erläutert, verständlich und durchschaubar werden. Locker gehandhabt, sind sie eine Hilfe, dem Traumverständnis näherzukommen. Welcher man sich bedient, hängt jeweils von den Traumfiguren und Symbolen ab.

Nachdem wir noch einen Blick auf die kompensatorische Funktion der Träume geworfen haben, setzen wir unsere Arbeit in der nächsten Runde mit den Traumserien fort. Sie entstehen, wenn man die Träume regelmäßig in ein Traumtagebuch einträgt. Sie werden überschaubar und lassen sich miteinander vergleichen.

Dabei kann uns vieles auffallen. Beispielsweise wie Träume um ein Problem kreisen, um die ihm zugrunde liegenden Tatsachen, Personen und Umstände hervorzuheben, damit wir es vollständiger erleben, um es auflösen zu können. Ihren Bemühungen verdanken wir Einsichten, die uns die Nützlichkeit der Traumarbeit beweisen und zum Weitermachen anspornen. Langsam und stetig wächst das Gefühl für die Träume, und wir lernen uns und unsere Probleme besser zu verstehen.

Ein weiteres Hilfsmittel für die Selbsterkenntnis ist eine von C. G. Jung entwickelte Technik, die er »inneren Dialog« nannte. Sie wurde von der modernen Psychologie übernommen und erweitert.

Wir suchen einen geeigneten Ort auf und reden laut mit einer Person, einem Tier oder einem Ding, die uns im Traum erregt haben, und sagen ihnen ehrlich unsere Meinung. Danach drehen wir uns um, werden zu dem Angesprochenen und antworten möglichst spontan auf das Gesagte. Es bedarf einiger Übung, bis die erleichternde Wirkung spürbar wird, unterdrückte Gefühle auszusprechen und sein wahres Wesen herauszustellen. Diese Technik wird auch angewendet, wenn sich Figuren, Gegenstände und Situationen im Traum hartnäckig einer Deutung entziehen.

Das Thema der letzten Runde sind die Symbole. Die Beschäftigung mit ihnen und das meditative Eintauchen in diese mit Energien aufgeladenen Bilder weckt schlummernde Fähigkeiten, macht kreativ und führt zu einem gesteigerten Lebensgefühl.

Die Hinwendung zum Traum

Wichtig ist mir bei meinen Ausführungen vor allen Dingen Ihre Mitarbeit. Was ich Ihnen über Träume erzähle, sollen Sie selbst erleben, entdecken, nachprüfen, bestätigen oder in Frage stellen; kurzum, Sie müssen selbst Ihre Traumerfahrungen sammeln und brauchen mir nichts zu glauben.

Es ist ein sehr individueller Weg, sich mit seinen Träumen zu beschäftigen, aber man braucht zumindest zu Anfang einen Wegbegleiter, der bereits Erfahrungen gesammelt hat und weiß, wie man die Sache anpackt. Es gehören Lust und Liebe dazu, nie erlahmendes Interesse, Ausdauer und viel Geduld. Denn es ist nicht so einfach, die Bildersprache, in der sich die Träume ausdrücken, verstehen zu lernen. Man könnte es mit dem Erlernen einer Fremdsprache vergleichen, was ja auch nicht von heute auf morgen geht.

1. Der Zugriff zum nächtlichen Traumgeschehen

Niemand, aber auch wirklich niemand ist so stark an unserem Dasein beteiligt wie eben unsere Träume. Immer meinen sie uns ganz persönlich, immer spiegeln sie uns und unser Leben.

In diesen Spiegel zu blicken ist oft nicht angenehm, denn die Träume lügen nicht. Sie stellen uns so dar, wie wir wirklich sind, sowohl mit unseren positiven wie auch mit unseren negativen Seiten.

»Du bist gut«, sagen uns die Träume. Oder auch: »Du möchtest gut sein... möchtest lieben und geliebt werden... möchtest Erfolg im Leben haben und glücklich sein, aber es gelingt dir nicht immer. Doch wenn du über dich nachdenkst, ein wenig über dein Leben reflektierst, wobei wir dir helfen wollen, wird sich vieles günstig verändern. Du lernst dich zunächst einmal genauer kennen. Dir geht ein Licht auf, wie oft du deine Schwierigkeiten selbst verursacht hast. Wir helfen dir bei der Klärung einer dich beunruhigenden Situation. Wir befreien dich von Hemmungen und bringen wieder in Fluß, was sich gestaut hat. Die Unsicherheit, Entscheidungen zu treffen, verringert sich. Wir zeigen dir deine noch immer wirksamen Kinderängste und helfen mit, sie aufzulösen. Wir bieten dir Zuflucht, wenn du dich einsam und verlassen fühlst. Wir verbinden dich wieder mit den geistigen Mächten, die in dir wirken. Schließlich wird dir noch auffallen, daß du nicht Gott, die Welt und die Menschen für dein Mißlingen verantwortlich machen darfst, sondern die Verantwortung selbst auf dich nehmen mußt. Aus alldem ersiehst du, wie sehr wir auf dein Wohl und Wehe bedacht sind. In uns hast du wirkliche Freunde gefunden, die dich ein Leben lang treu begleiten.«

Es ist also keine verschwendete Zeit, sondern eine lohnende Beschäftigung, sich seinen Träumen hinzuwenden. Die Haltung, die wir ihnen entgegenbringen, muß offen, voller Vertrauen und Hingabe sein, soll sich der Fluß der Informationen reibungslos vollziehen. Denn mit jedem Traum erfahren wir mehr von ihren Botschaften, die immer nur unser Bestes wollen; obwohl es manchmal gar nicht so aussieht, wenn wir an die Angstträume denken, die uns schreiend und in Schweiß gebadet aufwachen lassen. Bringen wir den Mut auf, uns zu stellen, erkennen wir in ihnen die verborgene Absicht. Ihr Ziel besteht darin, uns in jeder Hinsicht zu fördern, Hemmnisse aus dem Weg zu räumen und die seelische Entfaltung voranzutreiben. Wir können die Träume in ihrer Aufgabe unterstützen, wenn wir ihre bildkräftigen Aussagen verstehen lernen.

Beginnen muß es mit der freudigen Erwartung ihrer nächtlichen Besuche und mit dem Vorsatz, sich am Morgen an sie zu erinnern. Viele Menschen behaupten ja, sie träumten nie, und wenn, dann sei es so verrücktes Zeug, daß es nicht lohne, sich damit zu beschäftigen. Andere wieder beklagen, daß sie sich nie an einen Traum erinnern können. Dem ist aber leicht abzuhelfen. Es ist nützlich, sich vor dem Einschlafen in entspanntem Zustand ein paarmal zu sagen: »Ich will mich an meinen Traum erinnern!« Ein kurzer, prägnanter Satz genügt. Am Morgen sollte man das Aufwachen nicht überstürzen, sondern langsam in den neuen Tag hinübergleiten, noch in der Schlafstellung verbleiben und den Traum, leicht dösend, am inneren Auge vorüberziehen lassen. Hat man ihn erfaßt, greift man nach dem bereitgelegten Schreibzeug, um ihn sofort festzuhalten. Verschieben Sie bitte die Aufzeichnung nicht auf später. In den meisten Fällen wird er von den Tagesereignissen überdeckt und hinterläßt nur noch Spuren, die wenig aussagen. Je spontaner Sie den Traum aufschreiben, ohne erst lange nach Worten zu suchen, desto mehr fließt aus dem Unbewußten mit ein und erleichtert Ihnen die Deutung.

Vorteilhaft ist auch, den Traum auf Kassette zu sprechen. An der fühlbaren Erregung in der Stimme kann uns dann die Bedeutung sehr rasch klarwerden. Trotzdem sollte er später in ein Traumtagebuch eingetragen werden, denn dies trägt wesentlich zu einer guten Beziehung zu unseren Träumen bei. Auch die Träume, die uns stark beeindruckt haben und von denen wir meinen, daß wir sie bestimmt behalten, sollten wir gleich aufschreiben, und zwar (das gilt für alle Träume) immer in der Gegenwartsform und versehen mit dem Tagesdatum des Aufwachens.

2. Der Traum bei Tage besehen

So, nun besitzen Sie schwarz auf weiß, was Sie geträumt haben. Wie geht es weiter? Wenn Sie vorerst keine Zeit haben, sich intensiv mit dem Traum zu beschäftigen, können Sie doch tagsüber Ihre Gedanken um ihn kreisen lassen. Bei allen Routinearbeiten ist das möglich. Sie nehmen den Traum auf wie einen Brief, der Ihnen eine Mitteilung bringt. Sie fühlen sich in ihn ein und versuchen, sich mit seinem Inhalt vertraut zu machen. Auch Tätigkeiten, die Sie im Traum ausgeübt haben, können Sie noch einmal nachvollziehen – beispielsweise Tanzen, Singen, Springen, vor etwas flüchten, auf eine Leiter steigen, Geschirr spülen, etwas suchen und dergleichen mehr. Werden Sie sich der Gefühle bewußt, die bei diesen Tätigkeiten in Ihnen aufsteigen! Achten Sie auf die Einfälle, die Ihnen bei dem Geschehen kommen! Sie stehen in irgendeiner Beziehung zu dem Traum und machen ihn durchschaubar. Die enge Beziehung, die Sie auf diese Weise zu Ihren Träumen herstellen, muß jeder Deutung vorausgehen. Das gefühlsmäßige Eintauchen in den Traum ermöglicht Ihnen sogar manchmal, seinen Sinn intuitiv zu erfassen, ohne erst lange deuten und analysieren zu müssen. Träume kommen aus dem Gefühlsbereich und wollen durchlebt und durchlitten werden.

Als nächstes möchte ich Ihnen einen Einblick in den Aufbau und die Tätigkeit der Träume vermitteln. Dafür habe ich drei Fragenkomplexe zusammengestellt, die Ihnen das Umgehen mit den Träumen erleichtern sollen.

Fragenkomplex A

1. Wie war die Stimmung im Traum?
   Freudig, heiter, gelöst, beschwingt, angstvoll, verkrampft, gehemmt, diffus, indifferent, nicht erfaßbar usw.? Mit der Stimmung erhalten Sie den ersten Hinweis auf Ihre seelische Verfassung.
2. Wo spielte sich das Traumgeschehen ab?
   Da gibt es zwei Möglichkeiten, den Bereich der Natur und den der Zivilisation. Der Traum kann uns führen: ins Gebirge, ans Meer, durch Felder, Wälder und Wiesen, auf die Heide, an einen Fluß, Bach oder See, in die Luft (mit oder ohne Flugzeug).
   Nun der Bereich der Zivilisation. Wir können uns befinden: in einer Stadt, auf einem Platz, in einer Straße, in verschiedenen Gebäuden (Wohnhaus, Rathaus, Kirche, Schule, Behörde, Universität oder sonst einer Institution). Mit dem jeweiligen Bereich sucht der Traum etwas Bestimmtes in uns anzurühren.
3. Wann spielte sich das Traumgeschehen ab?
   In der Gegenwart, Vergangenheit oder Zukunft? Die Gegenwart und die Vergangenheit im Traum zu bestimmen wird uns nicht schwerfallen, wenn wir unsere Aufmerksamkeit auf Situationen und Menschen richten. Was nun die Zukunft betrifft, so möchte ich darauf aufmerksam machen, daß mancher Traum noch nicht eingetretene Situationen bringt, um uns zu warnen. Versagen beispielsweise die Autobremsen

im Traum, sollten wir unseren Wagen einer Prüfung unterziehen. Fällt jemand im Traum über eine Fußmatte, sollte er sich um sein Schuhwerk kümmern. Ein Kranksein im Traum kann uns mahnen, daß wir unsere Kräfte überzogen haben und vorsichtiger leben müßten. Erscheint der Arzt im Traum, sind Körper und Seele möglicherweise behandlungsbedürftig. Er ist eine hilfreiche Figur, manchmal will er auch nur warnen.

Diese Mahnungen, Warnungen und Voraussagen entstammen dem Unbewußten, das uns nun in Träumen vermittelt, was unser einseitiges und eingeengtes Bewußtsein übersehen hat.

Andere Träume bemühen sich um einen Entwurf für die Zukunft. Sie sagen uns: »Wenn es so weitergeht in deinem Leben wie jetzt, dann wird einmal dieses oder jenes daraus entstehen.« Wir sagen dann: Der Traum antizipiert, das heißt, er nimmt etwas vorweg, was einmal eintreten könnte, wohlgemerkt: könnte, nicht muß. Wir sind und bleiben Mitspieler, und auf unser Verhalten kommt es an, das gleichfalls schicksalbestimmend ist.

Als Beispiel möchte ich Ihnen einen Traum von mir erzählen. Ich betrete meine alte Schule und muß einen hohen Eintrittspreis bezahlen. Danach öffne ich ein Klassenzimmer und sehe eine Lehrerin vom Katheder aus zu erwachsenen Zuhörern sprechen, die vor und neben ihr auf Bänken sitzen. Als ich mich vorsichtig dazusetze, knarrt die Bank so laut, daß mir die Vortragende ihr Gesicht voll zuwendet. Bis ins Innerste treffen mich die großen, mandelförmigen Seheraugen, und Herzklopfen läßt mich erwachen.

Bald danach wußte ich, daß ich die Lehrerin selbst gewesen war, doch blieb mir die Aussage des Traumes dunkel. Ich ließ vorerst alles auf sich beruhen, heute aber weiß ich, was mir der Traum hatte sagen wollen: Wenn du dich weiterhin so intensiv mit deinen Träumen beschäftigst und keine Mühe scheust, wirst du später einmal deine Erfahrungen an andere Menschen weitergeben.

Träume mit einer prophetischen Aussage nennt die Psychologie präkognitive Träume. Sie enthalten eine Voraussage, die sich später als wahr erweist. Dazu ein Beispiel: Ein Passagier, der eine Fahrt auf der »Titanic«, die 1912 auf der Jungfernfahrt einen Eisberg rammte und unterging, gebucht hatte, träumte drei Tage vor der Reise ihren Untergang. Das bekümmerte ihn zunächst wenig. Doch als sich der Traum in der nächsten Nacht wiederholte, machte er die Buchung rückgängig und rettete damit sein Leben.

Derart präzise Voraussagen sind verhältnismäßig selten, schon deshalb, weil Träume keine Rücksicht auf unsere Zeitbegriffe nehmen. Sehr viele Prophezeiungen können erst nach ein, zwei oder mehreren Jahren eintreten, wenn sie vielleicht längst unserem Gedächtnis entschwunden sind.

Des weiteren sind Zeitangaben wie Frühling, Sommer, Herbst und Winter sowie morgens, mittags, abends und nachts für die Assoziationen von Bedeutung, denken wir allein an Bilder wie »im Herbst des Lebens« für ältere Menschen und »am Morgen des Lebens« für Kinder.

4. Welche Figuren treten im Traum auf?

Da sind zunächst der Träumer oder die Träumerin selbst, die wir im Gegensatz zum »Wach-Ich« mit »Traum-Ich« bezeichnen. Hinzu kommen uns nahestehende Personen – Vater, Mutter, Geschwister, Verwandte, der Partner – und andere, mit denen wir in

Kontakt stehen, etwa Lehrer, Ärzte, Pfarrer und gute Freunde. Doch auch Unbekannte können uns im Traum begegnen, die uns vielleicht befremden, erstaunen oder in Schrecken versetzen. Sogar Tiere haben hier ihre Aufgabe, ob es sich nun um einen Elefanten, ein Mäusenest oder einen Wespenschwarm handelt.

5. Was geschah im Traum?
   In jedem Traum gibt es genau wie im Drama eine Handlung, in der ein Problem dargestellt wird, das nicht immer zu lösen ist, deshalb lautet die nächste Frage:

6. Wie ging das Traumgeschehen aus?
   Gut oder schlecht; brach die Handlung plötzlich ab, oder war eine Lösung des in ihm enthaltenen Problems zu erkennen?

Diese sechs Fragen führen uns an das Traumgeschehen heran, erleichtern uns den Überblick und geben Markierungspunkte, die zu beachten sind.

Fragenkomplex B

Wir haben uns zu fragen: Wie beziehen sich der Traum, die Traumhandlung, das Traummotiv auf meine augenblickliche Lebenssituation?
Das Unbewußte, unser Traumschöpfer also, gestaltet Träume, die auf unsere momentane Lebenswirklichkeit bezogen sind. Es müht sich, das Verständnis für unsere Lage zu erweitern, und bringt uns Perspektiven einer Situation nahe, die wir übersehen haben. Erst wenn wir den vollen Umfang unserer Lage erfaßt haben, verstehen wir auch, uns angemessen in ihr zu verhalten.
Probieren Sie möglichst viele Fragestellungen aus, um

Ihre Situation zu klären, zum Beispiel: Habe ich mich über ein Erlebnis besonders geärgert? Mache ich mir über dieses oder jenes Ereignis große Sorgen? Hege ich geheime Befürchtungen, die ich mir nicht eingestehe? Bin ich sehr enttäuscht über etwas, das schiefgegangen ist? Wovor habe ich Angst? Was läßt mich abwehrend reagieren? Welche Gedanken gehen mir nicht aus dem Kopf? Welche Art der Beschäftigung betreibe ich intensiv?

Setzen Sie diese Überlegungen in Beziehung zu Ihren Träumen, Sie werden bestimmt Parallelen zwischen Traum und Wirklichkeit finden. Dabei wird Ihnen auffallen, daß der Traum neue Aspekte Ihrer Situation herbeibringt, die ein besseres Erfassen und Verstehen ermöglichen. Mit seiner gefühlsbetonten Bildersprache kommt er unserem einseitigen und eingeengten Tag-Bewußtsein zu Hilfe, vervollständigt, gleicht aus und korrigiert, was wir übersehen und falsch beurteilt haben.

Es ist unsere augenblickliche Situation, mit der sich der Traum beschäftigt, hinzu kommt aber auch unsere Biographie, das heißt, in jedem Traum wird unsere Charakterstruktur sichtbar. Zwei gleiche Träume, von zwei verschiedenen Menschen geträumt, bedeuten also nie dasselbe. Entwicklung, Erfahrung und Lebensstil jedes einzelnen bedingen seine Träume.

Fragenkomplex C

Wir haben uns zu fragen: Was fällt mir alles ein, wenn ich den Traum, das Traumgeschehen und die einzelnen Traumbilder auf mich wirken lasse?

Zunächst wird Ihnen vielleicht wenig einfallen, doch darf Sie das nicht entmutigen. Je vertrauter Ihnen die Traumbilder werden und je mehr Sie sie als Spiegelbilder von sich selbst erfahren, desto lockerer wird der Umgang mit ihnen, und die Einfälle mehren sich. Beispielsweise: Eine Traumlandschaft kommt uns bekannt vor. Woran erinnert sie uns nur? Wir graben im Gedächtnis nach. Plötzlich wissen wir, sie hat Ähnlichkeit mit dem Ort, an dem der Streit mit dem Freund ausbrach, der die Trennung einleitete.

Oder: Unser Augenmerk wird im Traum auf ein Buch gelenkt, dessen violetter Umschlag uns unangenehm berührt. Nach dem Aufwachen fällt uns der Titel des Buches ein und welchen inneren Aufruhr die Erzählung seinerzeit in uns hervorgerufen hat. Wir tun gut daran, das Buch wieder zu lesen, weil sein Inhalt in irgendeiner Beziehung zu unserer augenblicklichen Situation steht.

Oder: Ein Tier im Traum gibt den Anstoß, daß uns nach dem Aufwachen ein schwerwiegendes Kindheitserlebnis einfällt, in dem dieses Tier eine ganz besondere Rolle spielte.

Mit den Assoziationen reichern wir den Traum an und machen ihn durchschaubarer. Was einst geschah, uns stark beeindruckte und in Vergessenheit geriet, geht nicht verloren, sondern bleibt erhalten. Besonders negative Erfahrungen, begleitet von Mißtrauen, Mutlosigkeit, Angst, Wut und Verzweiflung, beeinflussen noch unser gegenwärtiges Verhalten, ohne daß es uns zu Bewußtsein kommt. Damit wir uns von den negativen Einstellungen befreien, lenkt der Traum die Aufmerksamkeit auf die Bilder der Vergangenheit, die noch immer unser Leben bestimmen.

Assoziationen zeitigen auch im Alltag ihre Wirkung: Eine Frau bekommt beispielsweise einen Rosenstrauß mit purpurroten Blüten geschenkt. Er erinnert sie an ihr Hochzeitsbukett, und mit einemmal ist das Geschehen wieder lebendig, sie spürt fast körperlich die Atmosphäre, die sie damals einhüllte.

Versuchen Sie nun eine erste Kontaktaufnahme mit Ihren Träumen. Schreiben Sie einen von ihnen auf, in der Gegenwartsform, um die Aktualität zu erhalten. Versehen Sie ihn mit dem Tagesdatum, und setzen Sie ihn in Beziehung zu ihrer Situation, indem Sie sich die in diesem Kapitel angeführten Fragen stellen.

Wir schließen mit einem Ausspruch des Mystikers und Dichters Angelus Silesius, der im siebzehnten Jahrhundert lebte. Einige seiner Aussprüche scheinen wie geschaffen für die Traumarbeit, z. B.: »Mensch, geh nur in dich selbst. Denn nach dem Stein der Weisen mußt du nicht allererst in fremde Lande reisen.«

Deutung auf der Subjektstufe

1. Der Dramaturg bin immer ich selbst

Unsere Träume kommen aus einem Bereich, den wir das Unbewußte oder das Unterbewußte nennen. In ihm liegen die persönlichen Erfahrungen gespeichert, die wir von dem Beginn unseres Lebens an gemacht haben. Was wir gefühlt, gedacht, erlebt und erkannt haben, unsere Hoffnungen, unsere Wünsche, unsere Ängste und Befürchtungen sowie Unterdrücktes und Verdrängtes wurden hier festgehalten. Es erhielt die Bezeichnung »das persönliche Unbewußte«. Dringen wir tiefer in dieses Unbewußte ein, erleben wir das von C. G. Jung konzipierte »kollektive Unbewußte«. In ihm haben nicht mehr die individuellen Erfahrungen, sondern die immer gleichbleibenden der gesamten Menschheit ihren Niederschlag gefunden, dazu gehören die Erfahrung der Geburt, die Entwicklungsphasen, die das Kind zum Erwachsenen heranreifen lassen, die Begegnung mit dem Du und der Transzendenz sowie die Konfrontation mit der Vergänglichkeit und dem Tod. Das persönliche und das kollektive Unbewußte gehören zusammen und bilden ein Ganzes. In ihm liegt der Stoff, an dem wir mitgewirkt haben und aus dem die Traumbilder entstehen. Kein Wunder, daß wir uns an ihnen wiedererkennen können. Sie zeigen uns nicht nur unsere hellen, sondern auch unsere Schattenseiten, vor denen wir gerne die Augen verschließen. Doch erheben sie keinen moralischen Zeigefinger, wollen uns nicht erschrecken, ärgern oder gar strafen. Ihr

Anschauungsunterricht verfolgt das Ziel, uns aus alten Gleisen herauszuholen. Sie zeigen, wie unser Verhalten von Illusionen, infantilen Wünschen und Vorurteilen bestimmt wird und wie wir versuchen, Schwierigkeiten immer wieder mit demselben untauglichen Mittel zu bewältigen: Manchmal gleichen wir der Maus, die auf dem Brunnenrand herumläuft und sich wundert, daß der Weg kein Ende nimmt.

Beenden wir diesen Kreislauf und lernen verstehen, was in uns und in unserem Leben vorgeht, dann werden uns zu jeder Situation und jedem Problem konstruktive Lösungen einfallen. Träume veranlassen diesen Lernprozeß und helfen, ohne zu bevormunden.

Werfen wir einen Blick in die Traumwerkstatt und sehen zu, wie das Unbewußte, der Traumschöpfer, die Träume gestaltet. Stellen Sie sich vor, er möchte einer Träumerin sagen: »Du bist unordentlich. Du bist nachlässig. Du bist unzuverlässig.«

Es sind Negativeigenschaften, die der Träumerin bisher unbekannt blieben. Sie werden in Bilder umgesetzt und der besseren Verständlichkeit halber mit einer Handlung verknüpft. Deshalb inszeniert das Unbewußte ein kleines Drama, um die Träumerin auf die ihr verborgen gebliebenen Eigenschaften aufmerksam zu machen. Hier ist der Traum, den die Träumerin wie folgt schildert – seien Sie entspannt, und träumen Sie den Traum mit, als sei es der ihre:

Auf der Flucht

Ich gehe im Park meiner Heimatstadt spazieren. Der Himmel ist trübe, regenverhangen. Da kommt aus einem Seitenweg eine Frau auf mich zu, die ich nicht kenne. *Sie sieht ungepflegt aus, ist nachlässig gekleidet, und die Haare hängen ihr in das Gesicht. Sie spricht mich an, aber weil ich sie nicht verstehe, bleibe ich stumm. Jetzt stellt die Fremde eine Frage, und ich weiß wieder nicht, was sie meint. Als sie ihre Frage wiederholt, werde ich ärgerlich, sage: »Ach, lassen Sie mich in Ruhe, ich verstehe Sie ja doch nicht«, laufe fort und wache auf.*

Um Ihnen das Verständnis für den Traum zu erleichtern, mache ich Sie mit einer Traumregel bekannt, die sich »Deutung auf der Subjektstufe« nennt. Diese Bezeichnung bedarf der Erläuterung:

Mit Subjekt ist der Träumer oder die Träumerin selbst gemeint. Sie bringen sich im Traum zur Darstellung, das heißt, alle im Traum auftretenden Figuren und Symbole sind Sie selbst. Die Traumpersonen haben Charaktereigenschaften, Handlungsweisen, Gefühle oder Empfindungen des Träumers übernommen und spielen seine Rolle. Es sind meistens unbekannte Personen, die uns im Traum darstellen. Sie verkörpern sowohl unsere positiven wie auch unsere negativen Seiten, die uns nicht ständig bewußt sind, weil wir sie unterdrückt oder verdrängt haben. In Personen verwandelt, führt sie uns der Traum vor und zeigt uns, wie wir mit ihnen, unseren personifizierten Wesensteilen, umgehen. Es ist aufschlußreich, ob ich einer Traumperson die Hand gebe und ihr freundlich gesinnt bin oder sie nicht verstehe. Sie zurückstoße, mit ihr streite oder vor ihr flüchte.

Die Beziehung und die Auseinandersetzung des Träumers mit der Traumperson gibt ihm die Möglichkeit, sich selbst kennenzulernen. Das kann manchmal aufregend sein: »Was«, werden Sie sich zweifelnd fragen, »dieser Vagabund, diese Zigeunerin oder dieser grobe Kerl soll ich sein? Das ist doch nicht möglich!« Bisher haben Sie die primitiven Seiten vielleicht nur an anderen gesehen, aber der Traum zeigt, daß sie auch in Ihnen sind. – Wir verdanken der Deutung auf der Subjektstufe eine enge Kontaktaufnahme zu uns selbst.

Schauen wir uns den bereits geschilderten Traum daraufhin an, und suchen wir zu verstehen, welche Botschaften er der Träumenden bringt:

Da finden wir zunächst eine Frau, die im Park spazierengeht. Es ist die Träumende, die wir als Traum-Ich bezeichnen. Auf sie zu kommt eine ihr unbekannte Person. Was meinen Sie, wer diese Fremde sein könnte? Natürlich, es ist die Träumende: Diese Fremde verkörpert einen Wesensteil von ihr, den sie bisher nicht kannte. Dem Aussehen entsprechend müssen es negative Eigenschaften sein, die sie verdrängte, weil sie nicht in das Bild passen, das sie von sich hatte. Hängen wir doch alle Vorstellungen über uns selbst nach, die nicht immer der Realität entsprechen! Aber das Unbewußte kennt uns, ist unbestechlich und weiß, wie es um uns steht. Es bedient sich der Träume, um die mangelhaften Vorstellungen über uns selbst zu vervollständigen. Daher versuchte die fremde Frau, Kontakt mit der Träumenden aufzunehmen, denn sie möchte mitleben und sich auch entwickeln. »Betrachte mich nüchtern und illusionslos«, wird sie gemeint haben. »Schenke mir deine Aufmerksamkeit, deine Zuwendung und deine Pflege.«

Anstatt aufzuhorchen und nachdenklich zu werden, schiebt die Träumerin alles beiseite und läuft verärgert davon. Wenn sie sich aber in einer ruhigen Stunde in ihren Traum vertieft und das Traumgeschehen noch einmal gefühlsmäßig durchlebt, wird ihr vieles auffallen. Sie kann sich fragen:

Welchen Eindruck machte die Fremde auf mich: angenehm, unangenehm, anziehend, abstoßend?

Wie sah sie aus: ungepflegt, nachlässig gekleidet?

Welche Eigenschaften repräsentierte sie: unordentlich, nachlässig, wahrscheinlich auch unzuverlässig, gleichgültig gegen sich selbst?

Warum verstand ich sie nicht? Wollte ich sie vielleicht nicht verstehen?

Woher stammt mein Ärger über sie? Habe ich vielleicht auch einige von diesen negativen Eigenschaften in mir, die sie darstellt?

Ist die Träumerin mit der Deutung auf der Subjektstufe vertraut, kann sie die Aussage des Traumes verstehen. Es müßte ihr bewußt werden, daß sie negative Eigenschaften, in der Unbekannten personifiziert, auch in sich hat. Mit der neugewonnenen Aufrichtigkeit sich selbst gegenüber wird es ihr dann gelingen, das Bild, das sie von sich hat, zu revidieren, denn »Fehler, die wir uns eingestehen, schaden uns nicht mehr« (G. Ch. Lichtenberg). Dem sei hinzugefügt, daß es zur Erweiterung unseres Realitätsbewußtseins beiträgt und uns den Mitmenschen gegenüber toleranter macht.

Werfen wir noch einen Blick auf den Aufbau des Traumes, dann können wir feststellen, daß er einem Drama ähnelt. Es folgt zuerst Angabe von Ort, Zeit und Personen des Traumes (Park, Gegenwart, Traum-Ich, eine Unbekannte). In der anschließenden Ausführung oder Exposition wird das Thema mit dem darin enthaltenen Problem wie im Drama aufgerollt (die Begegnung mit der fremden Frau). Danach folgt ein Umschwung, der nicht gut ausgeht (die Träumerin läuft einfach davon). Infolgedessen bleibt alles in der Schwebe, und die Lösung fehlt. (Sie bestände darin, daß die Träumerin erfaßt, was die Fremde auf dem Herzen hatte und ihr verständlich machen wollte.)

Dieses kleine Drama hat eine Überschrift, die das zentrale

Problem verdeutlicht: »Auf der Flucht.« Man hätte es auch »Konfrontation mit sich selbst« nennen können. Versuchen auch Sie, Ihren Träumen, nachdem Ihnen die Aussage verständlich geworden ist, eine Überschrift zu geben.

Noch mit einem weiteren Traumbeispiel möchte ich Ihnen die Deutung auf der Subjektstufe näherbringen. Versuchen Sie bitte wieder, den Traum mitzuträumen:

Anhalten (Bahnbeamtentraum)

Von irgendwoher kommend, laufe ich über einen Bahnsteig auf einen Bahnhofsvorsteher zu, um ihn zu fragen, ob der Zug schon abgefahren sei. Ungeduldig warte ich auf die Antwort, die nicht kommt. Dickleibig, begriffsstutzig, wie er ist, blickt er mich nur unwirsch an, ohne den Mund aufzutun. Von dem bekomme ich nie eine Antwort, denke ich wütend, drehe mich um und erblicke einen zweiten Bahnbeamten, dessen rote Tellermütze mir mehr Erfolg verspricht. Während ich auf den Mann in der adretten blauen Uniform zugehe, hat sich ein Kreis von Menschen um ihn geschlossen, die ihn mit Fragen bestürmen. Er wendet sich nach allen Seiten, gibt Auskunft, scheint alle Anschlüsse im Kopf zu haben und beherrscht die Szene. Mir indes gelingt es nicht, meine Beschwerde über den Kollegen bei ihm anzubringen, weil ich bereits erwache.

Hier ist eine Reisesituation geschildert, ein Aufbruch. Ich hatte mich intensiv mit meinen Träumen beschäftigt und sozusagen die Reise ins eigene Innere angetreten. Dort ist alles neu, unbekannt und fremd. Unbekannt sind mir auch die beiden Bahnbeamten, denen ich begegne. Ich beschäftige mich etwas näher mit ihnen und frage: Wie sehen sie aus? Wie verhalten sie sich? Welchen Eindruck machen sie auf mich? Unterscheiden sie sich voneinander?

Nach der Deutung auf der Subjektstufe weiß ich, daß es Persönlichkeitsanteile von mir sind, und ich kann nur sagen: »Zwei Seelen wohnen, ach, in meiner Brust!«

Ich versetze mich intensiv in die beiden Personen, zunächst in den Bahnbeamten, der mir gut gefällt. Er verkörpert meine positiven Eigenschaften. Er sieht gepflegt aus, ist beruflich interessiert, kann sein Wissen vermitteln, ist hilfsbereit und geistig wendig. Aber der Dicke als Kehrseite der Medaille sieht anders aus. Er ist träge, uninteressiert, gelangweilt, bequem und raunzig. Warum soll er sich auch anstrengen, wenn sein Kollege alles so viel besser macht und ihn in den Hintergrund schiebt! Er empfindet ihn zu Recht als Dorn im Auge. Dieser Mensch versteht alles, weiß alles, kommandiert herum und strahlt in seiner geschniegelten Art so viel Selbstbewußtsein aus, daß sich jeder daneben wie ein Depp vorkommen muß und in eine Rolle gedrängt wird, die gar nicht zu ihm paßt. Eigentlich hätten sie gute Kollegen sein können, die sich gegenseitig unterstützen und die Arbeit erleichtern. Statt dessen waren sie zu Gegnern geworden und machten einander das Leben schwer.

Psychologisch betrachtet, läßt sich das Geschehen mit den beiden Hauptfiguren folgendermaßen interpretieren: Jeder der beiden Beamten ist ein Wesensteil der Träumerin, der durch sie den passendsten Ausdruck gefunden hat. Der Mann mit der roten Mütze signalisiert geistige Beweglichkeit, Intellekt, schnelle Auffassungsgabe, Wissen, kurzum: alles, was mit dem Kopf zusammenhängt – indes sein Gegenpart auf verdrängte Gefühle und unterentwickeltes Urteilsvermögen schließen läßt.

Mit beiden waren dem Unbewußten die Verwandlung von Denken und Fühlen ins Anschauliche gelungen.

C. G. Jung verweist auf vier Grundfunktionen, von denen der Mensch bestimmt wird: Denken, Fühlen, Empfinden, Intuition. Das Denken gibt Auskunft darüber, daß etwas ist, während das Fühlen aussagt, wie es ist. Bei der Empfindung haben wir es mit der Wahrnehmung innerer und äußerer Reize zu tun, und die Intuition erahnt und erfühlt, was sich an Hintergründigem in Ereignissen kundtut.

Leider sind die vier Funktionen recht unterschiedlich ausgebildet, und wir finden oft eine dominierende, die sich auf Kosten der anderen betätigt. Im Traum war es bei der Träumenden das Denken, das den Vorrang besaß und mit seiner Urteilsfähigkeit und dem kritischen Vermögen immer die Oberhand behielt, so daß Gefühle, die ebenfalls Urteilskraft besitzen, nicht zum Zuge kamen. Hier setzt der Traum an und gestaltet eine Szene, um der Träumerin die unterdrückten Wesenszüge bewußtzumachen. – Sie verstand den humorvollen Wink und änderte ihre Haltung: Ein »Mit-dem-Herzen-Denken«, das die Frau erst zur Frau und so liebenswert macht, entwickelte sich.

Was in diesem Traum noch beachtenswert ist: Auch die gegengeschlechtlichen Figuren können Wesensteile des Träumers repräsentieren. Es kann zum Beispiel die Frau im Traume eines Mannes seine mehr innere, weibliche Seite darstellen; oder umgekehrt verkörpern im »Bahnbeamtentraum« zwei männliche Personen Wesensteile der Träumerin. Dieser Gedanke ist für die Traumdeutung deshalb von Bedeutung, weil wir uns in einer Zeit befinden, da die Frau stärker ihre männliche Seite entwickelt, während sich auch der Mann nicht scheut, seine weiblichen Eigenschaften zutage treten zu lassen.

Die Frau wird selbstbewußter, entwickelt mehr Initiative, ist aktiv, möchte sich und die Welt verändern. Diese Wandlung darf aber nicht auf Kosten ihrer naturnahen, gefühlsbetonten und einfühlsamen Seite gehen. Ihre Aufgabe wird es sein, beide in sich zu entwickeln und keiner von ihnen den Vorrang zu geben. Der Mann dagegen muß seine Gefühlsseite, die er bisher zumeist verdrängt hat, entwickeln und entgegen den gesellschaftlichen Normen leben, die bisher forderten: Ein Junge darf nicht weinen, ein Mann muß stark, muß ein Held sein. Erst wenn Mann und Frau sich bemühen, ihre männlichen und weiblichen Seiten in Einklang zu bringen, kann die Beziehung der Geschlechter zur vollen Harmonie heranreifen.

Da aller guten Dinge drei sind, gebe ich zur Deutung auf der Subjektstufe noch ein weiteres Beispiel, in dem es um positive Eigenschaften geht, die der Träumerin unbewußt sind. Eine Frau erzählt ihren Traum, den Sie bitte wieder mitträumen:

Gehen (Der Retter lebt in uns)

Ich gehe mit einer kleinen Gruppe von Menschen in einer wunderschönen Landschaft spazieren. Heiter gestimmt genießen wir das schöne Wetter und sind voller Erwartung, was uns der Tag noch bringen wird. Vor uns erhebt sich ein Berg, und wir beginnen hinaufzusteigen. Nach einer Weile wird der Weg schmaler, steiniger, und einige Begleiter bleiben zurück. Nachdem die Steigung zunimmt, verlassen mich auch noch die anderen Begleiter, und ich gehe allein weiter. Als der Weg dann aber so schmal wird, daß ich rechts fast die Felswand streife und links in den Abgrund blicke, verläßt auch mich der Mut,

37

ich bleibe stehen und weiß nicht weiter. Plötzlich taucht ein Mann vor mir auf. Ab und zu dreht er sich um und gibt mir durch Gesten zu verstehen, daß ich mich nicht zu fürchten brauche. Ich solle ruhig weitergehen, mir würde nichts geschehen. Daraufhin raffe ich allen Mut zusammen, setze meinen Weg fort, gehe dem Gipfel entgegen und wache auf.

Überlegen wir nun, welche Botschaft der Traum enthält. Wir erkennen zuerst wieder das Traum-Ich, die Träumerin selbst. Begleitet von mehreren Personen, wandert sie durch eine wunderschöne sonnige Landschaft. Auch diese Begleiter sind mehr oder weniger unbewußte Persönlichkeitsmerkmale der Träumerin, die zum Teil ihre Gefühle verkörpern. Es sind positive Gefühle wie Freude, Mut, Zufriedenheit, Zuversicht, Erwartung von Erfolg. Doch als der Berganstieg immer schwieriger wird, verlassen sie nach und nach ihre hoffnungsfrohen Gefühle, und übrig bleiben solche der Angst, der Mutlosigkeit und der Erwartung von Mißerfolg. Die Träumerin fühlt sich verlassen, ist hilflos und voller Angst.

Im Traum tritt nun ein dramatischer Höhepunkt ein. Plötzlich ist ein Mann da, der sich um die Träumerin kümmert und sie zum Weitergehen ermutigt. Die Träumerin spürt: Der da will mir helfen, mir wird nichts geschehen, ich kann ruhig weitergehen.

Auch dieser Mann ist ein Wesensteil der Träumenden, eine starke, aktive männliche Kraft, die ihr bisher nicht bewußt war, sie weiß nichts von ihrer Stärke. Aber nun kann sie die eigene Entschlossenheit, Selbstvertrauen, ihren Mut und ihre Zuversicht durch diesen Mann erleben. Er spiegelt einen Teil ihres Wesens und verhilft ihr so zu einem besseren Verständnis ihrer selbst.

Es bleibt noch die Frage, was der Berganstieg bedeutet.

Zunächst ging die Träumerin mit frohgestimmten Menschen spazieren, die ihre Wesensteile repräsentierten. Alles verlief wunschgemäß, und sie war mit ihrem Leben, das im Gleichnis der sonnigen Landschaft dargestellt wird, zufrieden. Natürlich kann es nicht immer so bleiben. Das Leben verändert sich, und das findet seinen symbolhaften Ausdruck in einem mühseliger werdenden Berganstieg, der die Träumerin entmutigte.

Es ist immer wieder bemerkenswert, mit welch feinem Verständnis der Traumschöpfer die Motive auswählt, um die verschiedenartigsten Situationen des Lebens bildhaft darzustellen. Hier ist es ein belastender Lebensabschnitt, den er durch einen Berganstieg versinnbildlicht. Zugleich verweist er auf die Möglichkeit, einer schwierigen Lage Herr zu werden, und läßt den Retter auftreten, der eine wichtige Funktion zu erfüllen hat – wie im Sprichwort »Wo die Not am größten, ist die Hilfe am nächsten«, so geschieht es auch im Traum.

Ist der Träumerin erst einmal bewußt geworden, daß sie die Helfer in sich trägt, wird sie auch schwierigen Situationen gewachsen sein. Haben sich ihre Verhältnisse gebessert, kann sie, wenn sie mit der Bildersprache der Träume vertraut ist, sagen: »Ich bin übern Berg«, und den Traumfreunden für ihre Hilfe danken. Mit der Aussage »Der Retter lebt in uns« geben wir diesem kleinen Traumdrama eine Überschrift.

Achten Sie einmal darauf, wie oft wir uns im Alltag der Bildersprache bedienen, um komplizierte Sachverhalte zu veranschaulichen. In Redensarten, Sprichworten und Gleichnissen drücken wir aus, was Eindruck machen soll. Wenn Sie einen Katalog davon zusammenstellen, werden Sie ebenso erstaunt sein wie eine Seminarteilnehmerin, die mehrere DIN-A4-Seiten nur mit Redensarten füllte. Einige Beispiele seien hier vermerkt:

Zwei Eisen im Feuer haben.
Honig ums Maul schmieren.
Die eingebrockte Suppe auslöffeln.
Den Kopf in den Sand stecken.
Etwas in die falsche Kehle bekommen.
Aus einer Mücke einen Elefanten machen.
Mit den Wölfen heulen.
Kirschen in Nachbars Garten pflücken.

Schauen Sie sich auch Ihre Lektüre daraufhin genau an: Romane, Erzählungen und besonders Gedichte. Ihre Farbigkeit und Bildfülle wird Ihnen die Bildersprache der Träume immer selbstverständlicher machen. So versetzt uns das nachstehende Gedicht von Sarah Kirsch in einen Traum, aus dem heraus es entstanden sein könnte:

Rot

In Olivano fangen die Berge im Schlafzimmer an.
Die Akazien wachsen, ein ganzer Wald aus dem Spiegel.
Trauben hängen ins Maul.
Die roten Vorhänge von roten Vögeln besetzt.
Schafe auf dem Bettvorleger.
Die Fenster flogen mit leichtem Flügelschlag weg.

Wenn wir noch einmal die drei Traumbeispiele überblikken, mit denen wir uns die Deutung auf der Subjektstufe bewußtgemacht haben, können wir zusammenfassend sagen: *Auf der Subjektstufe gedeutet, ist der Traum eine Widerspiegelung, ein Niederschlag und eine Verarbeitung innerseelischer Zustände und Befindlichkeiten des Träumers.* Sein ganzes Wesen ist aufgefächert in Figuren und Symbole, in die er seine Charaktereigenschaften, Gefühle und Empfindungen hineingelegt oder, wie die Psychologie sagt, projiziert hat. Aus seinen Wesensteilen oder Persönlichkeitsmerkmalen sind Personen geworden, die im Traum agieren und reagieren, als Spiegelbild seiner selbst. An dem Verhalten des Traum-Ichs zu seinen personifizierten Wesensteilen läßt sich die Beziehung zu ihnen ablesen.

Im ersten Traumbeispiel, »Auf der Flucht«, ignorierte die Träumerin diese negative Seite von sich, wollte sie nicht wahrhaben und flüchtete.

Im zweiten Traumbeispiel, dem »Bahnbeamtentraum«, beklagte sich die Träumerin über ihre unentwickelte Gefühlsseite und suchte vergeblich Hilfe bei dem intellektuellen Bahnbeamten.

Und im dritten Traumbeispiel, »Der Retter lebt in uns«, ging es um positive Persönlichkeitsmerkmale, die der Träumerin unbewußt waren und die ihr nun, durch die Projektion auf den Bergführer, bewußt werden konnten.

Aber nicht nur im Traum, sondern auch im täglichen Leben bedienen wir uns der Projektion, ohne es zu wissen. Wir projizieren unsere guten, meist aber unsere minderwertigen Seiten, die wir an uns nicht kennen, in andere Personen, und wir erleben uns dann am Nächsten. Wir können gewiß sein, daß die Eigenschaften, die uns beim anderen besonders ärgern, reizen und wütend machen, auch in uns selbst liegen. Den »Balken im eigenen Auge« sehen wir nicht, wollen ihn nicht wahrhaben. Die Angst vor unserer dunklen, vor unserer Schattenseite ist zu groß. Deshalb entlasten wir uns von ihr, indem wir sie in andere Menschen projizieren. Infolgedessen verlieren wir Teile unseres Wesens, die zu uns gehören und erst unsere ganze Persönlichkeit ausmachen. Wir müssen daher den Mut aufbringen, uns diese abgespaltenen, mit Energien besetzten Teile unserer Persönlichkeit wieder anzueignen. Das heißt, wir müssen uns ihrer – mit Hilfe der Träume – bewußt werden, sie integrieren, um zu einer in sich geschlossenen Persönlichkeit zu werden. Dann sind wir auf dem Wege der Selbsterkenntnis ein Stück vorangekommen.

Ein Mensch, der dies beherzigt, sieht auch in sich das Primitive, Abwegige und Destruktive, ohne es zu projizieren, er sucht nach keinem Sündenbock, wenn er in Schwierigkeiten gerät. Er ist realitätsbewußter geworden, denn er hat unterscheiden gelernt zwischen seinen Illusionen und der Wirklichkeit, genauso wie zwischen seiner Beobachtung und dem, was er sich nur einbildet. Die Träume haben ihm die neue Sicht vermittelt, und ihnen verdankt er, daß ihm sein Leben transparenter wird.

Wir schließen wieder mit einem Spruch von Angelus Silesius, der uns die Wichtigkeit der Bewegung und des Bewegtseins auf körperlichem und geistigem Gebiet vermittelt, wie wir es auch durch Träume lernen: »Die Sonn' erregt das All, macht alle Sterne tanzen. Wirst du nicht selbst bewegt, gehörst du nicht zum Ganzen.«

2. Darsteller, Requisiten und Bühne im Traum

Um die Bildersprache des Traumes verstehen zu lernen, habe ich Sie mit einer Regel bekannt gemacht, die sich Deutung auf der Subjektstufe nennt. Sie wird meistens angewendet, wenn unbekannte Personen im Traum auftreten oder solche, zu denen wir keine nähere Beziehung haben (flüchtige Bekanntschaften, frühere, längst vergessene Freundschaften, ehemalige Schulkameraden).

An dem Aussehen und Verhalten dieser Personen im Traum erleben Sie dann Wesensseiten von sich, die Sie bisher nicht wahrnahmen. Denn Sie haben Eigenschaften, Verhaltensweisen, Gefühle und Empfindungen in diese Traumpersonen projiziert. Das gibt Ihnen die Möglichkeit, sich mit Abstand zu betrachten und Ihr Verhalten wahrzunehmen. Der Traum zeigt Ihnen, wie Sie mit sich und Ihren zu Personen gewordenen Wesensteilen umgehen. Fragen Sie sich: Wende ich mich ihnen zu? Reagiere ich verärgert und gereizt? Kämpfe ich mit ihnen? Erfolgt eine Versöhnung? Habe ich Angst und flüchte? Erfasse ich die Situation und verhalte mich dementsprechend? Bin ich nur Beobachter?

An der Traumhandlung erkennen Sie Ihre Beziehung und Ihre Auseinandersetzung mit den eigenen personifizierten Wesensteilen.

In die Subjektstufendeutung sind auch noch die Berufe der Darsteller mit einzubeziehen: Arbeiter, Bauer, Gärtner, Bäcker, Friseur, Friseuse, Handwerker und so weiter. Ihr Tun ist stellvertretend für unsere Seelenarbeit und zeigt uns, wo wir anzusetzen haben.

Der Gärtner, der keine Mühe scheut und den Garten mit Liebe und Geduld pflegt, wird zum Vorbild für die Arbeit an unserer Seele. Allzuoft überhören wir ihre leisen Klagen im Gegensatz zum Körper, der gebieterisch sein Recht fordert.

Friseur und Friseuse kultivieren unsere Haare, ein Symbol ursprünglicher Triebkräfte, und geben ihnen die rechte Form.

Der Fabrikarbeiter versteht mit der Maschine umzugehen, die ein Symbol seelischer Energie darstellt.

An dem Erscheinen dieser Personen im Traum erkennen wir, welche Tätigkeiten für uns im Augenblick notwendig sind. Der Traum bietet uns immer wieder Hilfen zum

besseren Verständnis unserer selbst an und fördert Begabungen und Talente, von denen wir keine Ahnung hatten.

Es kommt auch vor, daß er uns an Eltern, Geschwistern,
Kollegen und guten Freunden eigene Wesenszüge erkennen läßt, die wir von ihnen übernommen haben. Die
Deutung auf der Subjektstufe zeigt unser wahres Wesen,
mit dem wir uns anfreunden und immer besser zurechtkommen werden.

Wir dürfen aber noch einen Schritt weiter gehen, denn
nicht nur Personen können auf der Subjektstufe verstanden werden, sondern auch alle anderen Symbole, die in
einem Traum auftreten. Beispielsweise ist es möglich,
daß Tiere zur Darstellung unserer Trieb- und Instinktnatur dienen. Diese Auffassung wird uns nicht befremden,
denken wir nur daran, wie oft wir, wenn wir verärgert
sind, unsere lieben Nächsten mit Tiernamen belegen und
sagen: Sie ist »'ne dumme Pute« oder »eine alte Ziege«.
Er ist »ein Schaf« oder »ein Schwein«. Sie ist »'ne falsche
Schlange«.

Der Mensch ist auch ein animalisches Wesen und muß
sich mit seinen Trieben auseinandersetzen, er sollte sich
fragen: Wie muß ich leben, um mit der Triebseite in mir
zurechtzukommen? Er sollte stutzig werden, wenn ihm
sein Traum leidende Tiere zeigt, beispielsweise ein Pferd,
das anstatt auf vier gesunden Beinen auf blutigen Stümp-
fen in einem Gefängnis steht und von einem Wärter be-
wacht wird.

Dieser Traum einer etwa vierzig Jahre alten Frau zeigt
drastisch, wie sie ihre Triebseite unterdrückt, man kann
schon sagen: vergewaltigt. Das Pferd, dieses edle, kluge
und feinnervige Tier, das Vitalität symbolisiert, wird von
ihr mißhandelt und seiner Freiheit beraubt. Was meinen
Sie, wer der Gefängniswärter ist? Natürlich die Träume-

rin selbst! Wüßte sie, wieviel Energien es sie kostet, diesen Teil ihres Wesens zu verdrängen und unter Druck zu halten, verstünde sie jetzt auch den Grund ihrer Herzbeschwerden.

In einem anderen Traum wird ein scheuer, verwahrloster Fuchs von dem Träumer durch Steinwürfe verjagt. Auch in diesem Fall besteht Feindschaft zwischen dem Träumer und seiner animalischen Antriebsseite.

Es kommt vor, daß dem Träumenden halb verhungerte Tiere begegnen, die er zu füttern vergaß: Er sollte sich mehr um seine Gefühle kümmern, sie nicht verdrängen, sondern zu leben versuchen. Auch mit den Gefühlen lassen sich Urteile fällen und Entscheidungen treffen, die unserer Logik zunächst nicht schlüssig erscheinen.

In einem anderen Traum wiederum versucht ein verhungernder räudiger Hund vergeblich, an seinen Herrn heranzukommen: Hunde im Traum haben meistens etwas mit Sexualität zu tun, und wie der Träumer dazu steht, mag diese Szene sehr deutlich erhellen.

Nun noch ein Traum, in dem ein Wal unter der Eisdecke eingefroren war. Er wurde aus seiner Haft befreit, nachdem der Eisbrecher eine Rinne aufgebrochen hatte. Der junge Mann, der diesen Traum träumte, hatte seine Gefühle »auf Eis gelegt«. Allerdings ist er bereits damit beschäftigt, sie wieder aufzutauen.

Wer Träume wie die eben geschilderten hat, muß das Tier in seiner Seele heilen und sich mit ihm anfreunden. Er muß versuchen, mit seiner naturnahen, durch Trieb und Instinkt bestimmten Wesensseite wieder in Einklang zu kommen.

Anders sehen die Träume bei Menschen aus, die sich überwiegend von ihrer Triebnatur bestimmen und ihr freien Lauf lassen. Sie müssen das Tier in sich zähmen und zum willigen Begleiter machen. Dazu einige Traumbeispiele: Ein Stier geht auf den Träumer los und versucht, ihn auf die Hörner zu nehmen: Für diesen Träumenden wird es nicht einfach sein, die starke Triebseite in sich zu bändigen und in den Griff zu bekommen. Meistens deutet die Verfolgung durch ein Tier im Traum an, daß der vom Bewußtsein abgespaltene Wesensteil wieder integriert, wieder in das Bewußtsein aufgenommen werden möchte.

In einem anderen Traum donnert eine Büffelherde über die Weiden dahin: Auch dieser Träumer ist gefangen von einer starken und dumpfen Triebnatur, die ihm unbewußt ist und daher immer wieder mit ihm durchgeht. – »Die Pferde sind mit ihm durchgegangen«, sagen wir, wenn jemand im Affekt einen starken Ausbruch hatte.

Ein Gewusel von Schlangen in einem weiteren Traum zeigt an, daß der Träumer von widerstreitenden Tendenzen hin und her gerissen wird, die ihn beunruhigen und verunsichern. In den Träumen der Pubertierenden, die mit der neu erwachenden Sexualität noch nicht umzugehen verstehen, findet sich das Schlangensymbol, das außerdem noch auf Veränderung hinweist.

In einem Traum, in dem der Träumer hinterrücks von einem starken Schäferhund angesprungen wird, erwürgt er das Tier und schleudert es auf den Boden: Dieser Traum zeugt von starken sexuellen Impulsen, mit denen der Träumende nicht fertig wird. Unwissentlich schwächt er seine Energie, die er dringend zur Lebensbewältigung benötigt. Verdrängte Triebansprüche schaffen das Problem nicht aus der Welt, sondern sorgen für ein permanent schlechtes Gewissen. Er sollte sich mit dem Tier anfreunden, statt es niederzumachen.

Daß die Traumarbeit positive Veränderungen bewirkt, will ich Ihnen noch an einem weiteren Beispiel zeigen, das mir ein achtundzwanzigjähriger Mann erzählte:

Versöhnung

Ich bin mit noch jemandem zusammen, und wir betreuen zwei Hunde. Wir wollen sehen, wie die Hunde reagieren, wenn man grob zu ihnen ist. Wir peitschen einen mit einer Rute aus. Das lassen sich die beiden nicht gefallen und greifen uns an. Es sieht gefährlich aus. Fürs erste können wir sie abschütteln, indem ich jeweils einen Fuß, auf den sie sich gestürzt haben, in den Fluß tauche. So müssen sie loslassen. Wir flüchten, aber die Hunde rennen hinterher. Es gelingt uns, ihnen zu entkommen. Wir erklettern den Balkon am Haus einer Verwandten. Sie öffnet das Fenster, nachdem wir aufgeregt geklopft haben. Erst will es ihr nicht gelingen, aufzumachen, da viele Sachen davorstehen. Inzwischen kommen die Hunde immer näher. Aber schließlich bekommt sie das Fenster doch auf, und wir gelangen in Sicherheit. Wir erzählen den Verwandten – es scheinen Tante und Onkel zu sein –, was geschehen ist. Der Onkel meint, daß man den Hunden nur mit genügend Selbstsicherheit gegenübertreten muß, um sie sich unterwürfig zu machen. Zu diesem Zweck geht er mit uns die Hunde suchen, obwohl es bereits dunkel geworden ist. Mit ihm fühlen wir uns stark, obwohl wir Angst haben. Erst können wir die Tiere nicht finden, aber der Onkel ahnt, wo sie sein könnten. Wir spüren sie in einem Zigeunerlager auf, zu dem sie zu gehören scheinen.

Als wir uns nähern, wollen die Hunde angreifen, und die Situation wird bedrohlich. Da gibt uns einer der Zigeuner Anweisungen, wie wir uns zu verhalten hätten, um uns die Hunde zu Freunden zu machen. Dabei verwandeln sich die Tiere in Menschen, jugendlich und im Äußeren auch eher zigeunerhaft. Wir geben uns reihum die Hände. Anschließend fragt mich der Zigeunerchef, ob ich

etwas zu essen dabeihabe, um die Freundschaft zu besiegeln. Ich meine erst, ich hätte nichts dabei, aber dann merke ich, daß ich Nußschokolade in der Tasche habe. Ich breche sie in Stücke und verteile sie unter den Anwesenden. So bekommt die zuerst bedrohliche Situation eine freundschaftliche Atmosphäre.
Die Schokoladenstückchen verwandeln sich in kleine Tonfiguren, zum Beispiel Kuh und Lokomotive. Ich wache auf.

Der Träumer ist ehrlich bemüht, mit Hilfe der Astrologie, der buddhistischen Lehre und der Meditation erleuchtet zu werden. Das verwirrende Angebot auf dem Gebiet der Esoterik sowie die vielen echten und falschen Gurus machen es der nach Bewußtheit strebenden Jugend jedoch nicht leicht, eine Auswahl zu treffen. Fremdes Gedankengut und spirituelle Erfahrungen lassen sich nicht einfach übernehmen und führen leicht in die Irre. Eine mißverstandene Askese, Weltabgewandtheit und Körperfeindlichkeit treiben oft seltsame Blüten.

Das einseitige und auf Weltflucht hinführende Streben des Träumers quittiert das Unbewußte mit einem Traum, der ihm dieses Verhalten bewußtmachen soll. Er zeigt die körperfeindliche Einstellung des jungen Mannes und das instinktlose Umgehen mit seiner Triebseite, im besonderen der Sexualität, die hier durch die beiden Hunde symbolisiert ist.

Er hat keine Ahnung, wie man mit den Tieren umgehen muß, und probiert mal eben so aus, wie sie auf eine grobe Behandlung reagieren. Gewalt erzeugt wieder Gewalt, die Hunde wehren sich. Sie beißen sich im Fuß des Träumers fest, nach Freud ebenfalls ein Sexualsymbol. Sie lähmen sein sexuelles Verhalten und versuchen, ihn impotent zu machen.

Sich durch Eintauchen in den Fluß der Hunde zu entledigen, sozusagen sie ins Unbewußte abzuschieben, hat keinen Erfolg. Zum Glück, würde ich sagen, denn die vermeintlichen Störenfriede behalten ihre wichtige Wirksamkeit und sind nicht umzubringen. Aber das scheinen die beiden Männer, von denen der zweite ein Wesensteil des Träumers ist, zu spüren. Durch die Arbeit an den Träumen ist ihnen manches bewußt geworden. Allerdings muß der Einsicht, daß es zwecklos ist, vor seinen Problemen zu fliehen, noch einige Übung folgen.

Im Traum ergreifen beide die Flucht, doch die Hunde lassen sich nicht abschütteln. Zur Rettung wird der Balkon am Haus einer Verwandten erklettert und die hilfreiche Seele herausgeklopft. Diese verwandte Seele, der sich allerlei Hindernisse in den Weg stellen, ehe sie die Verfolgten einlassen kann, ist natürlich auch ein Wesensteil des Träumers, seine einfühlsame, weibliche Seite, die noch Schwierigkeiten zu überwinden hat. Wie hätte sie auch ihre Weiblichkeit entwickeln sollen, wenn die männliche Seite noch so unvollkommen ist! Sind doch das Männliche und Weibliche in uns aufeinander bezogen, und die Unterentwicklung der einen Seite bedingt die Unterentwicklung der anderen.

Dennoch erhalten die beiden Zuflucht, und man hört sich die Schilderung ihrer Situation an. Der Onkel, wie ein wirklich guter Onkel, nimmt sich ihrer an und weiß Rat. »Mit ihm fühlen wir uns stark«, meint der Träumende. Trotzdem ist ihm die Sache nicht recht geheuer. Die Suche ist nicht einfach, aber der Onkel, die hilfreiche Instanz im Träumer, weiß, wo die Hunde zu finden sind. Die Tiere scheinen sich in dem Zigeunerlager wohl zu fühlen, ihre Wut über die Mißhandlung hat sich noch nicht gelegt, und sie wollen keineswegs zu ihren Peinigern zurück.

Ein Zigeuner rettet die Situation. Als ein Mensch, der naturverbunden lebt, hat er im Gefühl, wie man mit seiner Triebseite umgeht. Er meint, man müsse gute Freunde in den Tieren sehen und sich in ihre Bedürfnisse einfühlen können. Befolgt der Träumer diesen Ratschlag, und die weitere Traumhandlung weist darauf hin, wird dies der Lösung seiner Beziehungsschwierigkeiten mit Frauen sehr zuträglich sein.

Seine wachsende Verbundenheit mit den Zigeunern, Symbol der Naturseite in sich, wird mit einem Händeschütteln reihum besiegelt. Um der Kommunikation mehr Gewicht zu verleihen, muß der Träumer etwas zum Essen beitragen. Er verteilt Schokolade (die er in seiner Tasche entdeckt) unter den Anwesenden, das heißt, er wendet sich ihnen zu und teilt seine Gefühle mit ihnen. Danach tritt eine Wandlung ein: Die Schokoladenstückchen verändern sich in kleine Tonfiguren, von denen eine Kuh und eine Lokomotive erkennbar werden. Das sind zwei Symbole, die auf Weiblichkeit und Männlichkeit anspielen. Während die Kuh Mütterlichkeit, Sanftmut, Einfühlung und das Nahrungspendende versinnbildlicht, steht die Lokomotive für Wille, Kraft und Leistung. Beide Symbole beginnen im Träumer zu wirken, und sie werden ihn in einen neuen, einfühlsamen und lebensbejahenden Menschen verwandeln. Er könnte sie sich als Talisman um den Hals hängen – zur Erinnerung an eine Phase seines Lebens, in der ihm »ein Licht aufgegangen« ist.

Mit Hilfe der Träume, die seine Wesensmerkmale widerspiegeln, kann er sich orientieren. Er arbeitet an sich, reflektiert seine Erfahrungen und ist nicht mehr abhängig von den Erfahrungen anderer. Auch das ist ein Weg hin zur Erleuchtung.

Wie man an den Traumbeispielen sieht, bedarf es großer

Anstrengung, mit der Tiernatur im Menschen umzugehen. Die Arbeit muß mit der Hinwendung und dem Ver-
stehenwollen beginnen und fortgesetzt werden mit der
wachsamen Führung und Leitung des uns Anvertrauten.
Erst dann wird es möglich sein, die polaren Gegensätze
von Geist und Natur einander anzunähern und vielleicht
zur Harmonie zu bringen. Ein schönes Gleichnis für diese
Harmonie ist die Geburt Christi im Stall mit den Tieren.
Auch Gegenstände können auf der Subjektsstufe unseren
psychischen Zustand treffsicher versinnbildlichen. Wir
sind damit, ohne daß es uns recht zu Bewußtsein kommt,
längst vertraut; in der Umgangssprache finden wir zahl-
reiche Redewendungen, in denen Wesensmerkmale
durch Dinge symbolisiert werden. So sagen wir zum Beispiel von einem Mann, der besonders stark, breit und
kräftig gebaut ist: »Das ist ein Kerl wie ein Schrank«, von
einem anderen, er sei ein »verrücktes Haus«. Wie oft
hört man auf dem Fußballplatz »Die Flaschen!« schreien!
Und jeder weiß, was damit gemeint ist. Wer »Holz vor
der Hütte hat«, »aus dem Mustopf kommt«, »mit der Tür
ins Haus fällt« oder »einen Krümel auf der Flöte« hat, ist
gleichfalls gekennzeichnet. Hier trifft der Volksmund ins
Schwarze.
Gegenstände im Traum haben eine genaue Aussage, allerdings kommt es darauf an, wie sie in den Traumkon-
text eingesetzt sind und welchen Stellenwert wir ihnen
beimessen. Wir müssen immer prüfen: Wie sieht das
Ding da im Traum aus, welche Gefühle ruft es in mir
wach, und was fällt mir alles bei seinem Anblick ein? So
könnte uns beispielsweise ein Schrank im Traum an einen solchen erinnern, der im Elternhaus stand und in den
Vater und Mutter immer Dinge einschlossen, an die wir
als Kinder nicht heran sollten, auf die wir aber besonders
neugierig waren, weswegen wir den Schrank heimlich

aufgebrochen haben. Der Traum will uns an dieses Erlebnis erinnern, weil es in irgendeiner Beziehung zu unserer augenblicklichen Situation steht. Hier drückt der Schrank kein aktuelles seelisches Erleben aus, sondern spielt auf eine Begebenheit aus der Kindheit an. Der Traum zwingt uns zu genauer Beobachtung. Mit seinen abwechslungsreichen Bildern kann er einmal auf unsere seelische Verfassung anspielen und ein andermal wieder Vergessenes in uns wachrufen, das, nun in die Nähe des Bewußtseins gerückt, erheblich dazu beiträgt, unsere augenblickliche Situation zu klären.

Wie Sie sehen, ist der Einfallsreichtum der Träume unbegrenzt. Ihre Kreativität springt auf uns über, wenn wir sie aufschreiben, uns in sie vertiefen und die Bilder verstehen lernen. Mit Staunen werden wir feststellen, daß außer Personen, Tieren und Dingen auch noch die verschiedenartigsten Räume unsere seelische Befindlichkeit, unseren Zustand, unsere Gemütslage auszudrücken vermögen: Ein unaufgeräumtes Zimmer im Traum kann auf eine körperliche oder seelische Unordnung des Träumers hinweisen, ein aufgeräumtes auf das Gegenteil. »Heute war er aber besonders aufgeräumt«, sagen wir von einem Menschen, der mit sich und der Welt in Übereinstimmung scheint.

Ein im Dämmerlicht liegendes Zimmer könnte darauf verweisen, daß im Träumer noch Problem- und Konfliktstoffe sind, deren er sich nicht bewußt ist. Was sich dem Bewußtsein entzieht, läßt sich auch nicht verarbeiten. Darum besteht das Hauptanliegen des Traumes darin, unangreifbare Komplexe in der Seele aufzuhellen und in dynamische Bilder zu verwandeln, die den Träumenden beunruhigen und zu einer Stellungnahme herausfordern.

Steht der Träumer in einem hellen Raum, womöglich mit

vielen Fenstern, dann ist Bewußtheit da, Einsicht in ein Problem, und er befindet sich bereits auf dem Weg zu seiner Lösung.

Wie ein Zimmer aussehen kann, das seelische Abläufe der Träumerin spiegelt, will ich Ihnen an einem Traum veranschaulichen. Eine Frau erzählt: Ich betrete mein Wohnzimmer und bin sehr erschrocken, weil ich feststelle, daß es dort gebrannt hat. Einige Möbelstücke sind angeschwärzt, Tisch- und Stuhlbeine versengt.

Ich frage die Träumerin, ob sie schon einmal einen Zimmerbrand erlebt hat. Wenn das der Fall sei, müsse man daraus schließen, daß sie seinerzeit einen Schock erlitten hat, der bis zum heutigen Tag in ihr weiterwirkt. Dann ginge es dem Traumschöpfer darum, ihr dieses Schockproblem wieder bewußtzumachen, damit sie sich mit ihm auseinandersetzen kann, um es aufzulösen. Da diese Frau aber niemals einen Zimmerbrand erlebt hat, muß der Traum anders verstanden werden. Er verlangt nach einer Deutung auf der Subjektstufe, weil es sich hier um die seelische Verfassung der Träumerin handelt.

Sehen wir uns den Traum genauer an und fragen: Wo spielt sich das Traumgeschehen ab? – Im Wohnzimmer. Zweite Frage: Was bedeutet uns das Wohnzimmer? – Gemeinsamkeit, Wärme, Geborgenheit, Begegnung, Liebe. (Der Schweizer Pädagoge Pestalozzi hat einmal das schöne Wort »Wohnstubenkraft« geprägt.)

Wie sieht es damit bei der Träumerin aus? Strahlt sie noch diese Liebe, Wärme und Gefühlskraft aus, die die Familie zusammenhält? Ist das Zimmer noch ein Zufluchtsort? Spürt man noch Freude, Heiterkeit und Zuversicht im Raum schwingen? – Keineswegs! Der Traum zeigt es ja. Das Zimmer ist trübselig und beschädigt, genau so, wie sich die Träumerin fühlt. Zumindest ein Teil ihrer frohen Gefühle und ihrer positiven Einstellung zum

Leben ist »zu Asche« geworden. Die Verhältnisse haben ihr arg zugesetzt. Hoffnungen und Wünsche, die sie in die Ehe setzte, sind »verbrannt«. Sie ist enttäuscht. Sie hatte so viel Erwartungen an das Leben, und nun scheint das meiste nicht in Erfüllung gegangen zu sein.

Um den Traum zu verstehen, müssen als nächstes die Lebensumstände der Träumerin betrachtet werden: Sie ist ungefähr fünfzig Jahre alt und hat zwei Kinder. Der Sohn heiratete vor einigen Jahren, zog aus der elterlichen Wohnung in eine weit entfernte Stadt und hat nur noch losen Kontakt mit dem Elternhaus. Die Tochter studiert, zog aber einige Monate zuvor auch in eine eigene Wohnung und kommt nur noch zum Wochenende zu Besuch. Diese Situation ließ den Traum entstehen.

Die Kinder, die zum einzigen Lebensinhalt der Träumerin geworden waren, lösen sich vom Elternhaus, machen sich selbständig und beginnen ihr eigenes Leben zu führen. Plötzlich sind Mann und Frau allein aufeinander angewiesen. Und nun zeigt sich der Riß, der im Laufe des Lebens zwischen ihnen entstanden ist und der so lange von der gemeinsamen Sorge um die Kinder überdeckt wurde. Meistens resignieren dann die Ehepartner und beginnen, gleichgültig nebeneinanderher zu leben, oder sie reiben sich in dauerndem Zank und Streit auf.

Der Traum spiegelte genau die Innenwelt der Träumerin. Eigentlich müßte sie jetzt einen gründlichen »inneren Hausputz« unternehmen. Er bestünde darin, daß sie über ihre Situation nachdenkt und sich mit ihr auseinanderzusetzen beginnt. Natürlich ist das ein sehr schmerzlicher Prozeß, der ebendeswegen meistens vermieden wird. Doch sollte sie die Chance einer günstigen Veränderung, auf die sie der Traum hinweist, nicht verpassen. In ihrem Alter hat sie die nötige Reife und kann ihr Leben überblicken.

Wehmütig wird sie sich der Illusionen ihrer Jugendzeit erinnern, mit denen sie in die Welt hinaustrat und eine Ehe schloß, von der sie »den Himmel auf Erden« erhoffte. Mit Hilfe der Träume wird es ihr gelingen, die naiven Vorstellungen abzubauen und zu einer neuen Einstellung zu kommen: zu sich selbst, zu ihrem Partner und zum Leben überhaupt.

Auch Landschaften können seelische Abläufe symbolisieren: Wandert der Träumer durch eine Frühlingslandschaft unter blühenden Bäumen und an grünenden Feldern vorbei, dann darf man wohl annehmen, daß es auch in ihm »grünt und blüht« und etwas Neues im Werden ist. Vielleicht gelang es ihm, ein Problem zu lösen, mit dem er sich lange Zeit auseinandergesetzt hatte. Oder er konnte eine seelische Verletzung, eine frühere Empfindlichkeit loslassen, einfach von sich werfen, und seinen Frieden wiederfinden. Es wäre aber auch möglich, daß er eine neue Fähigkeit in sich entdeckt hat, die nun nach Entfaltung drängt und sein Leben aufs schönste bereichern kann.

Im Gegensatz zur Frühlingslandschaft symbolisiert die Schneelandschaft, durch die sich der Träumer einen mühseligen Weg bahnt, etwas völlig anderes. Vermutlich befindet er sich in einer Situation, die ihm schwer zu schaffen macht und ihn entmutigt. Schnee im Traum hat häufig negativen Charakter und kann Gefühle von Einsamkeit, Leere, Erstarrung und Trostlosigkeit hervorrufen. Allerdings kommt es immer darauf an, wie sich der Träumende verhält und wie der Anblick von Schnee auf ihn wirkt.

Mir passierte folgendes: Ich hatte eine mich sehr enttäuschende Erzählung geschrieben und rührte daraufhin meine Schreibmaschine wochenlang nicht mehr an. Dann geschah mir ein Traum, in dem ich die Maschine wieder aus dem Schnee herausholte. Jetzt wußte ich: Die Enttäuschung war überwunden. Ich hatte neuen Mut gefaßt und konnte weitermachen. Mancher Träumende holt Blumen unterm Schnee hervor und stellt sie in Vasen. Das sind positive Schneeträume, die uns zeigen: Die Erstarrung ist vorbei und die Frustration überwunden. Das Leben beginnt wieder zu strömen.

Wie tröstlich ist der Gedanke, Träume zu besitzen, die unsere Psyche spiegeln. Mit der Deutung auf der Subjektstufe haben wir die Möglichkeit, diese Bilder zu verstehen. Seien es nun Personen, Tiere, Dinge, Räume oder Landschaften, immer meinen sie nur uns selbst. Im wechselseitigen Hin und Her von Wirklichkeit und Traum erleben und erfahren wir uns, lernen uns besser kennen. Jeder Traum ist ein Spiegel, und wenn wir uns nicht scheuen hineinzuschauen, sehen wir uns selbst, sehen uns an.

Gewöhnlich schauen wir in den Spiegel, um Gesicht, Frisur und Figur zu prüfen. Versäumen wir bitte nicht, auch öfters in den Traumspiegel zu blicken, um uns über unser inneres Aussehen, unsere seelische Verfassung klarzuwerden!

Je intensiver wir uns betrachten, um so mehr verfeinern sich die Sensoren, und wir entwickeln ein Gespür für das, was wirklich in uns vorgeht. Mit Betroffenheit erleben wir Gefühle, die wir zum Teil verdrängt und ins Unbewußte wie in dunkle Keller eingesperrt haben. Daß ihr Schattendasein uns oft beunruhigt, Angst und Schuld hervorrief, wird uns nach und nach ins Bewußtsein kommen. Vielleicht motiviert uns jetzt der Traum, unsere Gefühle auch im Wachzustand auszudrücken, sie in Worte zu kleiden. Je öfter wir das tun, um so besser lernen wir, mit ihnen umzugehen. Offen und ehrlich vermitteln wir dem anderen unsere Gefühle, ohne die seinen zu verletzen. Uns ist bewußt geworden, daß Freundschaft und Liebe nur in einer Atmosphäre gegenseitiger Achtung gedeihen, und Gefühle sind dabei die wichtigsten Antriebe unseres Verhaltens. Wird ihnen die Ausdruckskraft versagt, leben wir sie nicht, stumpfen die Sinne ab, und wir erstarren.

Wer jedoch den Zauberspiegel Traum entdeckt hat und ihn fleißig benutzt, hat ein wirksames Mittel gefunden, der Stumpfheit und Starrheit entgegenzuwirken. Er bleibt lebendig, wächst, entwickelt sich und gelangt zu seelischer Reife.

Wir schließen dieses Kapitel wieder mit einem Spruch von Angelus Silesius, der sich so gut in der Seele auskannte: »In dir muß Reichtum sein. Was du nicht in dir hast, wär's auch die ganze Welt, ist dir nur eine Last.«

Deutung auf der Objektstufe

»Alles Vergangene ist nicht abgetan, hat noch Stimme und spricht zu uns in den Träumen« – dies möchte ich als Motto über das nun zu behandelnde Thema setzen.

1. Welchen Bezug habe ich zu Mitmensch und Umwelt?

Nachdem ich Sie mit der Deutung auf der Subjektstufe vertraut gemacht habe, kommen wir zu der zweiten Regel, der Deutung auf der Objektstufe. Hier ist die Betrachtungsweise eine völlig andere. Ging es in der ersten um die aktuelle innere Befindlichkeit mit den sich daraus ergebenden Konsequenzen, müssen wir in der zweiten unsere Aufmerksamkeit auf die Erlebnisse des Träumers richten, die im Traum verarbeitet worden sind. Sie stammen mit dem dazugehörigen Konfliktstoff sowohl aus der Gegenwart wie auch aus der Vergangenheit. Sie können sogar bis in die frühe Kindheit zurückreichen. Wenn Kindheitserlebnisse in den Träumen der Erwachsenen wiederauftauchen, handelt es sich meistens um schwerwiegende Konflikte, die das Kind seinerzeit nicht oder nur unvollkommen lösen konnte. Diesen problematischen Konfliktstoff mit dem damit verbundenen Personenkreis stellt uns dann das Unbewußte, unser Traumschöpfer, wieder vor Augen.
Wir kennen die Menschen gut, die uns im Traum besu-

chen. Es können Vater, Mutter, Geschwister, Verwandte oder auch der Partner sein, gute Freunde und Menschen, zu denen wir jeweils in Kontakt stehen oder standen, wie Lehrer, Ärzte, Pfarrer. Manchmal haben diese Personen im Traum ein etwas befremdendes Aussehen, aber an irgendeiner Einzelheit erkennen wir sie sofort. Es kann sich beispielsweise die eigene Mutter im Traum in eine Königin, Göttin oder Zauberin verwandelt haben; jedoch auch in eine Hexe, während der Vater etwa als König, Riese, Zauberer oder Dämon auftritt. Sie haben diesen Status angenommen, weil wir sie als Kind zumindest teilweise so erlebt haben. Natürlich erscheinen uns die Eltern auch in ihrer wirklichen Gestalt.

Stellen Sie sich bitte einmal ein dreijähriges Kind vor: Zu den Erwachsenen muß es hochschauen, alles ist ihm zu groß – die Tische, die Stühle, die Schränke. Immerzu wird es ermahnt – es soll dies tun, es soll jenes lassen, es soll aufpassen. Überall lauern Gefahren und engen es in seinem Freiheitsdrang ein. Die Erwachsenen dagegen wissen alles, dürfen alles, können alles. Der Eindruck dieser Übermacht der Eltern bleibt erhalten und erscheint später, wenn die Kinder erwachsen sind, in ihren Träumen häufig wieder.

Ein Beispiel, das ich dem Buch »Umgang mit Träumen« des Psychoanalytikers Dr. Hans Dieckmann entnehme, soll Sie anregen, auf Ihre eigenen Kindheitserlebnisse in den Träumen zu achten: Ein siebenunddreißigjähriger Mann idealisierte seinen Vater, den er als Siebzehnjähriger verloren hatte, ganz außergewöhnlich. Ihm erschien der Vater als Abgott mit übermenschlichen Eigenschaften. Eines Nachts hatte er folgenden Traum:

Ich betrete einen chinesisch-buddhistischen Tempelbezirk, der wundervoll angelegt ist mit schönen Gärten und imponierenden Gebäuden. Ganz am Ende liegt ein Pavillon, und als ich diesen betrete, sehe ich auf einmal mitten in diesem Pavillon auf einem Sessel meinen Vater sitzen, der aber eine bösartige und dämonische Fratze hat und viel kleiner aussieht, als er in Wirklichkeit war (der Vater war in der Realität ein großer und stattlicher Mann gewesen). Ich finde diesen Anblick ganz entsetzlich, bin fast erstarrt vor Schreck und wache mit einem Schaudergefühl auf.

Der Traum versucht, das übertrieben ideale Vaterbild auszugleichen, und setzt ein ebenso übertriebenes, nur mit negativen Vorzeichen, dagegen, um den Träumer auf den Boden der Tatsachen zurückzuholen. Der innere Aufruhr, den dieser Traum hervorrief, veranlaßte den Träumer, an Schubladen zu rütteln, in denen schmerzliche Kindheitserlebnisse eingeschlossen lagen. Jetzt erinnerte er sich wieder an die Wutausbrüche des Vaters und an die ungerechte Behandlung, die er oft erleiden mußte. Er spürte wieder die Angst, die ihm beim Anblick des wütenden, grimassenverzerrten Vaters überfallen hatte. In seiner damaligen Ohnmacht erlebte er den Vater als rächenden Dämon, dem er hilflos ausgeliefert war.

Leider hatte keine ausreichende Auseinandersetzung mit der negativen Seite des Vaters, wegen des frühen Todes, stattgefunden. Die kindlichen Ängste wurden ins Unbewußte verdrängt, blieben aber nicht untätig. Sie überfielen den jungen Mann dann, wenn er es mit Autoritätspersonen zu tun hatte. Unbewußt erlebte er noch einmal an ihnen den Vater und bekam im Umgang mit seinen

Vorgesetzten Schweißausbrüche, zitternde Knie und feuchte Hände. Er erstarrte vor ihnen wie einst als Kind vor dem Vater und war nicht in der Lage, vernünftig mit ihnen zu reden. Ihm blieb, infolge der Erstarrung, das Wort im Halse stecken.

Dieser für den Träumer eminent wichtige Traum öffnete ihm die Augen für die Realität. Mit ihm erhielt er Anschauungsunterricht über die Ursachen seiner peinigenden Symptome, von denen er sich nun befreien konnte.

Indem der Traum die idealisierte Auffassung korrigierte, gab er den Anstoß zum Nachdenken: Versetz dich bitte wieder in deine Kindheit zurück! Überleg doch mal, wie es damals wirklich war! Hast du dich nicht oft vor deinem Vater entsetzt, verspürtest Angst, fühltest dich gequält und mißverstanden?

Vieles wird dem Träumer daraufhin einfallen, was er vergessen hatte, und er wird sich nun mit dem Vaterbild, das immer noch untergründig in ihm weiterwirkt, auseinandersetzen. Diese Auseinandersetzung, der er sich vorher nie stellte, kann – und das ist kaum zu glauben – nachgeholt werden: An einem ruhigen Ort und zu geeigneter Stunde gleitet der Träumer in Gedanken in seine Kindheit zurück, erlebt, fühlt und erleidet noch einmal die Beziehung zu seinem Vater – besonders jene Phasen, in denen er sich verletzt, beleidigt und erniedrigt fühlte. Die angestaute Wut, der Schmerz und die Trauer dürfen hervorbrechen und müssen von Tränen hinweggeschwemmt werden. Dieser Prozeß, der einer seelischen Reinigung, einer Katharsis, gleichkommt, kann kurz sein, sich aber auch über einen längeren Zeitraum hinziehen. Begleiten sollten ihn die Fragen: Was für ein Bild habe ich mir von meinem Vater gemacht? Was habe ich bei meinem Vater gesucht? Wie hat mich mein Vater geprägt? Wie, wünschte ich mir, sollte mein Vater sein?

Je gründlicher die Auseinandersetzung durchgeführt wird, um so sicherer ist auch der von Erfolg gekrönte Abschluß. Er besteht darin, daß der Träumer seinem Vater verzeiht, obwohl oder vielleicht gerade weil er gelernt hat, den Vater und sich selbst realistischer zu sehen. Er fügte dem zu positiven Vaterbild ein negatives hinzu, und damit entspricht es der Wirklichkeit.

Nachdem sich der Träumer durch die eigene Seelenarbeit von seinen Komplexen befreit hatte, trat etwas ein, das wie ein Wunder scheint: Die ungünstigen Auswirkungen des falschen Vaterbildes, die den Träumer wie Fesseln einengten, konnten gesprengt werden. Endlich ist er frei, hat eine eigene Basis gefunden und kann nun er selbst werden. Seine lahmgelegten Kräfte stehen ihm wieder zur Verfügung und werden ihm die Entfaltung seiner Fähigkeiten ermöglichen.

Versuchen Sie doch bitte, angeregt durch diesen Traum, sich mit der eigenen von Liebe und Haß geprägten Kind-Eltern-Beziehung auseinanderzusetzen. Doch lesen Sie zur besseren Einfühlung zunächst ein weiteres Beispiel:

Katzentraum

Ich bin in einen U-Bahn-Schacht hinabgestiegen und befinde mich auf einer menschenleeren Station. Ich sehe, daß ich in der rechten Hand zwei kleine Eier trage und in der linken eine junge schwarze Katze. Ich schaue mich nach einem Ort um, wo ich die Eier deponieren kann, um die Katze draufzusetzen. Schließlich finde ich eine Säule, bücke mich, und schon springt die Katze davon. Nachdem ich sie wieder eingefangen habe, versuche ich es noch einmal an einer anderen Stelle und drücke sie mit Gewalt auf die Eier. Sie entwischt mir wieder, ich gebe auf, und während ich mich aufrichte, fällt mein Blick auf eine Szene, die mich fesselt: Ich sehe ein junges Elternpaar, auf das ein etwa drei- bis vierjähriges Mädchen mit ausgestreckten Armen zugelaufen kommt. In dem Augenblick, da sich die Mutter dem Kind zuwendet, hat sich zu der Gruppe eine große grün-schwarz gestreifte Katze gesellt, die aussieht, als sei sie von innen beleuchtet. Als ich zu ergründen versuche, welche Bewandtnis es wohl mit ihr hat, verwandelt sich der Kopf ganz schnell in das Gesicht meines Vaters, und schon wache ich auf.

Ich war in die U-Bahn hinabgestiegen oder, anders ausgedrückt, in meine mir unbekannten Seelenräume, die mir der Traum erschließen half. Mein Vorhaben bestand darin, eine junge schwarze Katze mit zwei Eiern zu vereinen. In der Katze verkörpert sich noch unentwickelt Weibliches, während die beiden Eier als männliche Keimdrüsen Männliches symbolisieren. Mein Vorhaben, das Weibliche dem Männlichen näherzubringen, läßt darauf schließen, daß in der Beziehung zwischen beiden etwas nicht stimmt.

Durch diesen Traum wurde mir die Unzufriedenheit mit meiner weiblichen Rolle zum erstenmal klar bewußt. Die sich daraus ergebenden Überlegungen, daß der heimliche Wunsch des Mädchens, ein Mann zu sein, naturwidrig ist und zur Entfremdung vom Mann beitragen kann, inspirierte der Katzentraum. Nachdem jedoch der Versuch, Weibliches mit Männlichem zu vereinen, mißlang, muß die Frage geklärt werden, warum. Die Antwort darauf erhielt ich in Form eines Scharadenspiels, in dem mir eine frühere Station meines Lebens vorgeführt wurde. Ich war das Kind, das auf die Mutter zustürzte und von ihr liebevoll empfangen wurde, während es der Vater mit einer Katze zu tun bekam, die dann sogar sein Gesicht trug.

Es war keine gewöhnliche Katze, die da wie eine Lampe leuchtete, und deshalb würde mir wohl bald »ein Licht aufgehen«, welche Rolle sie in meinem Leben gespielt hat.

Ich versuchte mich zu erinnern, schloß die Augen und ließ mich in das Damals zurückgleiten, bis die ersten Bilder auftauchten. Ich sah mich, noch früh am Morgen, heimlich aus dem Bett klettern und in den Korridor laufen, um nach der süßen kleinen Katze zu schauen, die mir die Eltern am Tage zuvor geschenkt hatten. Da öffnete sich die Küchentür, und ich mußte erleben, wie der Vater die Katze am Schlafittchen gepackt hielt, etwas Unfreundliches murmelte und sie auf den Flur hinauswarf, weil sie ihn beim Rasieren gestört hatte. Noch am gleichen Tag wurde das Tier verschenkt, ohne daß man mit mir darüber gesprochen hatte, vielleicht aus der Überlegung heraus, daß ich dann leichter vergessen würde.

Aber weit gefehlt! In der Vorstellung des Kindes hatte sich das wunderbare lebende Spielzeug bereits verwandelt: Es war zum Geschwisterkind geworden, mit dem es, gemäß seiner magischen Weltschau, eins werden konnte. Mit einemmal war es nicht mehr allein, stand den Eltern, die ihm oft genug so übermächtig und wie König und Königin aus seinem Märchenbuch erschienen, nicht mehr so hilflos gegenüber. Es konnte zur Katze werden und die Katze wiederum zum Kind, und mit ihr im Bunde fühlte es sich mutig und stark. Doch nun geschah das Unfaßbare: Der geliebte Vater warf die Katze weg und verschenkte sie an fremde Leute, was aus der Sicht des Kindes bedeutete, daß man seiner überdrüssig war, es nicht mehr haben wollte und deshalb weggab. Das kam einem Weltuntergang gleich, Schmerz und Verzweiflung müssen grenzenlos gewesen sein.

Oberflächlich betrachtet, nahm sich eigentlich alles recht

harmlos aus und hätte es für ein anderes Kind vielleicht auch sein können. Nur kamen in diesem Fall mehrere ungünstige Umstände zusammen: Sowohl die Geschwisterlosigkeit als auch die ödipale Entwicklungsphase, in der sich das Kind zu jener Zeit befand, und sein introvertiertes Wesen machten den Katastrophencharakter des Ereignisses aus.

Wie das Kind versuchte, mit dem Schmerz fertig zu werden, wurde aus meinen Träumen der nächsten Monate ersichtlich. Es war keine Kämpfernatur, wurde nicht aggressiv, sondern wählte den Weg des geringsten Widerstandes und zog sich in einen Schmollwinkel zurück, nachdem es Schmerz, Wut und Verzweiflung verdrängt hatte, und baute sich in seiner Phantasie eine eigene, bessere Welt auf, in der alles nach Wunsch lief. Außerdem begann es sich vor dem Vater zu fürchten und schenkte der Mutter seine ungeteilte Liebe, soweit es seine Gefühle nicht überhaupt zurückhielt – aus Angst vor erneuter Verletzung. Nach und nach begann es, sich in sich selbst zu verschließen, schuf sich einen Panzer und glaubte, damit männlich, stark und unverwundbar zu sein. Die Folgen derartigen Verhaltens waren Schüchternheit und ein Ausweichen vor dem Leben einerseits, gestörtes Selbstvertrauen und Minderwertigkeitskomplexe andererseits. Das lenkte die Entwicklung auf falsche Bahnen und verursachte Verzögerungen des Reifeprozesses, was sich ein Leben lang als Hemmschuh auswirken sollte.

Viel Schmerzliches liegt in dem verborgen, was der Traum aus dunklen Tiefen heraufholt und mich veranlaßt, darüber nachzudenken – allerdings erst dann, wenn die furchtbaren Erschütterungen, von denen derartige Einsichten in Vergangenes begleitet werden, abgeklungen sind. Ein nur intellektuelles Verarbeiten schwerer

Erlebnisse trägt noch nicht zur Persönlichkeitsreife bei. Tief muß der Boden umgegraben werden, wenn sich etwas Rechtes in ihm entwickeln soll, und Samenkörner, die man in die Erde legt und mit Tränen begießt, gedeihen am besten.

Ich empfehle Ihnen auch, sich wieder einmal Ihre Kinderfotos anzuschauen und miteinander zu vergleichen. An ihnen läßt sich die Entwicklung ablesen, ob Störungen eintraten und wie sie verarbeitet wurden: Es ist aufschlußreich, an Haltung, Mimik und Gestik abzuschätzen, ob Sicherheit, Selbstbewußtsein, Wißbegier und Lebensfreude oder Enttäuschung, Mißtrauen, Zurückhaltung und Ängstlichkeit den Vorrang hatten. In diesen frühkindlichen Phasen, in denen sich die Charakterstruktur bildet, das Agieren und Reagieren eingeübt wird, lassen sich viele Ursachen späteren Fehlverhaltens erkennen.

Die Träume decken diese Zusammenhänge auf, und zwar so lange, mit immer wieder neuen Bildern, bis wir begriffen haben, wie infantil wir uns noch heute in dieser oder jener Situation verhalten. Dann kommt der Tag, an dem uns bewußt wird, daß wir die Mißgeschicke, die ausgerechnet immer uns passieren, nicht mehr den anderen in die Schuhe schieben dürfen und die Vorstellung, immer »armes Opfer« zu sein, aufgeben müssen. Aus dem neuen Verhalten erwachsen Mut, Sicherheit und Selbstvertrauen, die dem Leben eine neue Richtung geben.

Als Ausgangspunkt für das Traumverständnis habe ich von der Regel, die sich Deutung auf der Objektstufe nennt, gesprochen. Wir haben den Vater-Dämon-Traum auf der Objektstufe gedeutet, weil es sich hier um ein wirkliches Objekt aus der Außenwelt handelt, den Vater. Der Traum spiegelt die Beziehung, die der Träumende zu seinem Vater hatte. Hier ist der Traum also eine Widerspiegelung, ein Niederschlag und eine Verarbeitung von Erlebnissen aus der Vergangenheit.

Bei den Traumpersonen, die wir auf der Objektstufe verstehen wollen, haben wir uns zu fragen: Was bedeutet diese Gestalt, die mir verwandte oder bekannte Person, welche in meinem Traum auftaucht, für mich in meinem Leben? Wie sieht meine Beziehung zu ihr aus? Überlegen wir bitte gemeinsam, welche Beziehungen zwischen Menschen möglich sind. Stellen Sie sich jemand Bekannten vor, und fragen Sie sich:

Welche Gefühle bringe ich der Person entgegen?

Brauche ich sie, weil ich mich sonst einsam und verlassen fühle?

Beherrsche ich sie, oder beherrscht sie mich?

Schätze ich sie zu hoch oder zu niedrig ein?

Stelle ich Ansprüche an sie, die sie gar nicht erfüllen kann?

Passe ich mich ihr zu sehr an?

Sage ich zu allem ja, aus Angst, ich könnte sie sonst verlieren?

Ahme ich verschiedene Verhaltensformen von ihr nach, weil sie mir imponieren?

Verlange ich von ihr dieselbe Liebe, Wärme und Geborgenheit wie einst von den Eltern?

Halte ich mich in meinen Gefühlen zurück, verlange aber von ihr, daß sie offen und rückhaltlos ist?

Mißtraue ich ihr, weil ich oft selbst verletzt und beleidigt worden bin und das nicht vergessen kann?

Lebe ich meine Gefühle, oder halte ich sie zurück, so daß der andere nie weiß, woran er ist?

Bin ich der Meinung, der andere müsse genauso handeln, reagieren und fühlen wie ich?

Habe ich nur meinen eigenen Vorteil im Auge?

Wann muß ich mich behaupten, und wann sollte ich verzichten?

Mache ich jemanden von mir abhängig durch übertriebene Wohltaten, Versprechen und Nachgiebigkeit, weil ich ihn dringend brauche?

Bin ich neidisch auf materiellen Besitz oder auf Talente und Fähigkeiten, die mir fehlen?

Wenn wir mit einigen von diesen Fragen an die Traumperson herangehen, werden wir bald herausfinden, was uns der Traum mit ihnen sagen möchte, nämlich: Kläre dein Verhältnis zu ihnen. Mach dir bewußt, wie du zu ihnen stehst und von welcher Art deine Beziehung ist. Setz dich gedanklich mit ihnen auseinander. Erkenne auch deine Gefühle, die du ihnen entgegenbringst, und die Einstellung, die du zu ihnen hast.

Im Traum geht es in erster Linie um die Beziehung, die wir zu den bekannten Traumpersonen haben, und nicht um das Bild, das wir uns bisher von ihnen gemacht haben. Denn dieses Bild ist sehr subjektiv, entspricht nicht immer der Realität und führt daher häufig zu Mißverständnissen.

Mit Hilfe der Träume und ihrer Deutung auf der Objektstufe wird unser Verhältnis zum Nächsten durchschaubarer. Manchmal verweisen uns die Träume auf hervorstechende Eigenschaften positiver oder negativer Art, die wir an den bekannten Personen übersehen oder falsch beurteilt haben. Wir können nun abwägen: Wie urteile ich über die Traumperson – und wie urteilt mein Unbewußtes über sie? Durch das Vergleichen der Antworten erfolgt dann die Klärung der Standpunkte.

Bei diesen Überlegungen erweitert sich das Realitätsbewußtsein und erleichtert uns das Verständnis zunächst für uns selbst, dann auch für unsere Mitmenschen. Endlich durchschauen wir Ansprüche und Erwartungen, die wir an andere stellen, wie auch Ängste und Befürchtungen, die wir ihnen gegenüber hegen. Aus diesen neugewonnenen Einsichten entwickelt sich eine innere Sicherheit, die uns viel Ärger vermeiden läßt und für Ausgeglichenheit sorgt.

Betrachten wir noch einige Träume, deren Verständnis sich nach der Deutung auf der Objektstufe erschließt.

Spiel mit der Liebe

Ich befinde mich mit meinem Freund zusammen in einem mir unbekannten Zimmer. Über seine hochmoderne Kleidung bin ich sehr erstaunt. Grüne Cordhosen, rotes Hemd mit Rüschenkragen, darüber ein bunter Pullover. Seine gelockten Haare sind zurückgekämmt. Mein Erstaunen wird zur Beschämung, als ich beobachte, wie mein Freund beide Ellenbogen auf den Couchtisch stützt und sein Hinterteil demonstrativ in die Höhe reckt. Ohne mich über das unkultivierte Benehmen äußern zu können, wache ich auf.

Um einen Traum zu verstehen, das wissen Sie bereits, muß man ihn im Kontext betrachten: Die Träumerin ist sechsundzwanzig Jahre alt und hat sich während eines Ferienaufenthaltes mit einem ihr sympathischen jungen Mann angefreundet. Es kommt zu einer engeren Beziehung, die lediglich darunter leidet, daß beide in weit voneinander entfernten Städten wohnen und sich nur zum Wochenende treffen können.

In dem Traum lernt die junge Frau ihren Freund von einer Seite kennen, die ihr bisher entgangen war. Sie spürt sofort, daß sie den Partner im Traum und in der Wirklichkeit so nicht annehmen kann. Der Traum zeigt ihr den Freund als Playboy, der allzu leichtfertig mit dem Sex umgeht, wie das zur Schau gestellte Hinterteil vermuten läßt.

An der Träumerin liegt es nun, zu prüfen, ob ihr der Traum Eigenschaften des Freundes ins Blickfeld rückte, die sie bisher noch nicht wahrgenommen hatte. Wenn sie die Träume der folgenden Wochen sorgfältig aufschreibt, wird sie mehr darüber erfahren.

C. G. Jung hat auf die Bedeutung von Traumserien hingewiesen, darauf, daß ein einzelner Traum nie losgelöst von anderen Träumen verstanden werden sollte. Sein volles Verständnis erschließt sich erst unter Heranziehung der vorhergehenden und nachfolgenden Träume. Die meisten von ihnen behandeln das für den Träumer akut gewordene Problem, um ihm bei der Lösung zu helfen.

In dem geschilderten Traum ging es der Träumerin um die Beziehung zum Du, die, wie man sieht, noch Schwierigkeiten bereitet und einiger Auseinandersetzungen bedarf.

Warum haben wir diesen Traum auf der Objektstufe gedeutet? Hier handelt es sich um ein wirkliches Objekt aus der Außenwelt, nämlich den Freund, wie auch um Erlebnisse mit ihm, deren Bedeutung der Träumerin erst klarwerden muß. Sie wird sich immer wieder fragen müssen, ob das Bild, das sie sich von ihm gemacht hat, mit der Wirklichkeit übereinstimmt. Auf der Objektstufe gedeutet, ist also der Traum eine Widerspiegelung, ein Niederschlag und eine Verarbeitung von Erlebnissen des Träumers in Gegenwart und Vergangenheit.

Einen weiteren Traum, den mir eine junge Frau nach bestandenem Abitur erzählte, soll Ihnen die Einfühlung in die Objektstufe erleichtern:

Das Traumgeschehen läuft in einer Art Hallenbad ab, das rosafarben gekachelt ist. Es gibt keine Fenster, aber es ist nicht dunkel, sondern ziemlich hell. Im ganzen Raum ist eine Art Dunst.
Ich sehe meine Eltern, die nebeneinanderschwimmen. Sie haben ihre Badeanzüge an. Auch ich schwimme, aber ich bin nackt. Ich wundere mich, daß meine Mutter ausgerechnet heute nicht darüber schilt, denn sonst tut sie das immer. Ich schwimme unabhängig von meinen Eltern, die sich allmählich von mir entfernen. In dem Bekken gibt es eine Verengung, durch die sie hindurchschwimmen.
Als sie sich entfernen, kommt ein alter Mann auf mich zugeschwommen. Er hat eine Tonsur wie ein Mönch, die von einem weißen Haarkranz umgeben ist, außerdem einen Bierbauch, und er schwimmt ebenfalls nackt. Ich weiß sofort, daß er mich vergewaltigen wird. Ich will meinen Eltern nachschwimmen, weiß aber, daß ich sie nicht mehr einholen kann. Mir ist unverständlich, daß sie mir nicht helfen, denn ich glaube, sie haben das Geschehen verfolgt. Vor dem Mann empfinde ich sowohl Angst wie auch Ekel. Die Bedrohung scheint unausweichlich, er ist schon sehr nahe gekommen. Da wache ich auf.

Aus der Spontaneität der Traumerzählung und dem Wissen um die Lebensumstände der Träumerin ergibt sich die Deutung fast von selbst. Mit dem Verlassen der Schule ist für sie ein Entwicklungsabschnitt beendet, und es beginnt etwas völlig Neues. Bisher bewegte sie sich im Dunstkreis der Eltern in einer Atmosphäre der Liebe, Wärme und Geborgenheit. Freundlich und rosafarben, ohne große Belastungen floß ihr Leben dahin. Sie schwimmt nackt, noch in ihrem Urzustand, in der Obhut ihrer Eltern. Es ist ein abgegrenzter, wohlbehüteter Bereich, der, durch eine Schwimmhalle versinnbildlicht, auch an den embryonalen Zustand erinnert. Doch es kann nicht immer so bleiben, denn Entwicklung ist nötig und nicht aufzuhalten.

Die neue Situation wird durch das sich entfernende, dem Ausgang zustrebende Elternpaar angekündigt. Und in diesem Augenblick geschieht etwas. Auf die Träumende schwimmt ein alter, ihr Furcht einflößender Mann zu, der sie, nach ihrer Meinung, vergewaltigen will.

Ihr ist unverständlich, daß ihre Eltern wegschwimmen und ihr nicht helfen, sagt sie, obwohl sie doch das Geschehen verfolgt haben: Noch hat sie nicht erfaßt, daß sie in Zukunft ihre Probleme selbständig lösen muß. Vorerst kennt sie den alten Mann nicht, doch wenn sie ins Leben hinaustritt, wird sie gründlich kennenlernen, was er versinnbildlicht. Eine Vorahnung davon versuchte ihr der Traum zu vermitteln.

Der Alte trägt eine Tonsur wie ein Mönch, was bedeutet, daß er ein geistiges Leben führt. Andererseits ist er nackt und hat einen Bierbauch, woraus man schließen kann, daß er den irdischen Freuden nicht abhold ist. Wir finden hier zwei sich widersprechende Seiten in ein und derselben Person und suchen nach einem Vergleich.

Wenn wir die Erfahrungen C. G. Jungs zu Rate ziehen, wissen wir, daß der Alte ein Archetyp ist, in dem die Lebenserfahrungen einer langen Ahnenreihe ihren Niederschlag finden. Er verkörpert das Leben selbst mit all seinen Widersprüchen von Natur und Geist, Hell und Dunkel, Gut und Böse, Arm und Reich. In dieses Spannungsfeld der Polarität, Leben genannt, wird nun die Träumerin eintreten, heraus aus der Geborgenheit des Elternhauses, und sich manchmal, wie es im Traum geschah, vor Angst und Ekel schütteln.

Auf den Archetypen, von dem ich soeben sprach, möchte ich noch kurz eingehen. Archetypen sind Urbilder, Urprägungen der Seele, die allen Völkern gemeinsam sind. Sie entstammen einer seelischen Tiefenschicht, von C. G. Jung das kollektive Unbewußte genannt, das unterhalb des persönlichen Unbewußten liegt. In dieses Gedächtnis der Seele haben sich die tief erschütternden Erfahrungen der Menschheit wie Geburt, Entwicklungsphasen, Liebe und Tod unauslöschlich eingegraben. An den Wendepunkten des Lebens treten sie in hilfreichen Personen symbolisiert in den Träumen auf. Wir erkennen sie dann in der Verkörperung eines alten Mannes, der uns nützliche Anweisungen gibt. Dasselbe vermag im Traum eine alte Frau auszusagen. In ihr finden wir auch Mutter Natur oder, wie Jung sagt, die »Große Mutter«, die mit ihrer Weisheit dem Träumer zu Hilfe kommt. Unsere dunkle, unsere Schattenseite kann ebenfalls im Traum personifiziert erscheinen. Archetypen wollen uns sagen: Was sich jetzt in deinem Leben ereignet, hat sich immer ereignet. Es geschieht nicht nur dir allein, sondern es sind problematische Erlebnisse, mit denen sich jeder Mensch auseinanderzusetzen hat. Du kannst sie ablehnen und verdrängen oder sie als Herausforderung betrachten und dich ihnen stellen. Dann erfährst du, nicht ohne Schmerzen, daß sie herauslocken, was an Anlagen, Möglichkeiten und Fähigkeiten in dir steckt. Mit der Zeit wirst du erkennen, wie ihre Forderungen dein geistiges Wachstum fördern.

Vor diesen Anforderungen, die wir Schicksal nennen, zurückzuschrecken ist nicht nötig. Gibt es doch Helfer genug. Wer sie in den Träumen entdeckt und dankbar anerkennt, läßt sich von ihnen mit Kraft, Mut und Sicherheit beschenken. Hierzu gehören auch die Archetypen, die, als überpersönliche Mächte aus den Tiefen der Zeit kommend, uns brüderlich die Hand reichen und von denen ich nur auf drei wichtige hingewiesen habe.

Zum Abschluß für die Objektstufendeutung schildere ich Ihnen noch einen Traum, der nicht einer gewissen Komik entbehrt. Er bringt einen Unbekannten auf die Traumbühne, dessen Begleiter ihn aber als guten Bekannten entlarvt:

Ochsen-Esel-Traum

Ich gehe auf der Straße. Mir entgegen kommt ein von einem Esel gezogener Wagen, auf dem ein Mann sitzt. Der Esel fletscht die Zähne, wird wild und rennt mir nach. Der unbekannte Mann sagt: »Du kannst dich nur mit Geld von mir loskaufen, dann beißt dich der Esel nicht.« Ich suche in meinem Geldbeutel, weiß aber nicht, ob ich etwas gefunden habe, um es ihm zu geben. Danach laufe ich schnell weg. Der Mann folgt mir, und ich erreiche mit knapper Not mein Haus, schlage die Tür hinter mir zu, die jedoch, da sie aus Glas ist, zerbricht. Weiter fliehe ich die Treppen hinauf ins Wohnzimmer zu meiner Tochter, die im Traum noch ein Mädchen von etwa zwölf Jahren ist. Schon stürzt der Verfolger herein und auf meine Tochter zu. Ich mache mich stark und schreie: »Wenn dieser Mann meiner Tochter etwas tut, bringe ich ihn um.«

Die etwa vierzigjährige Träumerin ist seit mehreren Jahren verwitwet und Besitzerin eines schönen Hauses. Vor einiger Zeit lernte sie einen Deutschamerikaner kennen, der ihr den Hof machte. Er gab sich als wohlhabender

Mann aus und rief, nach San Francisco zurückgekehrt, öfter bei ihr an.

»Einmal erzählte ich ihm«, sagte die Träumerin, »daß ich mit Bekannten auf dem Ochsenkopf im Fichtelgebirge gewandert bin. ›Bei euch in Deutschland‹, erwiderte er, ›gibt es viele Ochsen oder vielmehr Esel! Vielleicht gibt es die aber auch bei uns, und vielleicht bin auch ich ein Esel.‹ Nach diesem Telefongespräch verging eine längere Zeit, und er drängte immer mehr auf einen Besuch. Endlich faßte ich Mut und flog nach Kalifornien. Dort angekommen, bekam ich eine furchtbare Grippe und lernte den Mann von seiner wahren Seite kennen. Er war ein Egoist durch und durch und hatte es nur auf meinen Besitz abgesehen. Wieder nach Deutschland zurückgekehrt, ließ ich ihn sofort wissen, unsere angebliche Freundschaft sei beendet. Etwa zwei Monate später hatte ich dann den geschilderten Traum.«

Obwohl der Traum einen unbekannten Mann heranholt, will er doch auf der Objektstufe verstanden werden, denn sein Attribut, der Esel, erinnert die Träumerin an das einstige Telefongespräch, in dem es um tierische Vergleiche ging. Das triebhafte Begehren des Mannes ist in dem wilden Esel und in seinem Ausspruch »Du kannst dich nur mit Geld loskaufen« veranschaulicht, ebenso in der anschließenden Verfolgungsjagd, die mit der Bedrohung der Tochter endet.

Diese Tochter ist längst verheiratet und in Amerika ansässig. Hier im Traum erscheint sie stellvertretend für den infantilen Teil der Mutter mit den romantischen Vorstellungen zu dieser Partnerbeziehung. Ihr wird noch einmal bestätigt, daß es gut war, diese Beziehung abzubrechen oder umzubringen, wie sie im Traum denkt, um den der Tochter zugedachten Haus- und Geldbesitz zu retten.

Wenn wir uns lange genug mit den auf der Objektstufe gedeuteten Personen auseinandergesetzt haben, werden wir eines Tages nicht davor zurückschrecken, zu sagen: Ich bin ich, und du bist du, und ich erkenne die Unterschiede zwischen uns an.

Sind es doch gerade die Unterschiede zwischen den Menschen, die das Leben abwechslungsreich und interessant machen. Wir lassen uns anregen, empfangen Belehrungen, begegnen Meinungen und Vorurteilen und kommen in die verschiedensten Kreise mit den unterschiedlichsten Lebensauffassungen. Dies alles bereichert und erweitert unseren Horizont. Selbstverständlich kommt es zu Spannungen, die manchmal gar bis an die Grenzen der Belastbarkeit führen. Aber wir müssen sie trotzdem bejahen, denn sie machen uns aktiv, treiben uns in Auseinandersetzungen, lassen keine Langeweile aufkommen, sind schließlich das Salz in der Suppe des täglichen Einerleis. Gegensätze ziehen sich an – daß diese Weisheit eine für beide Teile bereichernde Erfahrung beschreiben kann, hat gewiß schon jeder von Ihnen erlebt.

Unsere Traumarbeit, gestützt auf die beiden Regeln Deutung auf der Subjektstufe und auf der Objektstufe, fördert das Verständnis für die Mitmenschen und erleichtert den Umgang mit ihnen. Die Regeln sind ein Rüstzeug, die Botschaft der Träume besser verstehen zu lernen. Welche von beiden wir jeweils benutzen, richtet sich nach dem Traumgeschehen, es kann auch durchaus vorkommen, daß beide bei ein und demselben Traum zu Rate zu ziehen sind.

2. Meditative Betrachtung des Traumes

Vor jeder Anwendung der Regeln, darauf möchte ich immer wieder hinweisen, erfolgt jedoch das meditative Eintauchen in den Traum.

Dazu ein Beispiel: In Ihrem Traum begegnete Ihnen ein weißes Auto, das Sie irritiert hat. Versetzen Sie sich durch Meditation in das Auto. Sie lassen sich von ihm ergreifen, werden selbst zum Auto und zum Weiß der Farbe. Achten Sie dabei auch auf die Stimmung und Gefühle. Vielleicht spüren Sie ein Ziehen am Herzen, werden von Schmerz und Trauer überwältigt. Mit diesen Gefühlen kommen Ihnen Einfälle: Möglicherweise erinnern Sie sich an ein Erlebnis mit einem weißen Auto, das Sie schockierte. Mit einer solchen Meditation, bei der man die Gefühle wachruft, kommt man dem Traumsinn recht nah. Indem wir uns von den Bildern ergreifen lassen, sind wir zugleich ergriffen, bis ins Innerste angerührt, bewegt und erschüttert. Es ist eine Phase des Erlebens und Erleidens, die nicht unterlassen werden darf, soll das Ziel der Träume, den Träumer zu verwandeln, nicht verfehlt werden. Das intellektuelle Begreifen erfolgt später, rundet den Vorgang ab. Diese meditative Betrachtung erleichtert es uns, die Traumbotschaft intuitiv zu erfassen, ohne erst lang zu deuten und zu analysieren.

Der ungelebte Pol in uns

1. Kompensation: Ein notwendiger Ausgleich

Am Beginn des Buches habe ich auf die kompensatorische Leistung der Träume hingewiesen, auf die ich noch einmal kurz zurückkommen möchte. Unter Kompensation versteht man im allgemeinen den Ausgleich eines mehr oder weniger entgleisten Zustandes. Die Art der Kompensation ist unterschiedlich, sie richtet sich nach der Einstellung des Bewußtseins: Entweder wird im Traum etwas ausgeglichen oder verglichen, ein andermal wieder etwas abgewogen oder ersetzt beziehungsweise auch etwas der Realität Entgegengesetztes aufgezeigt – erinnern Sie sich an den Vater-Dämon-Traum, mit dem ich Ihnen die Deutung auf der Objektstufe nahebrachte. Er ist auch als Beispiel für die Kompensation geeignet: Dem übertrieben idealen Vaterbild, hervorgegangen aus der eingeengten Vorstellung des Träumers, setzte der Traum ein dämonisches dagegen, um das seelische Gleichgewicht wiederherzustellen. Je übertriebener die bewußte Einstellung ist, um so mehr muß das Unbewußte in entgegengesetzter Richtung übertreiben. Natürlich war der Vater kein Dämon, und der Träumer wird bei der Auseinandersetzung nicht einfach die beiden Vaterbilder auswechseln dürfen. Das ergäbe nur eine Verkehrung der Situation, aber keinen Ausgleich.

Die mit starken Emotionen aufgeladenen Träume inszeniert das Unbewußte nur, wenn unser Erleben zu einseitig und eingeengt ist. Er muß unsere Aufmerksamkeit erzwingen, damit es uns wie Schuppen von den Augen fällt und eine neue Einstellung möglich wird. – Hierzu als Beispiel noch ein Traum, der bei der Träumerin große Angst auslöste:

Zigeuner vor dem Haus

Ich schaue zufällig aus dem Fenster hinaus und sehe, daß im Vorgarten eine Zigeunergruppe ihr Lager aufgeschlagen hat. Ich will, daß sie von unserer Wiese weggehen, und rufe zum Fenster hinaus, sie sollen verschwinden, weil ich sonst die Polizei hole. Sie scheren sich jedoch um nichts. Einer von ihnen allerdings will mit mir verhandeln. Er darf ins Haus hinein, während sich die anderen weiterhin im Garten breitmachen. Ich sage meinen Familienmitgliedern, sie sollen aufpassen, weil ich unterdessen mit dem einen Zigeuner, der einen vernünftigen Eindruck auf mich macht, verhandeln will.

Plötzlich entdecke ich, daß andere Zigeuner in das Haus eingedrungen sind und die schönen Rosenthalteller, die an der Wand aufgehängt waren, gestohlen haben, bis auf wenige, die nunmehr an ganz anderen Stellen hängen. Ich schreie laut um Hilfe. Ich schreie, so laut ich kann. Die anderen Mitglieder meiner Familie reagieren überhaupt nicht. Ich versuche, die Polizei anzurufen. Bei der Nummer 110 kommt kein Anschluß zustande. Ich bin kaum in der Lage, neu zu wählen. Ich suche nach neuen Nummern im Telefonbuch. Das Buch liegt verkehrt herum. Ich gerate in Panik. Der Mann, mit dem ich verhandelt habe, sollte mich offensichtlich ablenken, damit die anderen den Diebstahl begehen konnten.

Ich sehe, wie alle Zigeuner verschwunden sind. Die Straße ist leer. Die Polizei wird zu spät kommen.

Wer mit seiner Naturseite in Einklang lebt und diesen lebensprühenden Traum betrachtet, wird von ihm begeistert sein. Auch wenn er, wie die Träumerin, in seiner Kindheit gehört hat: »Die Wäsche von der Leine, die Türen schließen, Zigeuner kommen!«

Eine andere Mentalität, fremde Sitten und Gebräuche und ein nicht konformes Verhalten können angst machen und führen dazu, fremden Volksgruppen nur negative Eigenschaften anzudichten: »Wie kommt das Gesindel dazu, sich auf meiner Wiese breitzumachen? Sie könnten rauben, morden und stehlen« – die in der Kindheit programmierten Vorurteile bleiben ein Leben lang wirksam, wenn sie nicht bearbeitet werden.

Auf meine Frage nach den positiven Seiten des Zigeunerlebens, wie sie beispielsweise in vielen Liedern besungen werden, nannte die Träumerin Eigenschaften wie Ungebundenheit, Naturnähe, Lebensfreude, die sich in Musik und Tanz äußert, magische Künste, uraltes Wissen, eine gute Menschenkenntnis und instinktnahes Handeln. Zum Teil sind es Eigenschaften, welche die Träumerin in sich unterdrückt und nicht gelebt hat. Eine lebensnotwendige, instinktsichere Seite in ihr war verkümmert. Öde, Langeweile, Unzufriedenheit mit sich und ihrem Leben waren die Folge, von der sie der Traum befreien möchte. Sie wehrt sich mit Händen und Füßen dagegen, gerät in Panik und ruft nach der Polizei. Aber Menschen und Dinge widersetzen sich ihrem Hilferuf. Die Telefonnummer stimmt nicht, das Buch liegt verkehrt, und die Polizei kommt nicht.

Wenn wir mit unseren Vorstellungen schiefliegen, durchkreuzt sie das Unbewußte, um uns wachzurütteln. Der Einbruch der Zigeuner in die wohlgeordnete Bürgerlichkeit soll die Träumerin nachdenklich machen. Vieles ist ihr durch unermüdliche Arbeit an sich inzwischen bewußt geworden. Sie hat sich mit in der Kindheit geprägten ungünstigen Verhaltensmustern auseinandergesetzt und versucht, sie aufzulösen. Dabei hilft ihr im Traum die Familie, denn sie reagiert gelassen auf den angeblichen Diebstahl – erhalten doch einige Teller nur einen anderen Platz.

Ein »wohlanständiges« bürgerliches Leben mit Rosenthaltellern und Silberbesteck muß an sich ja nichts Bedenkliches sein, aber wenn all diese Dinge das Herz verengen, Andersdenkende und Anderslebende für minderwertig gehalten werden, wird der Bürger zum Spießbürger. Nicht von ungefähr hängen die Zigeuner die Teller um: Damit wollen sie eine solche Einstellung zurechtrücken. Alles in allem gesehen, ist der Traum für die Träumerin vielversprechend: Er zeigt, wieviel Lebendigkeit, Lebensfreude und Spontaneität in ihr stecken. Gelingt es ihr, die schlummernden Kräfte zu wecken und ins Leben einströmen zu lassen, wird ihr Alltag ein anderes Gesicht bekommen.

Wenn wir uns zeitweise zu weit von einem natürlichen, einfachen und elementaren Leben entfernt haben, wird viel Grün in den Träumen aufleuchten: weite Wiesen, Parks mit Bäumen und Sträuchern, grüne Felder. Wem es an Mütterlichkeit, Geduld und Gefühlswärme fehlt, sieht im Traum vielleicht weidende Kühe, die ein Symbol für Mütterlichkeit sind und aufs beste die dem Träumenden fehlenden Eigenschaften repräsentieren.

Legt ein Träumer zu großen Wert auf Sauberkeit, Perfektion und starre Ordnung, kann er von kleinen Zimmern träumen, in denen etwas Schmutz herumliegt, die aber trotzdem gemütlich sind. Auf keinen Fall sind sie steril und lassen an einen Operationssaal denken. Träume kompensieren Gleichgewichtsstörungen, die durch Fehleinschätzungen der Realität entstanden sind, um einen möglichst ausgewogenen Seelenzustand wiederherzustellen. Zum besseren Verständnis sei ein Traum angeführt, den ich zu Beginn meiner Traumarbeit hatte:

Straßenkehrertraum

Ich befinde mich in unserem Wohnzimmer, das, in nächtliches Dunkel gehüllt, mich wie ein wärmender Mantel umschließt. Durchpulst von einem unendlichen Glücksgefühl, in dem Geborgenheit, Liebe und Zärtlichkeit zusammenströmen, gehe ich langsam umher und koste die Stimmung voll aus. Leise Stimmen klingen an mein Ohr, und ich vermute, daß sie aus dem Radio in der Wohnung unter mir kommen. Ich beuge mich nieder und lausche angestrengt, um etwas zu verstehen. Dann wende ich mich dem Telefon zu, hebe es hoch und finde ein Stück Schokolade darunter. Auf dem Tisch daneben liegt ein Stück Wurstbrot, von dem ich esse. Herbert, mein Mann, kommt nach Hause, und ich sehe seinen Schatten durch die Glastür, der aber gleich wieder verschwindet. Mit einemmal breitet sich Morgendämmerung aus. Ich trete zum Fenster, öffne den Vorhang, und überirdisch helles Licht strömt mir entgegen. Aber nur für einen Augenblick, denn schon befinde ich mich in einem tiefen Schacht, vor mir Schneewände, deren trauriger erstarrter Anblick nur durch teilweises Glitzern aufgehellt wird. Oberhalb des Schachtes läuft eine Straße, auf der ein Straßenkehrer den Schnee wegfegt. Ich beneide ihn um seine Arbeit und wache auf.

Das Geschehen spielte sich in unserem Wohnzimmer ab, wie es gegenwärtig aussieht. Um mich herum war Dunkelheit, was meiner Lebenssituation durchaus entsprach.

Merkwürdigerweise war ich trotzdem außerordentlich glücklich, und diese Stimmung verlieh mir sogar noch am folgenden Tage Schwung und ermutigte mich, mit der mir oft sehr schwierig erscheinenden Traumarbeit fortzufahren. Sie hatte ja auch bereits ihren Niederschlag in diesem Traum gefunden. Ich lauschte und hörte Stimmen, die von unten, also von meinem Unbewußten herrührten. Das Unbewußte liegt unterhalb des Bewußtseins, und letzteres hat sich aus ihm heraus entwickelt. Ich hatte erst damit begonnen, mich meinem Unbewußten aufmerksam und intensiv zuzuwenden, um seine Inhalte, die sich in Träumen darstellten, verstehen zu lernen, noch war mein Verstehen gering.

Hier im Traum wurde ich auf Dinge verwiesen, die in meinem Leben eine Rolle spielten. Nach dem Horchen auf die Stimmen des Unbewußten entdeckte ich ein Stück Schokolade – und ausgerechnet unter dem Telefon. Es lag nahe, zu fragen, mit wem ich am häufigsten telefonierte. Sogleich fiel mir meine Berliner Freundin Marina ein, mit der mich große Sympathie und vielerlei gleichartige Interessen verbinden. In ihren Ferien besuchte sie mich, und wir entdeckten gemeinsam das schöne Frankenland, das meinem Mann und mir, nachdem Berlin in Trümmer gesunken war, zur zweiten Heimat wurde. Wieviel Trost und Süße, im Traum anschaulich gemacht durch das Stück Schokolade, ist mir aus dieser Freundschaft erwachsen, und wie oft haben wir am Telefon einander unser Herz ausgeschüttet! Der seelische Hunger konnte gestillt werden, genauso wie der körperliche – im Traum symbolisiert durch das Wurstbrot: Ich hatte genug zu essen, konnte jederzeit satt werden.

Schließlich erinnerte mich der Schatten noch an meinen Mann, der mir ja treu zur Seite stand und mein Blindenschicksal tragen half.

Soviel anschauliche Traumbilder durften nicht umsonst geträumt sein, und ich konnte einfach nicht umhin, mir einzugestehen, wieviel Erfreuliches mir noch nach meiner Erblindung verblieben war. Ich besaß ein gemütliches Heim und einen Mann, der mir im wahrsten Sinne des Wortes zu Stütze und Stab geworden war. Dazu gute Freunde und, was mir besonders wichtig erschien, eine neue Tätigkeit, die mich ungemein fesselte. Seitdem ich mich mit der Psychologie beschäftigte, regten sich meine aktiven Kräfte wieder, und das Gefühl, zur Untätigkeit verdammt zu sein, verminderte sich. Der Straßenkehrer im Traum, der den Schnee wegfegte, kündete bereits davon. Seine Arbeit würde die meine werden, nämlich Enttäuschung und Mutlosigkeit hinwegzufegen – trotz des immerwährenden Gedankens, in einen tiefen Schacht gefallen zu sein und von Schneewänden erstickt zu werden.

Mein neuer, von Hoffnung bestimmter Zustand wurde im Traum aufs einleuchtendste dargestellt. Ich hatte in der Morgendämmerung den Vorhang geöffnet, und strahlendes Licht überflutete mich. Das war nicht nur ein Hoffnungsstrahl, das war eine ganze Sonne voller Hoffnung und Verheißung, die sich nur erfühlen, nicht in Worten ausdrücken ließ. Mit einemmal wurde mir klar, daß mein düsterer und erstarrter Seelenzustand – im Traum durch den Schnee symbolisiert, bei dem wir häufig Kälte, Erstarrung, Öde assoziieren – dem Unbewußten zuviel geworden war. Mit dem glücklichen, stimmungsvollen und ahnungsreichen Traum versuchte es, einen Ausgleich, Kompensation, zu schaffen. Mir wurden durch den Traum diejenigen Seiten und Anteile nahegebracht, die ich nicht richtig oder vollständig erlebt hatte. Dadurch konnte ich zu einer besseren Beurteilung meiner Situation kommen, und mein einseitiges, eingeengtes Erleben vervollständigte sich durch die vom Traum heraufbeschworenen Bilder, die mir erzählten, wie reich mein Leben eigentlich noch war. Wie sehr war ich verwundert und auch im höchsten Grade erfreut, von einer inneren Instanz unerwartet Hilfe zu bekommen. Ich spürte, wie sich mein Leben durch die Arbeit an den Träumen veränderte und der Tag wieder ein neues Gesicht bekam.

Mit einem Traum von C. G. Jung, den ich seinem Buch »Erinnerungen, Träume, Gedanken« entnehme, möchte ich das Thema Kompensation abrunden. Er schreibt:

> Ich hatte einmal eine Patientin, eine intelligente Frau, die mir aber aus verschiedenen Gründen etwas zweifelhaft erschien. Zuerst ging die Analyse gut. Aber nach einer Weile schien es mir, als ob ich in der Traumdeutung nicht mehr das Richtige träfe, und ich glaubte auch, eine Verflachung des Gesprächs zu bemerken. In der Nacht vor ihrem nächsten Besuch hatte ich folgenden Traum.
>
> Ich wanderte auf einer Landstraße im Abendsonnenschein. Rechts war ein steiler Hügel, oben stand ein Schloß, und auf dem höchsten Turm saß eine Frau auf einer Art Balustrade. Um sie richtig sehen zu können, mußte ich den Kopf weit zurückbeugen. Ich erwachte mit einem Krampfgefühl im Nacken. Noch im Traum hatte ich erkannt, daß die Frau meine Patientin war.
>
> Die Deutung war mir sofort klar. Wenn ich im Traum auf diese Weise zu meiner Patientin hinaufschauen mußte, hatte ich in Wirklichkeit wahrscheinlich auf sie herabgeschaut. Träume sind ja Kompensationen der bewußten Einstellung.

Achten Sie bitte einmal in Ihren Träumen darauf, ob die Korrespondenz zwischen Bewußt und Unbewußt ebensogut funktioniert. Allerdings ist sie nicht immer so leicht zu erkennen wie in den geschilderten Beispielen. Oft ist eine genaue Analyse nötig unter Hinzuziehung der Biographie und der aktuellen Lebensumstände des Träumers.

Träume in ihrer Buntheit und Vielgestaltigkeit holen uns heraus aus der Einseitigkeit des Erlebens und der Engstirnigkeit. Durch sie lernen wir neu sehen, schauen an und durchschauen, was uns so lange verborgen blieb. Bisher verschlossene Türen öffnen sich und geben den Blick frei für aufregende Erkenntnisse. Neues Leben wird uns geschenkt, es beginnt in den Träumen.

Wir laufen und tanzen über eine grüne Wiese. Wir durchschreiten ein Tor. Türen öffnen sich wie von selbst. Keine Schwelle ist uneben und läßt uns stolpern. Das Haus, das uns die Sicht aus dem Fenster verstellt, ist verschwunden, und breite Sonnenstreifen fallen ins Zimmer. Wohlgeformte Vasen sind mit blühenden Zweigen gefüllt. Der Tisch ist rund, der Ofen warm, und wir neigen uns freundlich der Katze zu, die um unsere Füße streicht. Auch Sie werden diese Bilder und Symbole in Ihren Träumen wiederfinden und ihre verwandelnde Wirkung erleben.

2. Traumserien: Auf dem Weg

Traumserien entstehen, wenn man seine Träume über einen längeren Zeitraum hin regelmäßig aufschreibt. Natürlich mit dem dazugehörigen Kontext: momentane Situation, Stimmungen, Gefühle, Wahrgenommenes und die Einfälle, die das Traumgeschehen hervorruft. Wollen Sie Nutzen aus Ihren Träumen ziehen, müssen Sie sich schon die Mühe machen, sie aufzuschreiben. Am besten legen Sie sich ein Traumtagebuch an, wozu ein soge-nanntes Ringklammerbuch im DIN-A4-Format beson-ders gut geeignet ist. Auf die linke Seite schreiben Sie den Traum, auf die rechte den Kontext, der zur Anreicherung des Traumtextes dient, ihn verstehbar und transparent macht. Das Format des Buches bietet genügend Platz für Zeichnungen, Ausschnitte aus Zeitschriften oder anderes den Traum bereicherndes Material.

Mit diesem Traumtagebuch sind wir in der Lage, uns ei-nen Überblick über unsere Träume zu verschaffen. Dabei kann uns auffallen, daß Träume oft wochen- und mona-telang um ein Problem kreisen, das für uns zentral wich-tig ist und das wir oft nicht einmal erahnten. In unendlich vielen Bildern und Szenen bringen sie zu Bewußtsein, was unser vielleicht einseitiges und eingeengtes, auf Zweck und Ziel ausgerichtetes Denken nicht zu erfassen vermochte. Schritt für Schritt führen die Träume uns um die Problematik herum, so daß wir sie von allen Seiten betrachten können. Im Zusammenwirken von Bewußt und Unbewußt wird uns dann eine befriedigende Lösung möglich.

Beim Überblättern der Traumaufzeichnungen kann uns auch auffallen, wie sich die Symbole verändern. Viel-leicht entwickelt sich aus einem reißenden Wolf, der durch die Träume geistert, nach und nach zwar kein sanf-tes Lamm, wohl aber ein zahmer Schäferhund, der sei-nem Traumherrn oder der Traumfrau treu zur Seite steht. Aus einem scheuen, sich immer versteckenden und auf der Flucht befindlichen Tier vermag ein mutiges und selbstsicheres hervorzugehen, nachdem wir genügend Traumarbeit geleistet haben.

Faszinierend ist es, zu beobachten, wie der Traumschöp-fer in mehreren Träumen immer wieder das Symbol »Ei«

verwendet, um bei der Träumerin einen Persönlichkeits-
wandel zu bewirken. Der erste Traum einer solchen Serie
wurde in der Nacht vom 20. zum 21. November geträumt:

Eine zerbrechliche Ladung

*Ich fahre mit dem Fahrrad durch eine öde, langweilige
Vorortstraße und nehme weder Häuser noch Bäume
wahr. Dann fallen mir drei leere Grundstücke auf, vor
denen je ein Leiterwagen steht. In ihnen liegen viele in
Humus, nicht in Mist, gebettete Eier. Drei dunkel gekleidete Frauen mit Kopftüchern, die ich nur vom Rücken
her sehe, beschäftigen sich mit dem Sortieren und Sta-
peln der Eier. Die eine hat ihre Arbeit getan und geht
fort. Die zweite, auf deren Wagen ein Wildschwein mit
mindestens fünf Zentimeter langen Haaren liegt, sucht
an seiner Bauchseite nach Eiern und legt sie ebenfalls auf
den Wagen. Auf dem dritten müssen die gestapelten Eier
noch sortiert werden. Ich sehe sie mir selbst an und stelle
fest, daß viele zerbrochen sind. Sobald noch etwas Dotter
in ihnen ist, werden sie aufgehoben. Alles macht einen
ärmlichen Eindruck, ist aber nicht schmutzig.*

Die Träumerin studierte Ökologie und stand, während
sie das Traumseminar besuchte, vor ihren Abschlußprü-
fungen. Diesen Traum hatte sie nach der ersten Seminar-
stunde. In ihm wird ihre Problematik sichtbar, und es
deutet sich schon eine Möglichkeit an, sie zu überwinden.
Um leichter verstanden zu werden, holt sich das Unbewußte den Stoff für die Träume wie üblich aus dem Lebensbereich der Träumerin: Sie ist mit dem Fahrrad un-

terwegs, setzt also eigene Kräfte ein, um vorwärtszukommen. Die unbekannten Frauen in der öden Vorortstraße, diese dunklen, schattenhaften Gestalten mit den Kopftüchern, die sie nur vom Rücken her sieht, sind Wesensteile von ihr, die sie nicht kennt. Im Traum werden sie ihr gezeigt, und sie erlebt an ihnen mütterliche, sorgende und einfühlsame Eigenschaften. Diese Frauen sind die Hüterinnen des Lebens, das aus dem Ei entsteht. Da das Ei auch ein Symbol der Wiedergeburt ist, berechtigt der Traum zu den schönsten Hoffnungen. Sie finden Verstärkung durch das Wildschwein, das ein mythologisches Symbol ist: Es war das Reittier der »Großen Göttin«, der Herrin der Tiere, auch Schutzgöttin der natürlichen Geschlechtlichkeit des Menschen und damit der Zeugungsvorgänge und der weiblichen Fruchtbarkeit. Es kann ein Sexussymbol sein und zudem für seelische Bereicherung und geistige Kraft stehen.

Jeder dieser Sätze ist der Träumerin wie auf den Leib geschrieben. Besser ließe sich ihr Problem gar nicht in Worte fassen.

Mit welcher Präzision das Unbewußte die Symbole auswählt, grenzt ans Wunderbare. Die Träumerin, mit starker Willenskraft und intellektuell begabt, hält nicht viel von ihrer Weiblichkeit. Die Beziehung zu Frauen und Männern, im besonderen zu letzteren, läuft nur auf intellektueller Ebene ab. Bisher ist sie sich dieses Mangels nicht bewußt geworden und war mit ihrem Leben recht zufrieden. Die Erfolge in ihrem Studium und auf intellektuellen Gebieten überdeckten vorläufig noch die Leere in ihrem Inneren und ließen sie ihre Gespaltenheit nicht fühlen. Mit der öden Vorstadtstraße und den kahlen Grundstücken ist ihr Zustand treffsicher ausgedrückt. Und dennoch gehört sie zu den Suchenden. In regelmäßigen Abständen übt sie sich in einem Kloster in der Zen-

Meditation, sie besucht Vorträge über magische Praktiken und das Traumseminar, was ihr Bemühen erkennen läßt.

Es wird sich zeigen, ob die Träume ihre Gefühle zu wekken vermögen und sie geheilt wird. Es wäre für sie an der Zeit, auf ihrem Lebensweg eine neue Richtung einzuschlagen. Wenn sie die Mahnungen ihrer Seele überhört, wird das Schicksal ihr wahrscheinlich übel mitspielen, und das kann weit schmerzlicher sein als die Arbeit an sich selbst.

Obwohl sie mit ihrem Leben zufrieden ist, zeigt ihr doch der Traum mit dem öden und langweiligen Vorort, in dem es keine Häuser gibt und wo nichts grünt und blüht, wie es in ihrem Inneren aussieht. »Alles ist ärmlich«, wie sie zum Schluß sagt, »aber nicht schmutzig.« Darauf legt sie besonderen Wert. Sie betonte auch, die Eier seien in Humus und nicht in Mist gebettet, was darauf hinweist, daß Sexualität für sie mit dem Odium des Anrüchigen behaftet ist.

Der vier Monate später geträumte Traum erhielt eine verheißungsvolle Überschrift:

Ostern

Ich habe ein Auto, später ist es ein Fahrrad, besorgt, das ich verschenken will. Es ist einiges daran zu reparieren, was ich dem neuen Besitzer überlassen möchte. Beim Auto überlege ich, ob ich die kaputten Stellen markieren soll. Ich gelange jetzt in einen Park, in dem Ostereier gesucht werden sollen. Im Vorbeigehen sehe ich ein Versteck. Fünf bis sechs Eier, wahrscheinlich Hühnereier, liegen zusammen hinter einem Busch. Eines davon ein paar Zentimeter entfernt. Ich denke mir: Was für eine

*Verschwendung, so viele Eier zu verstecken! Erkläre es
mir aber dann damit, daß es wohl zu viele Kinder sind,
die Ostereier suchen.*
*Jetzt sitze ich auf dem Fahrrad und fahre ein paarmal hin
und her. Ich merke, daß ich auf dem Vorderrad sitze, das
trotzdem in Blickrichtung fährt. Ich überlege mir,
warum ich das Drehen des Vorderrades nicht spüre.
Wahrscheinlich sitze ich auf dem Schutzblech. Ich wache
auf.*

Im Traum ist es Frühling, und die Erde erwacht zu neuem
Leben. Auch in der Träumerin beginnt sich etwas zu regen. Sie ist es leid, mit dem alten kaputten Auto herum-
zufahren, das ihr Persönlichkeitsgefüge widerspiegelt,
und gibt es an andere weg. Die Ostereier, die in dem Park
gesucht werden sollen, symbolisieren Wiedergeburt, wodurch auf ihre seelische Erneuerung hingewiesen wird.
Beim Anblick des Nestes mit den Eiern kommen ihr
Zweifel, ob es auch Hühnereier sind: Sofort mischt sich
also ihr Verstand, der an Messen, Wägen und Zählen gewöhnt ist, ein, und konstatiert, daß es viel zu viele Eier
sind – natürlich muß dann eine realistische Erklärung dafür gefunden werden. Auch dafür, daß sie auf dem Vorderrad sitzt und die Bewegung nicht spürt, folgt wieder
eine rationale Erklärung, sie glaubt, sie müsse wohl auf
dem Schutzblech sitzen.
Es wird wahrscheinlich noch eine Weile dauern, bis sie
mit dem Drahtesel, ihrer natürlichen Antriebsseite, in
Kontakt kommt und die richtige Einstellung zu ihr findet. Sie unterdrückt ihre sexuelle Seite, sitzt mit dem
ganzen Gewicht darauf und merkt nicht einmal, wie sie
sich blockiert.
Doch die kompositorische Note in diesem Traum heißt
»Auferstehung«. Frühling liegt in der Luft, alles drängt

nach Entfaltung, und die Träumerin muß endlich aus ihrem Winterschlaf aufwachen.

Zwei Monate später hat sie folgenden Traum:

Vier Eier im Nest

Mein Blick fällt auf das Vogelnest im Bücherregal neben dem Kassettenstapel. – Ich besitze wirklich zwei Nymphensittiche, die dort ein Nest gebaut haben und gerade brüten. – Ich stelle fest, daß es unbewacht ist und trete näher, um die Eier zu zählen. Drei sind von einer Kassette bedeckt, das vierte liegt frei. Unter allen vier Eiern ist es feucht. Eines davon ist eigenartig verbeult und hat drei Spitzen. Beim genauen Untersuchen fühle ich, es ist weich. Da ich vermute, daß ein Vogel ausschlüpfen will, lege ich es wieder hin und lasse es in Ruhe. Von oben sehe ich jetzt in das Regalfach hinein und entdecke in einer Ecke noch ein fünftes Ei. Noch einmal überfliegen meine Blicke das Nest, doch finde ich keine weiteren Eier. Ich wache auf.

Wieder wählt das Unbewußte zur Gestaltung des Traumes als Mittelpunkt das Fruchtbarkeitssymbol Ei. Immer bleibt der Traum erlebnisnah, bedient sich der Lebensbereiche der Träumerin und schöpft ihre Möglichkeiten und Fähigkeiten aus, um sie von einer neuen Seite an ihr Problem heranzuführen.

Die Träumerin liebt ihr Vogelpärchen zärtlich, geht einfühlsam mit den Tieren um und pflegt sie mit Hingabe. In der Beziehung zu ihnen entfaltet sie Gefühle, und der Traum setzt hier an, um weitere aus ihr herauszulocken. Das Interesse der Träumerin ist geweckt, sie greift ins Nest, um die Eier zu prüfen. Es sind vier, von denen drei mit einer Kassette bedeckt wurden, die von einem Stapel ins Nest gerutscht war. Auch bei der Träumerin ist durch die Arbeit an sich selbst etwas ins Rutschen gekommen. Das starre Erfahrungsmuster aus der Kindheit beginnt sich zu lockern. Zunächst fällt ihr die Feuchtigkeit unter den Eiern auf, die zur Befruchtung nötig ist.

Durch die vier Eier wird die weibliche Zahl Vier betont. Nur das merkwürdig gestaltete Ei mit den drei Spitzen macht ihr Kopfzerbrechen. Obwohl sie verstandesmäßig weiß, daß zur Entstehung neuen Lebens ein Ei und Samen gehören, hat sie diesen Vorgang mit dem gesamten Gefühlskomplex tief ins Unbewußte verdrängt: Sie spürt in ihrer Hand das weiche Gebilde, weiß aber nicht, was es eigentlich ist. Sie meint, der Vogel müsse gleich schlüpfen, und legt das Ei ins Nest zurück. Noch einmal gleitet ihr Blick über das Bücherregal, und sie entdeckt in der hintersten Ecke ein fünftes Ei. In der Zahlensymbolik steht die Fünf für den Menschen: Man stelle ihn sich nach dem Muster eines Pentagramms mit Kopf, ausgestreckten Armen und gespreizten Beinen vor. Dieser vollständige Mensch, der nicht nur seinen Kopf, sondern auch seine Gliedmaßen betätigt, ist eine Vorausschau auf die Wandlung der Träumerin.

Ehe sie aus dem Traum erwacht, sucht sie nach weiteren Eiern, findet aber keine. Warum auch? Für den Prozeß der Menschwerdung, der in ihr abläuft, bedarf es nur der Zahl Fünf, die den einheitlichen Menschen versinnbildlicht.

Der letzte Traum ereignete sich drei Wochen später:

Neues Leben

Ich befinde mich wieder in meinem Zimmer. Das Vogelpärchen ist nicht zu sehen und das Nest unbewacht. Ich

greife hinein, um mir die Eier anzuschauen. Weil die Vö-
gel nun schon so lange brüten, befürchte ich, das Gehege
sei verfault. Zwei Eier sind mit dunkelgrünen Punkten
wie mit Schimmel überzogen, und ich hole sie heraus. Bei
den anderen Eiern ist das Grün eindeutig die Farbe der
Schale. Ich nehme mir vor, mich um die verschimmelten
zu kümmern.
Wieder entdecke ich das weiche Ei. Es ist ganz kalt. An ei-
ner Seite ist die Schale durchsichtig, und ich spüre das
pulsierende Herz. Schnell lege ich es in das Nest zurück,
damit der Vogel schlüpfen kann. Aus dem inzwischen
sehr groß gewordenen Ei schlüpft der Vogel, der, abgese-
hen von den kurzen Schwanzfedern, seiner Mutter
gleicht. Er macht einen etwas tolpatschigen Eindruck, er-
scheint trotzdem sehr selbständig. Er ist nicht zu halten,
fliegt kurze Entfernungen im Zimmer und kommt in die
Nähe des gekippten Fensters. Ich schließe es schnell und
wache auf.

Die Träumerin erlebt eine Vogelgeburt, nachdem ihr die
Vorgänge der Zeugung emotional nahegebracht wurden.
Diesen Bereich in ihrem Leben hatte sie ausgespart und
war überzeugt, auch ohne Sexualität ein zufriedenes Leben zu führen. Wenn man aber bereits sechsundzwanzig
ist, kann diese Einstellung zum Verhängnis werden. In
der Traumserie ist ihr vieles nahegebracht geworden, was
zu wirken beginnt. Sie empfindet jetzt die Brutzeit, in der
sie diese negative Einstellung ausgebrütet hat – um im
Bilde zu bleiben –, als viel zu lange und will sich um das
Verdorbene kümmern. Jedenfalls ist die »geistige Befruchtung« gelungen und der »weibliche Seelenvogel«
geschlüpft. Es wird weitergehen, und die Möglichkeit besteht, diesen in der Kindheit erworbenen Komplex aufzulösen. Vielleicht hat sie das Glück, einem behutsamen

und einfühlsamen Mann zu begegnen, der ihr Vertrauen hat und sie aus dem Irrgarten ihrer negativen Vorstellungen über die geschlechtliche Beziehung herausführt – in ein wohl kaum gänzlich leidfreies, dennoch erfülltes Leben zu zweit.

An den Bildern der letzten Träume einer solchen Serie erkennen wir auch häufig, wieviel wir in den vorangegangenen nicht beachtet haben. Aber sie ergänzen nicht nur das Übersehene, sondern korrigieren außerdem Fehldeutungen, die uns unterlaufen sind. Wie ein guter Lehrer, so scheint es, bemühen sich die Träume, den Träumer immer wieder von allen Seiten her seinen Problemen gegenüberzustellen, bis er endlich alle Einzelheiten erfaßt hat. Nun erst kann er sie auflösen und loslassen oder, wenn das nicht möglich ist, zu ihnen stehen und der Unauflösbarkeit mit einer neuen Einstellung begegnen.

Bei mir war es das Problem der Blindheit, das mich sehr beschäftigte und dessen sich die Träume annahmen. In nie erlahmender Geduld und mit immer wieder neuen, überraschenden Bildern deckten sie schmerzliche Erinnerungen auf, vor denen ich nicht mehr die Flucht ergriff. Ich konnte sie zulassen, noch einmal erleben und durchfühlen, um sie auf diese Weise zu verarbeiten.

Im weiteren Verlauf behandelten meine Träume die Kind-Eltern-Beziehung, die zu Konflikten geführt hatte, welche nie bereinigt worden waren. Ist das Problem der Blindheit noch auf die Zahl der Betroffenen beschränkt, so ist die mit Haß und Liebe befrachtete Beziehung zwischen Kind und Eltern zu denjenigen Problemen zu rechnen, mit denen sich wohl ein jeder nachdenkliche Mensch auseinandersetzt.

Die polaren Gegensätze, die uns alle bedrängen, sind – wie ein Psychologe einmal formulierte: Freiheit und Sicherheit, Recht und Unrecht, Männlichkeit und Weiblichkeit, Leben und Tod sowie Haß und Liebe in der Eltern-Kind-Beziehung.

Hat man erst einmal ein Problem erkannt, sich lange genug damit auseinandergesetzt und es zum Abschluß gebracht, beginnen die Träume um ein neues Problem zu kreisen, das uns bewußt werden soll. Natürlich erfolgt die Herbeiführung der Probleme nicht Schlag auf Schlag, sondern es sind immer sehr viele Träume dazwischen, die eine andere Bedeutung haben.

Unter Berücksichtigung der Traumserien, die Sinnzusammenhänge erschließen, viel mehr, als es ein einzelner Traum vermöchte, entwickelt sich das Traumverständnis und gewinnt an Sicherheit der Aussage. Bringt man die Geduld auf, seine Träume mehrere Jahre zu beobachten, wird man in die Lage versetzt, seinen psychischen Entwicklungs- und Reifungsprozeß bewußt mitzuerleben. Als erster hat C. G. Jung darauf verwiesen und nennt diese Arbeit den Individuationsweg. Darunter versteht man den teils bewußt, teils unbewußt ablaufenden psychischen Entwicklungs- und Reifungsprozeß, der nach und nach zu einer Selbstfindung und Selbstverwirklichung führt, der sich über das ganze Leben erstreckt und vielleicht noch nicht einmal mit dem Tode abgeschlossen sein wird. Daraus ersehen Sie, was für eine wichtige Funktion die Träume haben und daß es sich lohnt, ihnen einen Teil unserer Zeit zu widmen.

Wer die Träume ernst nimmt, wird ihre erneuernde Kraft spüren, sich wandeln und auf dem Weg der Selbstfindung vorankommen. Ihm eröffnen eine leichte und überlegene Lebensführung neue Perspektiven, und er nimmt die Hindernisse zum Anreiz, die eigenen Kräfte unter Beweis zu stellen.

Um sich noch besser in Träume einzufühlen und Figuren und Symbole vollständiger zu erfassen, gibt es eine von

C. G. Jung entwickelte Dialogtechnik, die von der modernen Psychologie übernommen und erweitert worden ist. Durch sie wird gewissermaßen unser Inneres nach außen gekehrt, und wir erleben, was sich wirklich in uns abspielt.

3. Dialogtechnik: Sprich es aus!

Dieser innere Dialog, wenn öfter geübt, läßt uns in Fahrt kommen und im wahrsten Sinne des Wortes das Herz ausschütten. Alles, was sich im Laufe der Zeit an Angst, Wut, Haß, Enttäuschung und Rachegedanken angesammelt hat, kann ausgesprochen werden, ohne daß jemand damit verletzt wird. Wenn wir uns im Alltag Luft machen oder Dampf ablassen, geschieht das meistens zu unpassender Zeit, am falschen Ort und an der unrechten Person. Mit den Dialogen haben wir eine bessere Möglichkeit gefunden, uns von dem inneren krankmachenden Druck zu befreien.

Beginnen wir mit der Angst, die in vielen Ihrer Träume spürbar ist und die sich schwer rationalisieren läßt. Zu ihrer Aufhellung trägt die Dialogtechnik bei, die wir jetzt in die Praxis umsetzen wollen:

Elisabeth, du weißt Bescheid. Bitte beginne als erste damit, sie zu demonstrieren. Stell dir bitte vor: Die Angst ist eine Person, mit der du reden kannst und die dir auch antwortet. Du bist beides in einer Person: Einmal bist du Elisabeth, und einmal bist du die Angst, und zwischen euch beiden findet ein Gespräch statt. Stell dich an die Heizung, mit dem Gesicht zur Wand. Dort steht die Angst. Schließ die Augen, und versuche, sie dir vorzustellen. Laß alle Gefühle zu, die sie in dir hervorruft.

Fühlst du dich gedrängt zu reden, öffne die Augen, und sag der Angst, was in dir vorgeht. Frag sie, wer sie ist und was sie von dir will. Laß alles spontan aus dir herausfließen, ohne lange zu überlegen. Wenn du glaubst, alles gesagt zu haben, dreh dich um. Nun bist du die Angst und antwortest Elisabeth auf ihre Anklagen. Nach einigem Hin und Her wirst du dich voll in die Situation hineinbegeben können und dich von deinen Emotionen mitreißen lassen. Agiere mit dem ganzen Körper. Kämpfe und ringe mit der Angst. Laß nicht von ihr ab, so lange, bis eine freundliche und helle Gestalt vor dir ersteht, die dir wohlgesinnt ist.

Sie können sich auf diese Weise mit jeder Figur und jedem Symbol, das in Ihren Träumen erscheint, auseinandersetzen, gleich, ob es der Partner, die eigenen Eltern, Verwandte oder gute Freunde sind oder aber auch ein Tier, ein Baum und Gegenstände wie Auto, Haus, Maschine, Fluß oder See.

Führen Sie öfter solche Dialoge. Nehmen Sie sich die Zeit, es lohnt sich. Sie werden bis in den Bereich des Körperlichen hinein spüren, wie Ballast von Ihnen abfällt und Sie sich verändern. Ein entspanntes Verhältnis zu sich selbst und zu den Mitmenschen erleichtert Ihnen die Lebensführung. Vieles gelingt Ihnen jetzt, um das Sie bisher vergeblich gekämpft haben. Verwicklungen, in die Sie verstrickt waren, lösen sich auf. Freimütig, offen und innerlich gefestigt nehmen Sie an, was an Positivem und Negativem auf Sie zukommt. Endlich verstehen Sie auch, Ihre Gefühle zu leben, nachdem Sie den Mut hatten, sie auszudrücken, und Ihnen leuchtet der Vergleich ein, daß ungelebte Gefühle verkümmern wie untrainierte Muskeln, wobei Gefühle und Muskeln durchaus im Zusammenhang stehen: Gefühlserregungen mobilisieren den Bewegungsapparat, jedes Gefühl drückt sich im Muskelsystem aus. Machen Sie den Versuch, Ihre verschiedenen Muskeln zu spüren, wenn Sie von Angst, Wut, Trauer oder Freude bewegt werden, und Sie werden mit der Welt immer besser in Fühlung kommen. Wer Sie darin unterstützt, sind natürlich die Träume.

Träume, in denen Sie an Geräten turnen, Gymnastik treiben, Ski laufen oder irgendeine andere Sportart ausüben, haben häufig etwas mit dem Training Ihres Gefühls zu tun, wenn der Gesamttext nicht etwas anderes aussagt.

Von den Träumen ermutigt und in Bewegung gehalten, schlüpfen wir wie die Schlange heraus aus der alten Haut, hinein in eine neue, die unserem durch Einsicht gereiften Wissen und Handeln besser entspricht.

Und wieder ist es Angelus Silesius, der für die Wandlung und Neuwerdung des alten Adam die passenden Worte fand: »Wenn du nicht stirbst, bevor du stirbst, du verdirbst, eh du stirbst.«

Träume von äußerster Wichtigkeit

1. Angst- und Todesträume

An erster Stelle stehen hier die Angstträume, die uns den Schlaf rauben und denen wir uns hilflos ausgeliefert fühlen. Sie sind wie Aufschreie, die höchste Alarmstufe signalisieren. »Wach doch endlich auf!« gellt es uns in den Ohren. »Erkenne das Fehlverhalten, das dein Leben vergiftet, das dich mutlos und unglücklich macht. Das muß doch nicht so sein! Du selbst hast es in der Hand, dich und deine Situation zu verändern. Fang endlich damit an, und sei froh, daß wir Träume dich darin unterstützen wollen. Bessere und zuverlässigere Freunde als uns wirst du nie finden.«

Es liegt durchaus nicht im Sinn der Angstträume, uns grundlos zu erschrecken, zu quälen oder gar zu strafen, wie es oft den Anschein hat. Sie gestalten Bilder des Schreckens vielmehr deshalb, um uns herauszureißen aus den unheimlichen, dunklen und destruktiven Gedanken, mit denen wir uns und anderen Schaden zufügen. – Doch hierfür ein Beispiel:

Ein junger Bauer, durch eine lieblose Kindheit dazu vorbestimmt, war Meister in der Selbstentmutigung geworden: »Mir mißlingt doch alles. Das kann ich nicht. Alle Menschen verachten mich. Wenn ich mich freue, gleich folgt die Strafe auf dem Fuß. Mein Leben hat keinen Sinn mehr«, waren die immerwährenden Anklagen. Langsam, aber sicher beginnen sich diese angsterfüllten, ewig rotierenden negativen Gedanken zu verselbständigen und wie

Beschwörungsformeln zu wirken, und spätestens seit Émile Coué kennen wir diese unheilvollen Abläufe, denen er die Formel »Es geht mir von Tag zu Tag immer besser und besser« entgegensetzte.

Wie die Träume auf solche negativen Autosuggestionen reagieren, wird Ihnen der nachfolgende Angsttraum des jungen Bauern zeigen:

Der Negertraum

Zusammen mit mehreren Männern befinde ich mich in dem Umkleideraum eines Schwimmbades, einer Sporthalle oder Fabrik. Die Männer, einschließlich mir, machen einen sehr erschöpften Eindruck und sitzen müde auf den Bänken. Es herrscht eine eigenartige Ruhe. Plötzlich beginnt einer der Männer, Gitarre zu spielen und dazu das bekannte Lied »Blowing in the wind« von Bob Dylan zu singen. Ich lausche gespannt der Musik. Da sagt jemand: »Der kennt Bob Dylan persönlich.« Es ist merkwürdig, daß ich mich mit »der« angesprochen fühle, obwohl ich Bob Dylan doch noch nie in natura gesehen habe.

Unser Frieden wird plötzlich gestört. Die Tür geht auf, und ein großer, brutal aussehender glatzköpfiger Neger kommt herein. Er gleicht einem Gladiator aus einem alten Monumentalfilm. Alle sind erstarrt und schauen den Neger angsterfüllt an. Doch dieser hat scheinbar nur Augen für den Gitarrenspieler, der ihn anschaut und eine unheimliche Angst spürt. Ich empfinde die Angst des Musikers sehr stark. Jetzt geht der Neger auf den Spieler zu, faßt ihn bei den Händen und bricht ihm alle Finger. Ich bin wie gelähmt und fürchte mich, dem Musiker zu helfen. Ich spüre auch in mir das unheimliche Gefühl,

*das jemand hat, dem alles, was er besitzt, einschließlich
jeder Freude und Hoffnung, zerstört worden ist. Ich wache auf.*

Sie haben erfahren, daß es meist unbekannte Personen
im Traum sind, die für Teile der eigenen Persönlichkeit
stehen. Auch in diesem Traum verhält es sich so. In den
müden, erschöpften, auf den Bänken lustlos herumsit-
zenden Männern kann sich der Träumer wiedererkennen. Wie sollten sie anders reagieren bei den pausenlosen
Entmutigungen, die wie ein Mühlrad in seinem Kopf her-
umgehen. Hat er sich endlich einmal aufgerafft, singt
sein Lieblingslied und ist froh, gleich ereignet sich etwas
Furchtbares. Eine dunkle Schreckgestalt tritt ein, ver-
breitet lähmendes Entsetzen unter den Männern, den
Wesensanteilen des Träumers, indem er ihm sämtliche
Finger bricht, und zwar den Wesensteil, der gewagt hatte,
Musik zu machen.

Fragen wir uns, wer der unheimliche Neger ist, so gibt es
darauf nur eine Antwort: der Träumer, der junge Bauer
selbst. Es sind die eigenen destruktiven Gedanken, die in
der Gestalt des dunklen Mannes gegen ihn agieren. Mit
seinen ewigen Entmutigungen hat er sich selbst kleinge-
kriegt, hilflos gemacht und zur Untätigkeit verdammt.
Doch wenn er sagt: »Ich spüre auch in mir das unheimliche Gefühl, das jemand hat, dem alles, was er besitzt, einschließlich jeglicher Freude und Hoffnung, zerstört worden ist«, dämmerte ihm bereits, wie destruktiv seine Einstellung zu sich selbst ist.

In die spontane Schilderung floß, ohne daß es dem Träumer recht zu Bewußtsein kam, die intuitive Erfassung der
Botschaft mit ein. Solange wir noch unter dem aufrüttelnden Eindruck des Traumes stehen, fallen uns die
Worte unbewußt zu, die seinen Sinn erhellen. Darum er-

geht an Sie immer wieder meine Bitte, den Traum so schnell wie möglich aufzuschreiben. Denn es waren die treffenden Worte zum Negertraum, von dem Träumer gefühlsmäßig formuliert, die ihm die Deutung erleichterten. Er erkannte, daß es höchste Zeit war, nun selbst aktiv zu werden, um mit dem Neger, der sich in den Träumen immer wieder in andere Schreckgestalten verwandeln würde, fertig zu werden.

Ich schlug ihm die Dialogtechnik vor, die in der vorigen Runde vorgestellt wurde. Er war damit einverstanden, und im Wechsel von Rede und Gegenrede brachte er sich voll ein, stellte sein ganzes Wesen heraus und reagierte spontan. Als junger Mann klagte er den Neger an, machte ihm Vorhaltungen, ging mit geballten Fäusten auf ihn los und versuchte, ihn zu vernichten.

Als Neger wiederum stieß er Verwünschungen aus, gab Kontra, verteidigte sich, wich aus und beschwichtigte zuletzt. Der Dialog wurde so lange fortgesetzt, bis es dem jungen Mann endlich gelang, den Neger in eine vertrauenswürdige, helle und freundliche Gestalt zu verwandeln.

Bereits nach dreimonatiger intensiver Traumarbeit, einschließlich der Dialoge, wurde der junge Bauer im Traum von einem ihm unbekannten Mann aufgefordert, an einen bestimmten Ort zu gehen. Als er dort ankam, lächelte ihm der Neger, jetzt von normaler Größe, freundlich zu. Beide begrüßten sich herzlich und schlossen Freundschaft miteinander. Nach dem Aufwachen versäumte der Träumer nicht, seinem neuen Freund einen Namen zu geben, um ihn, wenn er wieder einmal Hilfe im Traum nötig hätte, herbeizurufen.

An dem Erfolg, den die Dialoge zeitigen, läßt sich ihre befreiende Wirkung erkennen. Sie aktivieren, setzen Kräfte frei und durchbrechen den unheilvollen Kreislauf. Unterdrückte und verdrängte Aspekte der Persönlichkeit werden frei, kommen ans Licht, werden uns bewußt. Das Knäuel von Angst, Ärger, Wut, Haß, Mißtrauen und Verzweiflung, das wir mit uns herumschleppen, verkleinert sich und verliert die hemmende, verkrampfende und zersetzende Wirkung.

Haben wir die Dialoge genügend eingeübt und unseren Gegnern immer wieder gesagt: »Wer bist du, was willst du von mir? So mag ich dich nicht. Ich will dich verwandeln und verändern. Du mußt mir dabei helfen«, dann werden wir auch im Traum vor einer Schreckgestalt nicht mehr davonlaufen, sondern uns ihr stellen und sie fragen, was sie von uns will.

Nicht nur aus dem Unbewußten kommen Signale, auch das Bewußte sendet Botschaften an das Unbewußte und möchte mit ihm kooperieren. Stehen beide gegeneinander, fühlt sich der Mensch zerrissen und wird im Handeln stark behindert. Er merkt es daran, daß er notwendige Entscheidungen verzögert, mutlos ist, kein Risiko eingeht und sich in Sackgassen verrennt. Dann kommen die Angstträume.

Manchmal ist es ein Mann mit dem Messer, der uns auch verletzen kann und vor dem wir entsetzt fliehen. Das sollten wir besser nicht tun. Ergreifen wir im Traum die Flucht, beweist das nur unsere Unfähigkeit, mit einem Problem fertig zu werden. Hier ist es die eigene, starke Aggression, für die der Mann mit dem Messer das passende Bild abgibt. Der Traum bringt es uns auf eindringliche Weise zu Bewußtsein, damit wir uns mit ihm auseinandersetzen können.

Auch Einbrecher, die in den Träumen ihr Unwesen treiben, fordern uns zu genauer Betrachtung heraus. Die Frage lautet, welche dunklen, bösen und abwegigen Gedanken in uns eingebrochen sind und uns heimsuchen.

Dagegen dürfen uns Angstträume von Begräbnissen, von Sterbenden und Toten, die – wie statistisch untersucht wurde – in der Häufigkeit an erster Stelle stehen, nicht beunruhigen. Fast jeder kann mit solchen Träumen aufwarten, und noch in der Erinnerung haben sie ihren makabren Charakter behalten. Doch eigentlich sollten wir uns über sie freuen, denn die meisten von ihnen zeigen an, daß in uns sterben mußte, was überholt, abgelebt, verdaut, untauglich geworden war. Die Szenen sind vielgestaltig, mit denen der Traum uns dieses Ereignis ankündigt. Es kommt vor, daß der Tod persönlich in einem Traum auftritt und zu verstehen gibt, daß ein Kind geopfert werden muß. »Gib deine noch aus der Kindheit stammende naive Einstellung zum Leben auf«, will er damit sagen, »verhalte dich deinem Alter entsprechend.«

Ein anderes Motiv des Sterbens könnte der Absturz des Flugzeuges sein: »Deine dich bedrängenden Gedanken, die wie nächtliche Schatten dahinfliegen, sind unhaltbar geworden.« Sie müssen abstürzen, kann das Symbol ausdrücken. Es können Illusionen sein, Rache- und Revanchegedanken oder ein überstarker Wille, der sich rücksichtslos durchsetzt und zerstört, statt aufzubauen. »Lerne abwägen«, meint der Traum, »wann dein Wille gefordert ist und wann es sinnvoller ist, sich dem Willen des Höchsten zu beugen.«

Den Todesträumen voraus geht meistens eine Periode der Niedergeschlagenheit, des schmerzlichen Erlebens. Was uns ängstigt und erschüttert, ist das instinktive Wissen, eine alte, liebgewordene Einstellung opfern zu müssen. Das bedeutet immer Tod, ein Absterben des Alten zugunsten eines noch im Werden begriffenen Neuen. Oft verhindert die Angst vor einer Wandlung, die immer Tod und Wiedergeburt mit einschließt, das Reifen. Entwicklung ist eben nur möglich, wenn Altes abstirbt, um

Neuem Platz zu machen. Wir können nicht mehr so reagieren und handeln wie als Kind, als Jugendlicher oder
angehender Erwachsener, wenn wir bereits die Vierzig
überschritten haben.

»Gib deinen maßlosen Anspruch auf, von allen geliebt zu
werden, oder die Erwartung, dir müßte alles in den Schoß
fallen«, so oder ähnlich wird der Tod zu uns sprechen.
Sein Erscheinen im Traum, gleich in welcher Form, darf
uns dann nicht erschrecken.

Worüber wir aber erschrocken sein sollten, sind Leichen
im Traum, die wir im Kofferraum unseres Wagens oder
unter den Dielen eines Zimmers entdecken. Sie verkörpern abgestorbene Beziehungen, noch mit Gefühlen der
Angst und Schuld besetzt, die wir nicht loslassen können.
Da sie unser Leben vergiften, uns zu destruktiven Hand-
lungen veranlassen und die seelische Entfaltung hem-
men, müssen sie schleunigst begraben werden, wie es der
Volksmund ausdrückt: eine alte Feindschaft oder unerfüllte Wünsche begraben. Seien wir aber achtsam, daß
wir keine unserer Fähigkeiten unter die Erde bringen und
sie dort vermodern lassen.

Todesträume können uns die Angst vor dem Tod nehmen, und sie geben uns die Möglichkeit, ihn in unser Leben einzubeziehen. Nicht nur der Tod selbst kann in unseren Träumen auftreten, auch liebe Verstorbene werden
hier zu Worte kommen. Eine Frau mittleren Alters, die in
guter Ehe gelebt hatte, begegnete eines Nachts im Traum
ihrem zwei Jahre zuvor verstorbenen Mann und bekam
von ihm die Botschaft, er wolle sich von ihr scheiden lassen. Sie fühlte sich vor den Kopf gestoßen, konnte ihren
Mann nicht mehr verstehen und wartete auf weitere
Traumbotschaften, um Näheres zu erfahren. Im Traumseminar fand sie dann die Erklärung, mit der sie sich zu
trösten vermochte. Aus den Traumserien, in denen ihr

Ehemann auftrat, ging hervor, daß dem Traumschöpfer daran gelegen war, die Frau mutiger, selbstsicherer und selbständiger zu machen. Ihr Mann verwies immer wieder darauf, daß sie nach seinem Hinscheiden (Scheidung) ihr Leben nun selbst in die Hand nehmen müßte, um mit den vielfältigen Aufgaben fertig zu werden. Die hilfreichen Botschaften trösteten die Frau und halfen ihr über die anfänglichen Schwierigkeiten des Alleinseins hinweg.

Ob diese Träume Projektionen des verinnerlichten Partnerbildes waren oder ob es der Träumerin gelang, auf die gleiche Schwingungsebene mit ihrem Mann zu kommen, der, wie wir heute wissen, in einer anderen Form weiterexistiert, überlasse ich dem Gefühl der Träumerin, das die rechte Entscheidung treffen wird.

Ich möchte noch von einer Frau berichten, die eines Tages verstört zu mir kam, weil sie ein Jahr zuvor geträumt hatte, sie müsse am Soundsovielten sterben, ein Datum, das seinerzeit in vierzehn Tagen eintreten würde. Einige Tage vorher hatte sie folgenden Traum: Sie lag tief unten in einem offenen Grab mit einem schweren Packen auf dem Bauch und sah über sich den blauen Himmel.

Ich fand diesen Traum sehr beruhigend und verwies sie auf die Aussage des schweren Packens auf ihrem Bauch: »Du schleppst zuviel Ballast mit dir herum«, wollte sie der Traum warnen. »Er drückt dich tief in den Boden, versperrt dir die Aussicht, jeden Überblick deiner Lage, und er wird dir noch zu Magengeschwüren verhelfen, die dich ins Grab bringen könnten. Laß endlich ab von deinen Sorgen, die dich niederdrücken. Schau lieber nach oben, und vertraue dich der himmlischen Führung an.«

Die Frau verstand den Wink, wandte sich verstärkt den Träumen, der »vergessenen Sprache Gottes«, zu, um Rat und Hilfe daraus zu schöpfen.

Ehe ich das Kapitel über den Tod abschließe, lasse ich noch eine dreiundsiebzigjährige, künstlerisch und intellektuell begabte Frau mit ihrem Traum zu Worte kommen:

Das Schafott

Ich befinde mich in einem Haus, in dem ich anscheinend wohne. Vor dem Fenster sehe ich eine Art Schafott, ich weiß genau, daß es eines ist. Ein Mann soll enthauptet werden. Viele Menschen finden sich dazu ein. Da kommen zwei Knaben ins Zimmer gelaufen und rufen: »Dürfen wir draußen spielen? Im Garten wird es langweilig!« Ich sage: »Da fragt mal euren Vater.« Dieser kommt gerade ins Zimmer und erlaubt es. Dann frage ich die Kinder, ob sie nicht ihre Spielkleidung anziehen wollen, und wache bereits auf.

Die heranwachsenden Knaben symbolisieren Wesensteile der Träumerin, die noch in der Entwicklung sind. Sie verlangen von ihr eine Entscheidung. Anstatt wie eine Mutter auf die beiden einzugehen, verweist die Träumerin sie auf den Vater, also an den männlichen Wesensteil in ihr. Sie mißtraut ihrer mütterlichen, einfühlsamen Seite und läßt den Vater, das Haupt der Familie, die Entscheidung treffen.

Nun wurde ihr im Traum ihr Fehlverhalten drastisch vor Augen geführt. Ein Mann sollte enthauptet werden. Das heißt übersetzt, die Übermacht des Kopfes bei der Träumerin, also des Intellekts, muß gebrochen werden, damit auch das Herz zu Worte kommen kann. Obwohl der Träumerin dieses Problem längst bewußt geworden war, gab es in den verschiedensten Situationen immer wieder einmal Entgleisungen, die nun der Traum zu korrigieren versuchte. Aber er zeigte auch das Bemühen der Träumerin, sich zu verändern. Denn sie rät ja den Kindern, ihre Spielkleidung anzuziehen, damit sie sich frei bewegen können.

Die Träumerin weiß bereits, daß man mit dem Neuen (die beiden Knaben), was in einem heranwächst, nicht verkrampft, nicht nur intellektuell, nicht gewalttätig, sondern zwanglos, frei und leicht umgehen muß.

2. Aufforderungsträume

Achten Sie bitte auf die Hinweise, Ratschläge, Warnungen, Belehrungen, Mahnungen und Kompensationen Ihrer Träume, die sie uns in eindringlichen und phantasievollen Bildern vermitteln. Auch die Worte einer körperlosen Stimme im Traum sollten Sie ernst nehmen. Sie kommt aus dem kollektiven Unbewußten, und aus ihr spricht die gesamte Weisheit der Jahrtausende. Ebenso müssen direkte Anweisungen und versteckte Hinweise verwirklicht werden. Ich begann sofort mit der Abfassung von Märchen, nachdem mich im Traum ein Mann auf einem dämmrigen Boden zum Schreiben eines Märchenbuches aufgefordert hatte. Orte wie Dachböden und Keller in den Träumen sind meistens geheimnisumwittert. Hier finden seltsame Begegnungen statt, und verborgene Schätze warten auf ihre Entdeckung, die für unser Leben bedeutungsvoll sein können. Für jeden liegen sie bereit, und er darf nur nicht versäumen, zuzugreifen. Ich meinerseits hatte den Märchenschatz entdeckt, und während meine Phantasie aufblühte, ahnte ich noch nicht, wie wunderbar sich mein Leben verändern würde.

Beim Schreiben wurde mir bald klar, daß Traum und Märchen Geschwister sind, in denen sich die Seele zur Darstellung bringt. Aus der Schatzkammer jahrtausendealter Menschheitserfahrung und dem persönlichen Erleben jedes einzelnen gewinnen sie den Stoff zu ihren Gestaltungen. Es werden innerseelische Geschehnisse wie Hoffnungen, Wünsche, Ängste, Erwartungen, Haß, aber auch Liebe, Tapferkeit, Opfermut, Hingabe im Traum wie im Märchen in einzelne äußere Figuren und Symbole umgesetzt, die von starker Ausdruckskraft sind und uns unmittelbar anrühren.

Im Symbol der Hexe wird das Anlockende, Umschlingende, Festhaltende anschaulich gemacht, während die Figuren König und Königin Macht, Überlegenheit und Größe verkörpern, noch gesteigert in den Gestalten von Zauberer und Zauberin. Tiere versinnbildlichen Naturnähe und stehen für Triebe und Instinkte. Immer sind es seelische Erlebnisse, problem- und konfliktgeladen, die in Traum und Märchen ihren Niederschlag finden.

Als Beispiel will ich Ihnen eine von meinen märchenhaften Geschichten erzählen, die sie vielleicht dazu anregt, selbst eine solche zu schreiben:

Das muß anders werden!

Herr Meuselbach blickte aus dem Fenster und langweilte sich. Er gähnte.

»Immer wieder der gleiche Anblick«, murrte er. »Graue Häuser, schwarze Dächer, grüne Bäume, braune Erde und staubgraue Straßen. Das muß anders werden!«

»Ja, Vati. Das muß anders werden«, wiederholte Nico, der auf dem Teppich hockte und die entgleiste Lokomotive zum drittenmal auf die Schienen stellte.

Doch der Vater war bereits auf dem Weg in den Keller. Er kramte Farbtöpfe und Pinsel aus dem alten Schrank und öffnete eilig die Haustür. Sofort begann er damit, sein Haus anzustreichen; schön in Preußischblau von oben bis unten. Dann trat er einige Schritte zurück und betrachtete sein Werk.

»Für den Anfang recht hübsch«, lobte er sich. »Jetzt kommt das Dach an die Reihe. Ich male es schneeweiß, das hebt sich gut von dem Dunkelblau ab.«

Als er es fertig hatte, stapfte er wieder in den Keller. Er kam mit einem Topf zurück, in dem kirschrote Farbe schwappte. Mit ihr pinselte er die kleine Birke an, die dicht am Haus wuchs.

»Au, prima, Vati!« rief Nico, der aus dem Fenster zuschaute. »Darf ich auch mal?« Rasch wählte er den dicksten Pinsel aus seinem Farbkasten und sprang aus dem Fenster.

Herr Meuselbach umschritt gerade die kleine Birke und betrachtete sie aufmerksam. »Mal was anderes«, brummelte er und wandte sich den beiden Silbertannen zu.

Hastig tauchte Nico den Pinsel in den Farbtopf und zog ihn noch hastiger heraus, daß die Farbe über seinen Anzug tropfte.

»Du sollst nicht dich, sondern die Hecke anmalen«, rief der Vater und arbeitete weiter. Er pinselte und pinselte. Plötzlich schrie er: »Au«, warf den Pinsel weg und starrte auf die Tannen. »Meine Arme haben sie mir zerkratzt«, sagte er. »Aber schön kirschrot sind sie doch geworden.«

Jetzt kam der Apfelbaum an die Reihe, danach der Pflaumenbaum, Kirschbaum, Birnbaum, Nußbaum, Mirabellenbaum und Pfirsichbaum; bis alle kirschroten Farbtöpfe leer waren. Dann mußte Nico in den Keller laufen und neue holen.

»›Zitronengelb‹ steht auf dem Schild geschrieben«, rief ihm der Vater nach. »Ein Glück, daß du lesen kannst.«
Natürlich brauchte Nico nicht lange zu suchen und war im Handumdrehen wieder zurück. Mit vereinten Kräften strichen Vater und Sohn den Rasen an, schön zitronengelb und immer von links nach rechts. Als sie fertig waren, setzten sie sich auf die Bank vorm Haus, prüften kritisch ihre Malerei und warteten. Schließlich strich Herr Meuselbach mit dem Zeigefinger über die Hauswand.
»Gut getrocknet«, meinte er und nickte zufrieden.
Nico kratzte auf seinem rotgelb beklecksten Anzug herum. »Auch gut getrocknet«, murmelte er und probierte es zur Abwechslung mal mit Spucke. Doch weil es nichts nützte, gab er auf und blinzelte in die Sonne. Da sah er von allen Seiten Spatzen herbeifliegen und sich in die Bäume setzen.
»Wie gut die kirschrote Farbe zu unseren mausgrauen Federn steht«, schwatzten und lärmten sie aufgeregt. »Wir wollen uns bei dem Maler bedanken.«
Ihr Geschrei lockte die Amseln herbei. »Wie gut die kirschrote Farbe zu unseren schwarzen Pullovern paßt«, flöteten sie.
Immer mehr Vögel flatterten hinzu und hüpften in den Zweigen auf und nieder. »Wie gut sich die kirschrote Farbe zu unserem Federkleid macht«, tirilierten sie und dankten dem Maler mit ihren schönsten Liedern.
Immer lauter zwitscherten sie, daß die Nachbarn – Herr Priebe, Herr Zwirnlein und Herr Lämmchen – herbeiliefen. Allen dreien blieb vor Staunen der Mund offenstehen. Zunächst wunderten sie sich, wurden dann ärgerlich, schließlich rannten sie in den nächsten Laden, kauften Farben und Pinsel und machten sich schleunigst an die Arbeit:
Herr Priebe tünchte sein Haus violett, Dach und Türen

dagegen schokoladenbraun. Für die Bäume und den Rasen in seinem Garten verwendete er die Farben des Regenbogens. Die Farbreste erhielt die Katze Putzi auf ihr weißes Fell getupft.

Herr Zwirnlein wählte seine Lieblingsfarbe, nämlich Dottergelb, als Hausanstrich. Um Fenster und Türen malte er olivgrüne Streifen. Der Zaun erglänzte in Stahlblau, und die Wege wurden orange. Sein Schäferhund Lux jedoch mußte von nun an mit einem lachsroten Fell herumlaufen.

Herr Lämmchen, der Türkis bevorzugte, strich gleich sein ganzes Haus damit an. Der Rasen erstrahlte in Veilchenblau, der Sandkasten in Meergrün und das Wasser im Schwimmbecken in Korallenrot.

Längst hatten auch die anderen Leute zu Farbtopf und Pinsel gegriffen. Sie malten, strichen an, tünchten und pinselten, daß es ihnen vor den Augen flimmerte.

Bis zum Sonnabend mußten sie sich plagen. Dann legten sie die Pinsel fort, wuschen sich die Hände und schlüpften in ihre besten Kleider. Wie verabredet spazierten sie alle zwischen den bunten Häusern umher. Sie verloren ihre griesgrämigen Gesichter, redeten, lachten, grüßten und nickten einander vergnügt zu.

Noch vergnügter, ja sogar außer sich vor Freude, waren die Kinder. Sie tobten, allen voran Nico und sein Bruder Michi, durch die kunterbunten Straßen und fegten um die Hausecken. Sie schrien, lachten und sangen: »Alles neu macht Herr Meu.« Das klang so lustig, daß sich die farbenfrohen Hunde vor Vergnügen in den Schwanz bissen und die getüpfelten Katzen wie auf einem Seil dahintänzelten.

Da wollten die Vögel nicht zurückstehen. Sie zogen Flöten, Fagotte und Klarinetten unter den Flügeln hervor und stimmten in den Jubel mit ein, bis die Sonne unterging. Langsam wurde es dunkel, und die Farben erloschen. Die Großen und Kleinen verschwanden in den Häusern, und die Nacht schenkte ihnen bunte Träume.

Sieben Monate lang dauerte die farbenfrohe Herrlichkeit. Dann kam eines Tages aus dem hohen Norden der Winter angereist. Vom Himmel aus gewahrte er den buntscheckigen Fleck auf der Erde.

»Das muß anders werden«, brauste er los. »Solchen Unsinn dulde ich nicht.«

Gleich darauf fing es an zu schneien. Es schneite am Morgen, am Mittag und in der Nacht. Es schneite am Montag, Dienstag, Mittwoch, Donnerstag, Freitag, Sonnabend. Am Sonntag hörte es auf zu schneien. Die Häuser steckten bis zu den Dächern im Schnee. Alle Wege und Straßen waren verschwunden. Nur hier und dort lugte eine Baumspitze hervor.

Als Herr Priebe, Herr Zwirnlein und Herr Lämmchen zur Arbeit gehen wollten, ließen sich die Haustüren nicht öffnen. Sie kletterten auf die Böden und stiegen durch die Dachluken hinaus ins Freie.

Eine halbe Stunde später klapperten alle Kinder auf die Dachböden. Sie suchten unter dem Gerümpel nach ihren Schlitten und rodelten geradewegs bis zur Schule. Dann sprangen sie durchs Fenster direkt ins Klassenzimmer hinein. Nico machte noch schnell einen Umweg und brachte seinen Bruder Michi in den Kindergarten. Dann sprang auch er in seine Klasse.

»Schließt doch endlich die Fenster«, rief der Lehrer. »Ich bin doch kein Eisbär.«

Die Kinder lachten. Sie liebten ihren Lehrer, weil er so lustig war, und lernten noch einmal so schnell. Als die Schulstunden beendet waren, rutschten und schlitterten sie vergnügt nach Hause.

Kaum hatten sie zu Mittag gegessen und die Schulaufgaben erledigt, begann das große Spiel. Geschwind wie die Mäuse huschten sie wieder auf die Böden, trappelten, rappelten, zerrten die Skier hervor und warfen sie hinaus. Hurtig sprangen sie hinterher, schnallten, was ihnen paßte, unter die Füße, und los ging die wilde Jagd. Grit und Gerd sausten voraus, daß die Funken stoben. Nico und Michi mit Geschrei und Gejohle hinter ihnen her. Susanne, Ruth und Petra schossen mit ihren Skiern auf der ehemaligen Straße entlang. Die anderen Kinder rutschten bäuchlings auf den Schlitten die Dächer hinunter. Und die Allerkleinsten wärmten sich an den Schornsteinen, aus denen sich blauer Rauch kräuselte. Kein Auto, kein Bus, keine Spaziergänger! Die Welt gehörte den Kindern allein. Erst als sich die schmale Mondsichel am Himmel zeigte, krochen sie mit kirschroten Nasen, blaugefrorenen Händen, ziegelroten Ohren und einem Mordshunger in die Häuser zurück. Obwohl sie den nächsten Tag kaum erwarten konnten, schliefen sie wie die Murmeltiere.

Viele Wochen und Monate tummelten sich die Kinder auf dem glitzernden Schnee. Leider verlor dieser nach und nach seine frische weiße Farbe. Er wurde grau und an manchen Stellen vom Ruß sogar pechschwarz. Darüber geriet die Sonne in Zorn. »Das muß anders werden«, rief sie und bekam einen feuerroten Kopf.

Davon schmolz der Schnee, erst ein wenig, dann immer mehr, und überall bildeten sich große Wasserlachen. Von Tag zu Tag sackte der Schnee mehr zusammen. Häuser und Bäume kamen wieder zum Vorschein, und auf den Straßen spielten die Kinder Kahnfahren. Das Wasser lief in einen Gully hinein und gurgelte zum anderen wieder hinaus. Nur gut, daß endlich der Südwind heranstürmte! Mit der Sonne zusammen schlürfte, schmatzte und schleckte er das Schmelzwasser fort.

Doch wie sehr hatte sich alles verändert! Die Häuser wirkten schmutziggrau, mit ebensolchen Dächern. Kahl und rabenschwarz standen die Bäume auf dem fahlen Rasen.

Herr Meuselbach blickte aus dem Fenster und murrte: »Alles umsonst gewesen. Jetzt kann malen, wer will.«

Da drängte sich Nico an den Vater und rief entschlossen: »Das muß anders werden.«

»Aber wie?« fragte Michi und blickte seinen großen Bruder an.

Doch die Häuser hatten Nico verstanden. Sie sagten es den Bäumen, den Vögeln und dem Wind. Der sagte es der Sonne, und die weckte den Frühling auf. Der Frühling ließ sich nicht zweimal bitten. Er reckte sich, schüttelte die feuchten Haare und sprang mit einem Satz in sein himmelblaues Auto. Gemächlich rollte er davon, streute Blumen aus dem einen Fenster, Gold und Silber aus dem anderen.

Da erblühten die Bäume in Weiß und Rosenrot. Wie ein Teppich aus grünem Samt glänzte der Rasen, und in den letzten Pfützen spiegelte sich der blaue Himmel. Die Häuser versanken in all der Blütenpracht, und es duftete nach Veilchen und Maiglöckchen.

Die Menschen liefen spazieren, um den Frühling anzuschauen. Sie wandelten umher, lächelten versonnen und rochen an einer Blume. Die Kinder faßten sich an den Händen und folgten ihnen. Sie schauten zu den Dächern empor, auf denen sie noch vor kurzer Zeit gerodelt hatten.

Jetzt saßen Amseln ringsum auf den Schornsteinen und flöteten ihnen zu: »Es soll immer so bleiben, es soll immer so bleiben!«

Ja, nickten die Kinder, die Erwachsenen lächelten, und für eine kleine Weile waren alle glücklich und zufrieden.

Versuchen auch Sie einmal, Märchen zu erfinden. Es müssen keine Kunstwerke sein, denn sie sind ja nicht zur Veröffentlichung gedacht, doch geben sie Ihnen die Möglichkeit, sich von dem, was Sie an Problemen hart bedrängt, zu befreien. Ohne daß es Ihnen zunächst zu Bewußtsein kommt, wirkt diese Tätigkeit auf die Träume zurück, die nun ihrerseits verstärkt zur Problemlösung beitragen helfen. Auch hier ist es nicht anders als in jeder guten Beziehung, die belebend wirkt und schöpferische Kräfte freisetzt. Ihr Alltag verändert sich, alles wird wieder Glanz und Farbe erhalten, was vielleicht Routine, Gewohnheit und Langeweile geworden war. Darum noch einmal: Traum und Märchen sind Geschwister, die einander aufs beste ergänzen. Nehmen Sie sich wieder einmal Ihre alten Märchenbücher vor, und tauchen Sie ein in ein Reich, in dem die Seele beheimatet ist. Sowohl in den Märchen als auch in den Träumen spricht sie zu uns und möchte verstanden werden.

3. Topdog und Underdog

Kein Wunder, daß die Träume manchmal recht abenteuerlich, bunt und verrückt sind, um unsere Aufmerksamkeit zu fesseln. Zu den dramatischen Träumen, die uns ergreifen, gehören auch jene, die der englische Psychotherapeut Hall besonders herausgestellt hat. Er konzipierte für das Traumverständnis den Topdog und den Underdog (engl., wörtlich: »Überhund« und »Unterhund«) und kennzeichnete mit ihnen zwei Verhaltensweisen, die in vielen wirksam sind.

Der Topdog ist der Machtgierige, ein Antreiber, ein Aufpasser und Angeber, der den Underdog nicht in Ruhe läßt, ihn unterdrückt, Unterwürfigkeit verlangt, ihn erniedrigt, Strafe androht und Schuldgefühle erzeugt. Er muß sich nun seinem Peiniger anpassen, gehorsam sein oder auch versuchen, ihn zu hintergehen. Es ist ein unwürdiges Spiel, das die beiden treiben. Um dieses Spiel bewußtzumachen, kommen die aufrüttelnden Träume. – An dem folgenden Traumbeispiel können Sie das gut nachempfinden:

Der Löwendompteur

Ich bin mit etwa zehn Personen in einem großen Saal zusammen. Auch ein Löwe ist anwesend, der einem Dompteur gehört. Dieser will den Löwen frei laufen lassen, was mich ängstigt. Die anderen Personen, die mir alle fremd sind, fürchten sich nicht. Ich jedenfalls will mich retten, erblicke einen hohen Kleiderschrank und will hinaufsteigen. Mit großer Anstrengung und Hilfe der anderen gelingt es mir, hinaufzukommen. Oben stelle ich fest, daß der Schrank nach vorne kippt. Während ich mich an einem riesigen Haken festhalte, zieht sich dieser aus der Wand heraus, und ich muß ihn immer wieder hineindrücken, um das Kippen des Schrankes und meiner Person zu verhindern. Dann wache ich auf.

Dieser Traum spiegelte exakt die innerseelische Verfassung und die sich daraus ergebende Handlungsweise der Träumenden. Man könnte sagen: Sie ist nicht Herr im eigenen Haus, denn sie überläßt dem Topdog in der Gestalt des Dompteurs Anweisungen, die sie selbst hätte treffen müssen. Sie allein fürchtet sich vor dem König der Wüste, während die anderen Menschen im Saal, personifizierte Wesensteile von ihr, gelassen bleiben. Sie wissen,

daß man dieses herrliche, Kraft und Souveränität ausstrahlende Tier nicht einsperren und seine Bedürfnisse
nicht verachten darf. Steht er doch hier als Repräsentant
für die Trieb- und Instinktnatur der Träumerin, mit der
richtig umzugehen sie als Kind nicht gelernt hat, wie ihre
Biographie bewies.

Der Vater war im Krieg gefallen, und die Mutter versuchte, ihn in der Erziehung, die einer Dressur gleich-
kam, zu ersetzen. Mit der Wohlanständigkeit ihrer drei
Kinder wollte sie den Leuten in der kleinen Stadt beweisen, wie tüchtig alleinerziehende Mütter sein können.
Aus ihrer Sicht gesehen, erstrebte sie natürlich nur das
Beste für die Kinder und ahnte nicht, welchen Schaden sie
ihnen zufügte.

Unsere Träumerin introjizierte nun, das heißt, sie nahm
die Mutter mit allen Wertmaßstäben und Vorurteilen in
sich auf und ließ sich von ihr steuern. Zeitlebens stand sie
unter dem Druck zu hoher Anforderungen, die zu erfüllen unmöglich waren. Immer mehr entwickelte sich in
ihr der Topdog, der Dompteur, quälte sie mit unerfüllba-
ren Ansprüchen und verursachte ihr Angst- und Schuldgefühle. Er war Teil ihres Wesens geworden und hatte die
Funktion der strengen Mutter übernommen.

Zu Recht behaupten Psychoanalytiker, daß wir unsere
Eltern introjizieren und von ihnen gesteuert werden,
auch dann noch, wenn sie nicht mehr um uns oder nicht
mehr am Leben sind.

An den Träumen läßt sich der Wahrheitsgehalt dieser
Theorie ablesen. Sie spielen dem Träumenden sein Verhalten vor, mit der Absicht, daß er sich von Angst- und
Schuldgefühlen befreit. Den besten Beweis hierfür liefert
der soeben geschilderte Traum, der die Träumerin zum
Fragen und Nachdenken anregte. Sie mußte nun lernen,
den Topdog in seine Schranken zu verweisen, und erken-

nen, daß letzten Endes sie die Freiheit des Entscheidens und Handelns selbst hat. Der Zwang, perfekt, untadelig und fehlerlos sein zu wollen, muß von ihr abfallen und einem neuen Lebensgefühl Platz schaffen. Ein krampfhaftes Gut-sein-Wollen wirkt sich destruktiv aus und zerstört, statt aufzubauen.

Wenn solche Antreiber, unter deren Zwang ein Mensch stehen kann, zu ihm sprechen, hört sich das etwa folgendermaßen an:

1. Sei stark! Bei dir dulde ich keine Schwächen, keine Halbheiten. Reiß dich am Riemen, sei eisern, sei unerbittlich! Erhalte dich allen Gewalten zum Trotz!

2. Sei perfekt! Mach alles hundertfünfzigprozentig! Sei ohne Fehl und Tadel, und funktioniere reibungslos! Nur der Perfekte hat Erfolg im Leben. Sei unbegrenzt leistungsfähig!

3. Sei beeilt! Habe keine Zeit, denk daran, was du noch alles erledigen mußt! Schnell, schnell, bleib immer im Streß, damit du das Gefühl hast, unersetzlich zu sein!

4. Sei angestrengt! Streng dich an, zeig niemals eine Schwäche! Erzwinge alles mit Gewalt, setz deinen Willen überall durch! Schau ja keinen blühenden Apfelbaum an, und frage nicht, ob er sich angestrengt hat! Der lacht dich doch nur aus.

5. Jetzt kommt der letzte Antreiber, es ist der allerschlimmste. Er sagt Ihnen: Tu ja nichts für dich selbst, du bist für andere da! Ich hasse deinen Egoismus, opfere dich auf! Nur die guten Werke zählen. Eines Tages wirst du vor dem Richterstuhl stehen, und wehe, wenn dein Sollkonto größer ist als dein Haben! In alle Ewigkeit bist du verdammt.

Neben die fünf Antreiber müssen die fünf Erlauber gesetzt werden, sie lauten:

1. Ich darf schwach sein. Ich bin kein Roboter und keine Maschine, die funktionieren muß. Ich nehme meine schöpferische Pause an.
2. Ich darf Fehler machen. Perfekt sein wollen führt zur Überheblichkeit. Ich weiß, daß ich mit den übermäßigen Ansprüchen nicht nur mich, sondern auch meine Mitmenschen quäle. Meine Leistungskurve ist variabel.
3. Ich lasse mir Zeit. Ich schaffe mir Stunden der Muße. Überfällt mich der Streß, stoppe ich mein Tun, atme dreimal tief aus und ein.
4. Ich strenge mich ohne Verkrampfung an, immer möglichst zwanglos.
5. Ich nehme mich so an, wie ich bin. Ich habe mich lieb. Liebe deinen Nächsten wie dich selbst! Ich habe erfahren, daß sich hinter Aufopferung meistens Machtgier verbirgt.

Nur wir selbst können uns erlauben, können uns aber auch bemühen. Wir allein müssen entscheiden und dürfen nicht fremdbestimmt sein, das heißt, sich von den negativen Eigenschaften bestimmen lassen und die positiven vergessen. Beide erkennen und beide spielen lassen bedeutet, sein wahres Wesen auszudrücken, nichts zu verschleiern und nichts zu verschwenden.

Den maßlosen Antreibern, in dem Traum als Topdog in Szene gesetzt, ließe sich auch mit der Dialogtechnik beikommen. Die Träumerin müßte sich im Gespräch mit ihm auseinandersetzen, ihm einmal gründlich die Meinung sagen, und zwar so lange, bis es ihr gelingt, sich von seiner Übermacht zu befreien, um für immer einen Burgfrieden zu schließen.

4. Abschlußträume

Mit den Träumen empfangen wir ständig neue Impulse, die uns bei der Bewältigung von Schwierigkeiten hilfreiche Dienste leisten. Durch die zahllosen und eindringlichen Bilder werden wir fast mit der Nase auf unser Problem gestoßen, das uns immer wieder in verwickelte, unlösbar erscheinende Situationen hineintreibt.

Ist uns dann schließlich der Problemstoff durchschaubarer geworden und haben wir oft genug über den langen Erkenntnisprozeß gestöhnt, belohnt uns zuletzt ein das Problem abschließender Traum.

Das in der zweiten Runde, Deutung auf der Subjektstufe, aufgeworfene Katzenproblem, um das meine Träume monatelang kreisen, endete mit einem Traum, in dem ich beoachtete, wie eine winzige, durchsichtig gewordene Katze vom sandigen Hintergrund aufgesogen wurde. Mit diesem einfühlsamen Bild zerfiel ein Problem zu Staub, das mein Leben jahrzehntelang unheilvoll bestimmt hatte.

Für einen jungen Mann, der mit seiner Vitalität nicht zurechtkam, zeigte sich die Lösung nach intensiver Traumarbeit in einem Traum, den er mir wie folgt schilderte:

Der Mai ist gekommen

Ich befinde mich in einem langgestreckten hohen Raum. In einiger Entfernung von mir steht ein Pony und blickt mich, wie es scheint, listig lächelnd an, als wolle es sagen: Na siehst du, so läßt's sich doch viel leichter leben. Ich ergreife es am Zügel, um es ins Freie zu führen, und singe dabei: »Der Mai ist gekommen.« Ich bin draußen und wache auf.

Als Abschlußtraum einer sich über einen langen Zeitraum hinziehenden Serie ist auch der eines anderen jungen Mannes anzusehen. Sein Problem war eine starke Abhängigkeit von der Mutter, und er hatte sich, wie wir sagen, noch nicht abgenabelt. Im Traum, auf einem Fahrrad sitzend, strampelte er sich vergeblich ab, um voranzukommen. Endlich bemerkte er, daß sich eine ellenlange Schnur zum Teil in das Hinterrad verwickelt hatte und ihn am Vorwärtskommen hinderte. Daraufhin stieg er ab, durchschnitt kurz entschlossen die »Nabelschnur« und radelte befreit davon.

Mit einer humorvollen Geste wird das in vielen Träumen durchgespielte Problem einer Studentin beendet. Die Scheidung der Eltern und der dominierende Einfluß der Mutter hatten sie verunsichert und zu einer Überbetonung ihrer männlichen Seite geführt. Sie träumte:

Tanz zur Tür hinaus

Ich richte mich im Bett auf und will die Lockenwickler aus den Haaren lösen. Etwas hindert mich daran, und ich greife nach dem Spiegel. Ich sehe, wie an jedem Wickel ein buntes Fähnchen steckt, und muß über die Beflaggung lachen. Mit einem Sprung bin ich aus dem Bett, tanze durchs Zimmer und zur Tür hinaus.
Ich wache auf und probiere es gleich noch einmal mit dem Tanzen.

Nach dieser liebenswürdigen Bestätigung des Traumschöpfers wird es der Träumerin nicht schwerfallen, ihre weibliche, mit Humor gepaarte Seite auch zu leben.

Zum Ende dieses Abschnittes erzähle ich Ihnen noch einen Traum, dem eine hübsche Geschichte angefügt ist:

Eine Träumerin in den Fünfzigern hatte sich intensiv mit dem Vaterbild auseinandergesetzt. Sie erfuhr von den Träumen ihre starke Identifikation mit dem Intellekt des Vaters und wie stolz sie war, ihr Leben nur nach den Regeln des Verstandes ausgerichtet zu haben. In vielen Träumen begegnete ihr der Vater.

Und als sie ihr Problem erkannt hatte, begnügten sie sich mit seinem Schreibtisch, um sie daran zu erinnern. Es kommt gar nicht so selten vor, daß mit einem Teil aus der Umgebung der Traumperson, in einem anderen Traum war es nur das Schreibzeug des Vaters, auf eine Beziehung oder eine Situation angespielt wird.

Nachdem die Träumerin ihre Gefühle entdeckt hatte, strahlte sie Wärme und Herzlichkeit aus. Sie erhielt beides doppelt und dreifach zurück. Ein malerisches Bild dieser Verwandlung entwirft ihr Abschlußtraum: Sie befindet sich in einem großen hellen Raum. Aus den Dielen wächst ein blühender Rosenstrauch und nicht weit davon entfernt eine junge Kastanie. Dahinter, in eine Ecke gerückt, erkennt sie den Schreibtisch ihres Vaters.

»Das Bild hat mich sehr bewegt«, sagt die Träumerin, »und ich habe es später gemalt. Dabei erinnerte ich mich an folgendes Erlebnis aus der Kindheit, das ich sinnvoll auf diesen Traum bezogen finde: Auf einem Klassenausflug besichtigten wir in einem abgelegenen Waldgrund eine Klosterruine. Von der Frühlingssonne überschienen und in zartes Grün getaucht, weckte das alte Gemäuer romantische Vorstellungen und dämpfte unser übermütiges Benehmen.

Versonnen glitt meine Hand über die unebenen Steine einer Mauer und blieb an einem Vorsprung hängen. Nach einigem Rütteln löste sich der Stein, und in der Öffnung lag ein Papierröllchen.

Aufgerollt enthielt es in verblaßter Schrift die Worte:

›Das Alte stürzt, es ändert sich die Zeit, und neues Leben blüht aus den Ruinen.‹

Es folgte ein Männername, und das Datum ließ erkennen, daß es vor achtzehn Jahren hier versteckt worden war.

›Auch einer‹, dachte ich, ›der, von der Atmosphäre des Ortes angerührt, seine Bewegung mit den Worten des sterbenden Attinghausen aus Schillers Wilhelm Tell ausdrückte.‹ Es war der Gruß eines Unbekannten, der Menschen und Dinge über die Zeiten hinweg verbindet.«

Derartige Träume sind Höhepunkt und als Abschluß einer langen und sich meistens über mehrere Monate hinziehenden Reihe von oft sehr beunruhigenden Träumen zu betrachten. Aufatmend erkennt der Träumer seine Veränderung, aus der eine neue Einstellung zum Leben hervorgeht. Jetzt weiß er, sein Einsatz ist nicht zu hoch gewesen, und der Erfolg söhnt ihn mit der oft unter Wut, Verzweiflung und Tränen abgelaufenen Traumarbeit aus.

5. Traum und Transzendenz

Was uns nach längerer Traumarbeit auffallen und beglücken wird, sind Gestalten, von denen wir Trost und Hilfe empfangen. Ihr Erscheinen ist in den Träumen auf überzeugende Art und Weise dargestellt. Wir erkennen in dem alten, Weisheit und Güte ausstrahlenden Mann einen Seelenführer, der uns neue Wege erschließt. Sein Erscheinen hat metaphysischen Charakter, wie auch das Kind mit den Sternenaugen, das uns an die Hand nimmt und an einen Ort führt, wo tröstliche Erinnerungen auf uns warten. Wer eine seelische Beziehung zu Östlichem hat, erhält vielleicht von einem Lama Antworten auf seine Fragen. Er kann aber auch von einem Japaner oder Chinesen wichtige Hinweise, Belehrungen und Erkenntnisse gewinnen. Sobald wir aufnahmebereit sind und uns vom oberflächlichen Getriebe der Welt nicht zu sehr vereinnahmen lassen, kommen die überpersönlichen Mächte in die Träume. Wir werden von ihnen mit lebenerneuernden Kräften beschenkt und können selbst erfahren, daß es etwas gibt, von dem die Religionen aller Völker sprechen.

In diesen Zusammenhang gehört der Fischertraum, den ich Ihnen nun erzählen möchte:

Fischertraum

Ich befinde mich mit mehreren Menschen zusammen auf einer Insel. Wir liegen lang ausgestreckt im Gras und unterhalten uns.
Eine Lehrerin, Fräulein Seil, die ich nur dem Namen nach kenne, sagt etwas zu mir, wonach ich aufstehe und ans Wasser trete. Dort schiebe ich meinen rechten Fuß in einen länglichen Spankorb, den linken in einen zweiten, während man mir bedeutet, damit übers Wasser zu gehen. Vorsichtig probiere ich es und sinke bis zu den Knöcheln ein. Ein Stück links von mir watet jetzt ein Fischer mit aufgekrempelten Hosen, und er scheint mich durch eine Furt zu führen. Sein geneigtes Gesicht bleibt mir unter einem Südwester verborgen. Wir gelangen glücklich ans Ufer, wo sich ein Bahnhof befindet.
Plötzlich habe ich es sehr eilig, um mit dem Zug fortzukommen. Herbert, mein Mann, von Beruf Kaufmann, bedeutet mir, daß ich den Fischer doch erst bezahlen müsse. Ich höre, daß es eine Mark fünfzig kosten soll.

»Was?« brause ich auf. »Soviel Geld? Fünfzig Pfennig genügen auch!«
In diesem Moment hebt der Fischer den Kopf. Die Strahlen seiner blauen Augen treffen mich wie abgeschleuderte Blitze. Ich bin zu Tode erschrocken und wache mit rasendem Herzklopfen auf.

Wahrlich ein Traum, der mich bis ins Innerste erschüttert hat – und es fing doch alles so harmlos an! Ich lag auf einer Insel mit mehreren Leuten zusammen. Ich, das war ich selbst, eine bewußt handelnde Person, und die anderen verkörperten meine mir unbekannten Wesenszüge. Wer weiß, wie lange wir schon, von der Außenwelt abgeschnitten, auf der Insel gelegen hatten? In dem Landschaftsbild einer Insel findet mein augenblicklicher Zustand den angemessensten Ausdruck. Wieder einmal erlebe ich, wie meisterlich unbewußte, unaussprechliche Stimmungen und Befindlichkeiten durch Landschaften ihren Ausdruck finden: Hatte ich mich doch von der Umwelt zurückgezogen, lebte wie in einem Schneckenhaus und ließ das Leben an mir vorbeiziehen!
Nun findet diese Situation ihr Ende. Von der Traumarbeit aufgerüttelt, besann sich die Lehrerin, Fräulein Seil, ein fortschrittlicher Wesenszug in mir, und forderte mich auf, ans Wasser zu gehen. Ihr Name ließ einen höheren Willen assoziieren, den ich mit einem Vers von Wilhelm Busch verband, welchen ich einige Monate zuvor auswendig lernte: »So ist's in alter Zeit gewesen, so ist es, denke ich, noch heut. Wer nicht besonders auserlesen, dem macht die Tugend Schwierigkeit. Aufsteigend mußt du dich bemühen, doch ohne Mühe sinkest du. Der liebe Gott muß immer ziehen (Seil!), dem Teufel fällt's von selber zu.«
Mir erschien der Vers wie auf den Leib geschrieben, und

ich war daher nicht verwundert, daß der Traumgestalter ihn ins Bildhafte transponierte, um mir einen Zuwachs an Einsichten zu vermitteln, deren Notwendigkeit ich einsah.

Obwohl ich mich durch den Zuspruch der Lehrerin in mir zum Tun aufgerafft hatte und mich von kundiger Hand von dem Ort des Stillstandes einem neuen Lebensabschnitt entgegen fortziehen ließ, war ich doch nur von dem einen Gedanken besessen, das Versäumte so schnell wie möglich nachzuholen – ich hatte es im Traum eilig, mit dem Zug fortzukommen. Mein Mann machte mich erst darauf aufmerksam, daß alles im Leben seinen Preis hat und auch ich zahlen muß.

Geld ist ein Wert, der Energie versinnbildlicht, und wie man sieht, war ich keinesfalls gewillt, der Forderung voll und ganz nachzukommen. Deshalb wurde mir eine Lektion erteilt, die ich zeitlebens nicht vergessen werde.

Überwältigt von den blitzeschleudernden Augen des numinosen Fischers, vernahm ich auch ohne Worte, was er mir zu sagen hatte: »Du hast noch immer keine Geduld gelernt. Du läufst, nachdem man dir geholfen hat, ohne Dank und Gruß davon, um deine Lebensreise fortzusetzen. Worin denn bestehen Zweck und Ziel deiner Reise? Du wolltest dich mit Hilfe der Träume selbst erkennen und die Gesetze, von denen dein Leben bestimmt wird. Das kann niemals im Eilzugtempo geschehen. Psychisches Wachsen und Reifen gleicht dem eines Baumes, der geduldig in Frost und Hitze ausharrt und Jahr für Jahr seinen Umfang um einen Ring erweitert. Dein Einsatz dagegen war ungenügend. Du wolltest meine Forderung nur zu einem Drittel erfüllen. Ich aber verlange den vollen Einsatz deiner ganzen Person. Nicht nur den spekulativen Kopf, der so leicht in Anmaßung und Selbstherrlichkeit verfällt, sondern vor allem das bewegte Herz mit seiner emphatischen Urteilskraft. Außerdem lebt in dir immer noch der Wunsch, ohne Gegenwert etwas haben und kriegen zu wollen, wie einst das Kleinkind von der Mutter. Ich aber sage dir: Erkenne deine Schwächen, damit du ihnen mutig entgegentreten kannst.«

»Der liebe Gott muß immer verzeihen«, sagte ich leise und spürte den transzendenten Bezug des Fischers, der in die Nähe von Christus rückte. Wie anders sonst wäre die Erschütterung zu verstehen gewesen, die dieser Traum in mir ausgelöst hat? Ich zweifle nicht daran, daß in dem, was aus seelischen Urgründen aufsteigt, auch die Gottheit erfahrbar wird. Wer den göttlichen Bereich in sich gefunden hat, ist befreit von den Gefühlen der Einsamkeit und Verlassenheit. Ihm erwachsen aus der neugewonnenen geistigen Heimat Sicherheit und Lebensbejahung, womit er sich überall daheim fühlt. Kein Ort ist ihm zuwider und jeder Mensch willkommen.

Herzbewegend ist auch eine Begegnung mit Engeln im Traum. Sie lassen sich nicht an den Flügeln erkennen, die fehlen ihnen meistens.

Es können zarte Mädchengestalten sein, aber auch männliche Wesen, wie sie sich im Traum einer jungen Frau auf recht moderne Weise bemerkbar gemacht haben:

Der Fallschirmspringer

Ich laufe auf den Schwellen von leuchtendhellen Eisenbahnschienen, die durch einen Tunnel führen. Links von mir, an einer glitzernden Felswand, stehen Gestalten, deren Köpfe sich emporstrecken und dann wieder auf den Schultern ruhen. Es geschieht in einem raschen rhythmischen Wechsel. Ich gehe weiter in den Tunnel hinein, sehe schon den hellen Ausgang und komme nicht weiter.

Plötzlich erkenne ich einen Fallschirmspringer, der lang-
sam herabschwebt. Mit lachendem Gesicht steht er am
Tunneleingang. Seine Augen sind von einer blauen Pilo-
tenbrille bedeckt. Obwohl er mir unbekannt ist, versuche
ich Kontakt mit ihm aufzunehmen, doch ich habe das
Gefühl, es gelingt mir nicht, und ich wache auf.

In dem Traum ist bildhaft beschrieben, was die Träumerin seit Wochen und Monaten bewegt hat. Sie war damit
beschäftigt, die Vorstellungswelt der Mutter – zusammengesetzt aus Kollektivmeinungen, stereotypen Wert-
urteilen, Normen und Vorurteilen – zu prüfen und sie
mit der eigenen zu vergleichen. Als Ziel strebte sie an, das
beizubehalten, was noch Gültigkeit besaß, und das inzwischen ungültig Gewordene abzustoßen. Sie versuchte
sich also von der infantilen Bindung an die Mutter zu befreien. Was für das Kind einmal lebensnotwendig gewesen war und seine Abhängigkeit bedingte, gilt nicht mehr
für die Erwachsene. Sie muß die Verantwortung für sich
selbst übernehmen und eine eigene Basis finden.
Obwohl die Ablösung von den Eltern ein sehr schmerz-
hafter Prozeß ist, muß er doch, will man nicht ewig Kind
bleiben, bewußt vollzogen werden, wobei der Akzent,
wie Sie bereits wissen, auf »bewußt« liegt. Wir nennen
diesen Vorgang Entwicklung, und die Träume zeigen uns
sehr genau, wo wir waren, wo wir jetzt sind und wohin
wir gehen.
In dem Traum der jungen Frau ist der Befreiungsprozeß
im Gleichnis des Tunnels, durch den sie sich mühsam
durcharbeiten muß – es hätte auch eine Höhle, ein Labyrinth oder eine alte Burg sein können –, symbolisch dargestellt. Während sie noch ängstlich zögert vor dem
Gang durch die Dunkelheit und Enge, halten andere Teile
ihres Wesens Ausschau nach rettender Unterstützung.

Tatsächlich wird sie ihnen zuteil: in Gestalt eines Fall-schirmspringers, der langsam zur Erde gleitet. Sein er-munterndes Lächeln gilt der Träumerin, die bereits in der Tunnelröhre ist und versucht, Kontakt mit ihm aufzu-nehmen. Obwohl es ihr noch nicht gelingt, spürt sie doch die angebotene Hilfe bei der mühseligen Arbeit des Er-wachsenwerdens.

Nicht nur in diesem Traum, sondern auch noch in vielen anderen wird sie die rettenden, spirituellen Mächte er-fahren, deren sie in jeder Notlage gewiß sein darf.

6. Luzide Träume

Zum Abschluß dieser Runde und der Vollständigkeit hal-ber möchte ich Sie noch auf die luziden Träume hinwei-sen. Mit ihren klaren und deutlichen Bildern lassen sie uns manchmal im Traum erkennen, daß wir träumen.

Sobald wir uns dessen bewußt werden, wachen wir ent-weder auf oder gleiten in den Traumzustand zurück. Wenn es nun gelingt, das Aufwachen zu verhindern und das Wissen, das wir träumen, beizubehalten, können wir Wünsche aussprechen, die in Erfüllung gehen, beispiels-weise Begegnungen mit bestimmten Menschen, an einen fernen Ort zu gelangen, etwas Schönes entdecken oder eine Erfindung machen. Man kann sich bereits im wa-chen Zustand auf solche Wünsche vorbereiten. Am be-sten beginnt man damit, fliegen zu wollen. Man muß sich tagsüber öfter vorstellen, wie es ist, wenn man fliegt. Sich vielleicht gar auf die Zehenspitzen stellen, die Arme ausbreiten, hin- und herwippen, als wollte man sich vom Boden lösen. Wenn Sie das öfter üben, wird Ihnen in ei-nem luziden Traum wohl Ihr Wunsch einfallen, und Sie können fliegen, wohin Sie wollen. Abgesehen von einem ausdauernden und geduldigen Training bedarf es einer gewissen Erwartungshaltung, damit eintreffen wird, was man sich gewünscht hat. Vorbedingung ist ein gutes, gefestigtes Vertrauensverhältnis zu allen Träumen, entstanden aus einer kontinuierlichen Traumarbeit.

Eine andere Möglichkeit, einen luziden Traum zu bekommen, besteht auch darin, während des Träumens zu erkennen, daß an der Traumsituation »etwas nicht stimmt«, gar nicht so sein kann, wie es dargestellt wird. Mir beispielsweise ging es im vergangenen Sommer so mit einem Traum.

Vorausschicken muß ich, daß mir die Pflege meiner Balkonblumen über alles geht. Darum war ich höchst erstaunt, als ich im Traum auf den Balkon hinaustrat und die üppig blühenden Geranien in den Kästen verschwunden waren. Während ich mich über die Brüstung beugte, um nach ihnen zu sehen, fiel mir plötzlich die Unmöglichkeit des Verschwindens auf, und ich sagte mir: »Du träumst ja nur«, wobei ich mir zugleich den Befehl gab: »Ruhig bleiben. Versuche jetzt zu fliegen.« Und schon erhob ich mich vom Boden, flog durch sämtliche Wohnräume, deren Türen merkwürdigerweise offenstanden, kam wieder an der Balkontür vorüber und wollte hinausfliegen. Ein leichtes Angstgefühl hielt mich davon ab, und schon glitt ich zu Boden und wachte auf. Eine ruhige Selbstverständlichkeit, ohne jede Spur von Angst und Erregung, sind nötig, um den luziden Zustand solange wie möglich auszudehen.

Die Beachtung der luziden Träume und der Versuch, Einfluß auf sie zu nehmen, vermittelt uns eine neue Art des Bewußtseins. Ungeahnte psychische Möglichkeiten eröffnen sich, wenn wir versuchen, Einfluß auf den Gang der Dinge zu nehmen.

Der erprobte Umgang mit luziden Träumen bringt Veränderung in unser Leben. Durch sie gewinnen wir einen Zuwachs an Mut, Selbstvertrauen und Initiative, wodurch eine leichte, rhythmische und überlegene Lebensführung erst möglich wird. Natürlich verdanken wir diese Veränderung nicht nur den luziden Träumen. Letztlich daran beteiligt sind alle Träume, denen wir uns mit Liebe und Hingabe gewidmet haben, weshalb sich das Ergebnis etwa in folgende Worte kleiden läßt:

Befreit von Angst- und Schuldgefühlen, erlöst von Problem- und Konfliktstoff, blicken wir zuversichtlich in die Welt. Phantasievolle Beziehungen bahnen sich an zu den Menschen, zur Natur und zum Kosmos, und Freuden besonderer Art erschließen sich. Mit einemmal blühen die Blumen bunter, die Vögel singen lustiger, und Frau Müller von nebenan, über die wir uns so oft geärgert haben, zeigt sich von ihrer besten Seite. Aber nicht die Menschen und Dinge haben sich verändert. In uns hat sich die Wandlung vollzogen. Wir lachen in die Welt, und die Welt lacht zurück.

Angelus Silesius umschreibt diese neugewonnene Einstellung zum Leben folgendermaßen: »Ich selbst muß Sonne sein, ich muß mit meinen Strahlen das farbenlose Meer der ganzen Gottheit malen.«

Bilder und Symbole

1. Die Sprache der Symbole

Was ich Ihnen im wahrsten Sinne des Wortes vor Augen stellen möchte, sind die Bilder und Symbole. Sie haben inzwischen Vertrauen zu den Träumen gefunden, und es wird Ihnen darum nicht schwerfallen, die Symbolsprache, in der sie sich ausdrücken, verstehen zu lernen. Indem Träume durch Bilder sprechen, setzen sie unserem abstrakten und analytischen Denken etwas Anschauliches entgegen, das vielfach eine Situation oder ein Problem leichter verständlich macht und den vollen Umfang derselben erfühlen läßt. Es ist so, wie wenn wir sagen: »Er hat den Nagel auf den Kopf getroffen«, und damit meinen, daß jemand sich präzise ausgedrückt, einen Sachverhalt gut verständlich erläutert hat, komplizierte Zusammenhänge mit wenigen Worten durchschaubar werden ließ...

Auch das Unbewußte möchte mit den phantasievollen Bildern Kopf und Herz des Träumers bewegen und bedarf daher nicht der verbalen Sprache. Natürlich wird dennoch manchmal im Traum in Worten gesprochen, doch gleicht das mehr einer Gedankenübertragung: Wir spüren, was die Traumfigur denkt und fühlt, und antworten ihr in Gedanken. Wenn alles im Traum spräche, wäre das wohl so verwirrend, daß wir überhaupt nichts mehr verstünden. Die anschaulichen Bilder dagegen, die mehr aussagen können als tausend Worte, dringen direkt in uns ein. Und während des Träumens erfassen wir auch den Sinn und verstehen, was gemeint ist. Denn wir befinden uns in einer feinstofflichen Welt, in der andere Gesetze gelten.

Nichts kommt uns merkwürdig und sonderbar vor. Ohne jede Scheu unterhalten wir uns mit einem Frauenkopf, der auf dem Bücherregal steht. Wir beobachten, wie sich ein Mensch in ein Tier verwandelt und umgekehrt. Vor uns erstarren die Meereswogen zu Eis, und wir laufen darüber. Wir befinden uns auf einem Berg und können im nächsten Moment schon wieder auf einer grünen Wiese stehen. Mancher macht die tollsten Kapriolen auf einer Strickleiter, die von der Zirkuskuppel hängt. Wieder ein anderer wird aufgefordert, in eine, wie er meint, bodenlose Tiefe zu springen, und gehorcht. Es kommt auch vor, daß jemand im Traum den Drang verspürt, an der Fassade eines vierstöckigen Hauses hinaufzuklettern und es sich auf dem Dach bequem zu machen. Eine Frau steht auf einem Platz inmitten von Tauben, die sie sehr bedrängen. Da erhebt sie sich vom Boden und fliegt einfach davon...

Im Traum ist nichts unmöglich, wir nehmen alles als selbstverständlich hin und verhalten uns als Träumende dementsprechend. Nur wenn wir aufwachen und uns den Traum wieder bewußtmachen, sagen wir manchmal: Was ist denn das wieder für ein verrücktes Zeug gewesen! Unser Verstand weiß nichts mehr damit anzufangen. Also tasten wir uns zunächst mit dem Gefühl an den Traum heran, tauchen in ihn ein und versuchen, ihn noch einmal zu erleben. Auf diese Weise kommen wir dem, was er uns sagen will, schon beträchtlich näher. Danach erst wenden wir uns mehr von der intellektuellen Seite her den einzelnen Bildern und Symbolen zu, die etwas Bestimmtes in uns anrühren wollen.

Das Symbol im Traum kann uns aus dem alltäglichen Leben vertraut sein, allerdings hat es neben seinem konventionellen Sinn noch mehrere Nebenbedeutungen. In ihm ist sowohl Physisches wie auch Psychisches zusammengefaßt und verdichtet, eine geballte Ladung von Energie, die wirkt und sich entfalten will.

Betrachten wir das Symbol Auto: Es ist ein Mittel zur Fortbewegung, ein Beförderer von Lasten (Lastauto), ein Lebensretter (Krankenauto), ein Statussymbol, ein Persönlichkeitssymbol (die meisten Menschen »identifizieren« sich mit ihrer Automarke), in einzelnen Fällen ein Sexussymbol (schnittiger Sportwagen) – um es zusammenfassend zu sagen: ein Symbol der Dynamik und Expansion. Ich kann mit dem Auto Entfernungen überwinden, neue Erfahrungen machen, viel Welt in mich aufnehmen und mich durch menschliche Begegnungen bereichern lassen. Ich kann aber auch mit dem Auto dem Geschwindigkeitsrausch erliegen, vor mir selbst und meinen Aufgaben fliehen, meine Aggressionen ausleben, Menschen töten und zu Krüppeln machen.

Tauchen Symbole in unseren Träumen auf, so sind nicht das Bild und die Form an sich wichtig, sondern in erster Linie die hinter ihnen wirkende Kraft, die etwas bewegt, gestaltet und zum Guten oder Bösen verändert. Beachten wir den Doppelaspekt von aufbauender und zerstörender Energie, die in jedem Symbol präsent sind. Fragen wir uns bei jedem Symbol: Welche Kräfte liegen in ihm, und was bewirken diese Kräfte? Wenn Sie nach dem unmittelbaren Erleben der Symbole diese Fragen geklärt haben, verstehen Sie auch, was Ihnen das Unbewußte verdeutlichen möchte.

Wir wollen nun, um die Einsichten in der Bildersprache zu vertiefen, das Symbol »Wasser« genauer untersuchen. Es erscheint häufig in den Träumen, und was kann es nicht alles bedeuten!

Überlegen wir zunächst, in welch vielfältigen Formen Wasser in unserem Leben vorkommt: Wir finden es in der Natur als Meer, See, Fluß, Teich, Bach und Wasserfall – als Nebel, Regen, Schnee und Eis. In der zivilisierten Umwelt sehen wir Brunnen, Wasserleitungen, Staubecken und Wasserreservoirs. Das Wasser ist ein Lebenselixier, es dient uns zum Trinken, zur Reinigung und zur Fruchtbarkeit des Bodens. Ohne Wasser gäbe es kein Leben auf der Erde, die zu zwei Dritteln aus Wasser besteht, und in ebendiesem Wasser ist das Leben entstanden. Mit den Säugetieren und Menschen, die aus dem Fruchtwasser kommen, fand die Entwicklung ihren vorläufigen Abschluß. Und bedenken wir, daß wir selbst zum größten Teil aus Wasser bestehen, liegt es nahe, daß Wasser, dieses bewegte und bewegende Element, das aus dunklen Tiefen hervorquillt, zum Symbol für das Unbewußte geworden ist.

Als unbewußte Energie strömt es im Gleichnis großer und kleiner Wasserläufe durch die Landschaft der Seele, dehnt sich »als abgrundtiefes Meer in die fernste Weite«, wie es Ernst Aeppli sagte. Träume, die am Wasser spielen, sind immer verheißungsvoll, beispielsweise wenn sich der Träumer am Wasser aufhält, eine Schiffsreise macht, sich von einem Schiff an ein neues Ufer führen läßt, ins Wasser springt und in kräftigen Zügen davonschwimmt, einen Fund aus dem Wasser oder dem Ufersand hervorholt, ein Boot zu steuern versteht, einen Sonnenaufgang am Meer erlebt oder nach ängstlichem Zögern endlich ins Wasser springt und schwimmt.

Daß diese Träume eine positive Bedeutung haben, läßt sich auf den ersten Blick erkennen. Sie künden Befreiung an von einem Verhalten, das nicht mehr zu dem Träumer paßt. In ihm geschah ein Wandel, aus dem heraus eine neue Einstellung zum Leben gefunden wurde.

Unsere Beziehung zum Wasser, das wir nicht nur auf der Erde erleben, sondern auch als Regen, als himmlisches Naß empfangen, inspirierte Goethe zu seinem »Gesang der Geister über den Wassern«, der so beginnt: »Des Menschen Seele gleicht dem Wasser: Vom Himmel kommt es, zum Himmel steigt es, und wieder nieder zur Erde muß es, ewig wechselnd.« Auch er erlebt in ihm das Symbol, wenn er mit den Worten schließt: »Seele des Menschen, wie gleichst du dem Wasser.«

Träume, in denen Wasser unsere Seele reinigt, spülen hinweg, was uns beschmutzte. Wasser ist ein Element der Wiedergeburt. Wir werden manchmal in den Träumen an einen Brunnen geführt, ein Symbol, aus dem sich Lebenskraft schöpfen läßt. Schon allein sein Anblick verweist uns auf schöpferisches Gestalten, das nun, angeregt durch die Traumarbeit, unseren Alltag lebendiger machen kann. Dann fällen wir auch Entscheidungen, die uns vorher oft schwerfielen, mühelos, weil der schöpferische Prozeß in Fluß gekommen ist.

Doch was nicht vergessen werden darf und worauf schon hingewiesen wurde: Es gibt neben den konstruktiven auch destruktive Kräfte in jedem Symbol. So kann im Traum das Wasser, wenn es seine Grenzen überschreitet, etwas Gefährliches signalisieren. Unternimmt der Träumende eine Bootsfahrt zunächst auf einem ruhigen See, der sich nach und nach in ein stürmisches Meer verwandelt, so daß die Wellen das Boot fast zum Kentern bringen, sollte er auch in der Realität möglichst schnell dem rettenden Ufer zustreben, denn er befindet sich wohl in einer gefährlichen Situation. Leidenschaftliche Gefühle bedrängen ihn, deren er nicht Herr werden kann. In ihm kocht und brodelt es, so daß die Wogen der Erregung über ihm zusammenschlagen. Er ist seinen Gefühlen hilflos ausgeliefert.

Träume, in denen Landschaften überflutet werden oder sich ein über die Ufer getretener Fluß zeigt, der den Träumenden am Vorwärtskommen hindert, bedeuten immer Gefahr. Leidenschaftliche Gefühle, die in Maßlosigkeit ausarten, warnen im Gleichnis der Überschwemmung den Träumer, um ihm sein falsches Verhalten vor Augen zu führen.

Befinden wir uns im Traum in einer Wohnung, aus deren Dielen oder Wänden Wasser hervorquillt, dann sollten wir dankbar für dieses Warnsignal sein, das uns vor körperlichen und seelischen Schäden bewahren möchte.

Es geschehen auch Träume, in denen der Träumer in der Badewanne sitzt, während das Wasser steigt und steigt und auf den Boden überfließt. Mit diesem Bild wird meist die gefährdende Situation zu starker Emotionen, die den Träumer in der Realität bewegen, dargestellt.

Wie Sie an den Beispielen sehen, sind Überschwemmungsträume immer Gefahrenträume. Sie deuten auf eine Lebenskrise des Träumers hin, die seinen vollen Einsatz verlangt. – Er sollte in solchen Zeiten öfter einen ruhigen Ort aufsuchen und meditieren.

Ich habe etwas ausführlicher über das Traumbild Wasser berichtet, damit Sie einen Eindruck davon bekommen, wie vieldeutig Symbole verstanden werden können. Und nicht nur das Wasser, sondern auch jedes andere Symbol ist ein Gefäß psychischer Energie, eine wirksam und bedeutsam gewordene Kraft, wie es C. G. Jung ausdrückte. Ihm sind Symbole die wichtigsten Mitteilungsträger von den instinktiven zu den rationalen Teilen des menschlichen Geistes. Ihre Deutung bereichert das Bewußtsein, das dadurch die vergessene Sprache der Instinkte wieder verstehen lernt.

Ein Traumbild, das mir nach mehrjähriger intensiver Traumarbeit kam, scheint mir die Richtigkeit dieser Aussage zu beweisen: Ich betrachtete mich im Spiegel, schlug den Hutrand hoch und sah, daß meine Stirn um mindestens zwei Zentimeter höher geworden war. Eine auffallende Nahtstelle zwischen beiden Teilen ließ mich den Zuwachs an Bewußtheit erkennen.

Dieses Spiegelbild, es ist auch als Gemälde vorstellbar, ist ein Symbol, und zwar eines für das bewußte Ich. Keineswegs ist mit Bewußtheit nur der Intellekt gemeint. Es geht um die Geschlossenheit der Person, in der Denken und Fühlen gleichrangig nebeneinanderstehen.

Nicht zu ersetzende Helfer für die anspruchsvolle Aufgabe, einen solchen Zustand zu erreichen und aufrechtzuerhalten, sind die Träume, die uns ein Leben lang begleiten. Ihnen unser Vertrauen zu schenken und ihre Symbolsprache verstehen zu lernen ist sinnvoll, denn wir erhalten von ihnen zehnfach zurück, was wir an Kraft in die Arbeit mit ihnen investieren.

2. Einige Symbole und ihre Bedeutung

Lassen Sie mich zunächst einen Traum anführen, in dem das Dynamik-Symbol Auto erscheint. Geträumt wurde er von einem älteren Herrn, der gern andere missionierte, um sich selbst in dieser Hinsicht aber einen großen Bogen machte:

Der Bulldog

Ich fahre mit dem Auto eine abfallende Straße hinunter. Aus der rechten Seitenstraße kommt ein Bulldog, stellt sich quer vor den Wagen und blockiert mein Weiterkom-

men. Ich bin wütend, hupe laut und drohe mit beiden Armen. Doch ohne jeden Erfolg. Ich steige aus, um eine Schimpfkanonade loszulassen, wache aber leider auf.

Natürlich war dieser Bulldog kein anderer als der Träumer selbst, das meint eine Wesensseite von ihm – wie schon der Name Bulldog sagt: eine sture, unnachgiebige, rechthaberische, immer mit dem Kopf durch die Wand wollende Seite im Wesen des Träumers. Er verfocht mit einer unglaublichen Starrheit einseitige, vorurteilsbeladene Wertvorstellungen und war ein Prinzipienreiter, ein Grundsatzverfechter von einer Hartnäckigkeit, wie man sie gottlob selten antrifft. Indem er alles Lebendige und Andersartige in der Außenwelt ablehnte, tötete er auch in sich ein Stück Leben und ließ die in ihm angelegten außerordentlichen Fähigkeiten verkümmern. Diese unglückliche Lebenseinstellung kommt natürlich nicht von ungefähr. Massive Ängste in der Kindheit – hervorgerufen durch schwere Krankheiten und Operationen, den frühen Verlust des Vaters und wechselnde Beziehungspersonen – können solch ein starres Verhalten zur Folge haben, das in diesem Traum aufs präziseste dargestellt war – eine Deutung ergab sich fast von selbst...
Doch wollen wir nun weitere Symbole betrachten, um ihren Bedeutungsgehalt besser verstehen zu lernen, das, was sie uns zu sagen suchen, deutlicher erfassen zu können:

Omnibus

Diesem Symbol ist in den Träumen oft eine negative Komponente beigesellt, ich möchte ihm dennoch etwas Positives abgewinnen.

Im Bus werden wir mit vielen anderen Menschen zusammen, also in einem Kollektiv, fortbewegt. Mit dem Symbol will uns der Traum sagen, daß wir noch zu stark den kollektiven Verhaltensmustern verhaftet sind. Automatisch tun wir das, was »man« tut, ohne uns eine eigene Meinung über etwas gebildet zu haben. Wir müssen uns jedoch von dem Kollektiv mit seinen verallgemeinernden Wertvorstellungen differenzieren. Wir müssen eigene Meinungen entwickeln, eigene Entscheidungen treffen und unseren persönlichen Stil finden. Es sind die Träume, die uns diese Aufgabe erleichtern.

Es gibt aber auch zu starke Individualisten, richtige Außenseiter. Sie werden in den Träumen manchmal gezwungen, in einen überfüllten Omnibus zu steigen. Dadurch wird ihnen signalisiert, daß das Zusammenleben der Menschen eben auch Einordnung, Anpassung und Rücksichtnahme auf Bedürfnisse und Gefühle der anderen verlangt.

Fahrrad

Radfahren bedeutet im Traum das Einsetzen der eigenen Kräfte. Seinem Reifezustand entsprechend wird der Träumende mit diesem Fortbewegungsmittel die erstaunlichsten Erfahrungen machen. Dem einen fällt es plötzlich auf, daß er auf einem Kinderfahrrad sitzt und die Beine auf der Erde schleifen. Ein anderer hat ein geborgtes Fahrrad, mit dem er nicht recht vorwärts kommt. Auch ein verbogenes und tausendmal geflicktes wird seinen Fahrer nicht weiterkommen lassen: Man erlebt Pannen, hat unnötige Schwierigkeiten, macht immer wieder dieselben Fehler und dreht sich im Kreise, wenn man noch mit kindlichen Verhaltensweisen operiert, seinen

Kräften mißtraut, sich immer auf die Hilfe der anderen verläßt oder starr am Alten festhält und keine Veränderung zuläßt.

Dies alles können uns die Träume mit dem Fahrradsymbol vermitteln, um zum Nachdenken anzuregen. Wir dürfen uns jedoch freuen, wenn das Radfahren im Traum reibungslos vonstatten geht. Wir spüren dann sehr genau, wie auch unser Selbstvertrauen reibungslos zugenommen hat und eigene Wege zu suchen und zu finden nicht mehr Ängste in uns auslöst.

Eisenbahn und Lokomotive

Sie versinnbildlichen unsere Lebensreise, die auf vorgeschriebenen Gleisen abläuft. Fahrzeuge auf Schienen, wie auch die Straßenbahn, haben die Bedeutung eines von der Gesellschaft vorgeschriebenen Weges.

Die Lokomotive ist Symbol psychischer Kraft und Leistung, die uns in dem, was wir verwirklichen wollen, weiterbringt. Ist sie klein, unmodern und alt, fährt der Träumer noch mit Kräften, die ihm nicht mehr ausreichen, wird von Verhaltensweisen bestimmt, die er sich in der Kindheit angeeignet hat. Sie zu verändern und sich der eigenen Kraft bewußt zu werden muß seine Aufgabe sein.

Weiß er dagegen nicht, wohin mit seiner Kraft und seinem Temperament, kann vielleicht auch ihm der folgende Traum einer Frau mittleren Alters begegnen: Ich gehe auf einer sehr schmalen Brücke über einen Fluß. Plötzlich kommt mir mit ungeheurer Vehemenz eine Lokomotive entgegen. Obwohl mich fast der Schlag trifft, kann ich mich doch noch retten und ins Wasser fallen lassen.

Die Träumerin, geistig sehr interessiert und aufgeschlossen, wollte ein neues Ufer gewinnen. Dort landet man, wenn man eine alte, nicht mehr zu einem passende Lebenseinstellung überwunden hat. Dies ist immer ein Wagnis und findet auf der Brücke, auf welcher die Träumerin unterwegs ist und vom Alten zum Neuen schreitet, den symbolhaften Ausdruck. Die Lokomotive, die sie am Übergang hinderte, war ihr eigenes Ungestüm, ihre ungebändigte Kraft, mit der sie sich allzuoft selbst überfuhr.

Häufig sind auch Träume, in denen der Zug verpaßt wird. Der Träumer trödelt herum, beschäftigt sich mit unnötigen Dingen und muß dann zum Bahnhof hetzen, um den Zug gerade noch abfahren zu sehen. Wieder einmal hat er eine Chance in seinem Leben verpaßt. Er ist nicht zielstrebig genug gewesen, kann keine Schwerpunkte setzen, nicht zwischen Wesentlichem und Unwesentlichem unterscheiden und wird blockiert von ungelösten Konflikten, die meistens aus der Kindheit stammen.

Auch derjenige, der sich selbst und anderen mißtraut und niemals ein Risiko eingeht, dem fährt der Zug immer vor der Nase weg.

Kommen Sie im Traum immer zu spät und müssen dem abfahrenden Zug nachjagen, dann fragen Sie sich: In welcher Situation meines Lebens verhalte ich mich augenblicklich falsch, so daß ich die Lebensreise nicht fortsetzen kann?

Flugzeug und Fliegen

Fliegen wir im Traum mit dem Flugzeug, kann das eine positive Bedeutung haben, denn das Flugzeug ist ein Symbol für weitreichende Gedanken und Ideen, für neue Einsichten, die nach Verwirklichung drängen. (In unserem technischen Zeitalter ist es das Flugzeug im Traum, das diesen Vorgang versinnbildlicht, während es in früheren Zeiten die wilden Vögel waren, die allerdings auch heute noch mit derselben Bedeutung in unsere Träume kommen.)

Gar nicht selten sind im Traumgeschehen Flugzeugabstürze, die wir erleben oder nur beobachten. Dabei gehen dann längst überfällig gewordene Einstellungen – vielleicht ein zu gewalttätiger Wille oder eine nicht mehr zu haltende Illusion – zu Bruch.

Damit meine Ausführungen besser verständlich werden, gebe ich Ihnen wieder ein Beispiel. Es ist ein eigener, mit starken Emotionen besetzter Traum, wie er hin und wieder ähnlich von meinen Seminarteilnehmern erlebt wird:

Fliegertraum

Ich sitze im Flugzeug, mir gegenüber mein Mann. Während unter uns Berge, Wälder und Täler dahingleiten, sage ich zu ihm: »Du brauchst keine Angst zu haben«, und blicke dabei auf den Flugzeugführer, der neben mir steht. Er hat ein markantes Gesicht mit einem ausgeprägt willensstarken Kinn, womit er mich an den Duce erinnert. In der Hand hält er einen langen Zügel, damit scheint er das Flugzeug zu dirigieren. Plötzlich aber heißt es, wir stürzen ab. Ich sage: »Also doch!«, und verliere das Bewußtsein.

Als ich wieder zu mir komme, wache ich auf und habe das Gefühl, ich sei erst wirklich zum Leben erwacht.

Was in diesem sehr klaren und eindrucksvollen Traum abstürzte und verging, war der Teil meines Ichs, der glaubte, alles mit Gewalt erzwingen zu können. Dahinter verbargen sich, wie der Flugzeugführer bewies, der ja auch ein Seelenteil von mir repräsentierte, Machtgier und Machtrausch, die nur Unheil bringen. Wer von einem übermächtigen Eigenwillen besessen ist, versucht immer, sich auf Kosten des eigenen Körpers oder unter Nichtachtung der Bedürfnisse anderer durchzusetzen. Gejagt von heimlichen Ängsten, kann er keine Niederlagen ertragen und will immer obenauf sein. Nichts kann er geschehen lassen, kann nicht in Ruhe zusehen, wie etwas wächst und sich entwickelt, denn sein Vertrauen in Welt und Leben ist gering und sein Gefühl längst verkümmert.

Mir jedoch schien das durch die Traumarbeit alles bekannt, denn sonst hätte der Traum nicht einen derartigen Verlauf nehmen können. »Du brauchst keine Angst zu haben«, hatte ich zu meinem Mann gesagt, der im Traum ja auch ein Wesensteil von mir ist, und mit dem »Also doch« bekundete ich mein Einverständnis zu dem Absturz, der ja bildhaft die Aufgabe des übermächtigen Eigenwillens darstellte, die Unterordnung unter den Willen eines Höheren, womit ich die Führung Gottes meinte. Ein machtgieriger Ich-Anteil mußte sterben, um mich von meiner unbewußten Getriebenheit zu befreien. Der Untergang bedeutete einen neuen Anfang, und jetzt erst kann ich die Goethe-Worte voll und ganz verstehen: »Und solang du das nicht hast, dieses Stirb und Werde, bist du nur ein trüber Gast auf der dunklen Erde.«

In der Auseinandersetzung mit den zerstörerischen Mächten in uns liegt Bewegung, die Wandlung verheißt. Sie geschieht über den Tod, den wir in unser Leben einbeziehen müssen und der uns dann – so paradox es auch klingen mag – eine Sicherheit der inneren Lebensführung verleiht.

Wenn mein Leben von den Träumen entscheidend bestimmt wird, so auch deshalb, weil ich in ihnen die Förderer des Prozesses von Stirb und Werde erkenne. Mit starken Emotionen aufgeladen, erschüttern sie nicht nur, sondern bauen zugleich auch auf und verbessern die seelische Lage. Immer sind sie zum Wohl des Träumers am Werk, und es geht ihnen um seine Entwicklung und Reifung, vorausgesetzt, er scheut die Auseinandersetzung mit ihnen nicht, um sich seinen eigenen Standpunkt zu erarbeiten. Bedeutet doch Reifung ein Offensein für das äußere und innere Leben und die dauernde Bereitschaft, sich anzueignen, was zu einem paßt, und abzustoßen, was sich überlebt hat.

Fliegen wir in den Träumen ohne Flugzeug, kann dieser Vorgang durchaus eine positive Bedeutung haben. Es kommt immer darauf an, wie wir ihn erleben und von welchen Gefühlen wir bewegt werden. Furchtlos wie ein Vogel zu fliegen oder wie eine Windsbraut über den Himmel zu jagen setzt Kräfte frei und stärkt das Selbstvertrauen. Wir merken es daran, um wie vieles leichter uns die Abwicklung und die nie enden wollenden Forderungen und Aufgaben des Alltags fallen, und an dem zwangloseren Umgang mit Menschen, Situationen und Dingen.

Fliegen wir über unsere Stadt dahin und blicken hinab auf Häuser, Werkstätten, Büros, Schulen und unsere Arbeitsstätte, mahnt uns das Unbewußte mit diesem Traum, Abstand von unserem Leben zu nehmen. Wahrscheinlich stecken wir im Moment tief in Schwierigkeiten, haben den Überblick verloren und wissen nicht ein noch aus. Vielleicht hilft uns nun der Hinweis des Traumes, der bei dem Dichter Joseph von Eichendorff mit den Worten »Was nützt dein kleines Erdenleid, du mußt es überfliegen« zu einem Gedicht ward.

Möglicherweise fühlen Sie sich nicht wohl dabei, wenn Sie im Traum ohne Flugzeug fliegen, und sind unsicher. Dies kann bedeuten, daß Sie es sich im Leben zu leicht machen, über die Probleme hinwegfliegen.

Ein Mann in den Fünfzigern wurde in seinen Träumen immer wieder von Flugzeugen beunruhigt. Sie bedrohten ihn in allen möglichen Situationen. Er suchte vor ihnen Schutz in verschiedenen Gebäuden, in Kellern und im Wald. Wir meinten zunächst, in diesen ewig wiederkehrenden Träumen sollte die Angst vor den Bombenangriffen im letzten Krieg verarbeitet werden. Erst nach geraumer Zeit stellte sich heraus, daß dieses Problem zweitrangig war. Dahinter verbarg sich ein anderes, viel wichtigeres, das noch aus der Kindheit stammte. Ein Traum brachte die Lösung und damit den Anstoß, in einer neuen Richtung weiterzuforschen.

In diesem Traum stand der Mann in der Wohnung seiner Kindheit am Küchenfenster. Auf einmal sah er ein schlankes Flugzeug frontal auf sich zukommen, dessen Flügelkanten aufblitzten. Vor Schreck wachte er auf und wußte noch im gleichen Augenblick, daß es die aufblitzenden Augengläser seines Vaters gewesen waren.

Die kindlichen Ängste vor dem Vater, der sich keineswegs streng, doch immer kühl und distanziert gegeben hatte, mußten wiedererlebt werden und die Auseinandersetzung mit dem Vaterbild einleiten. Das bedeutete auch einen Krieg im Inneren des Träumers, wie er ihn außerhalb seiner selbst in den Träumen erlebte.

Schiff

Schiffsträume haben ihre besondere Bedeutung, denn das Schiff führt uns über das Meer des Unbewußten und kann an einem Ufer landen, wo den Träumer ein neues Leben erwartet.

Eine junge Frau, die eine Totaloperation hinter sich hatte und in Depression verfallen war, wurde nach einigen Monaten intensiver Arbeit an sich und ihren Problemen von einem wunderschönen Traum beglückt:

Das weiße Schiff

Ich sitze auf einem Stein in einer Bucht am Meer. Ich verspüre Lust, ins Wasser zu gehen, und schwimme auch schon in kräftigen Zügen weit ins Meer hinaus. Als ich mich umdrehe, sehe ich wieder den schönen, menschenleeren Strand. Ich fühle mich unendlich wohl, weit und breit kein Mensch, der mir folgen könnte. So müßte es immer sein, ist mein einziger Gedanke. Doch als ich im Nebel ein Kriegsschiff ausmache, schwimme ich darauf zu und klettere auf einer Leiter am rostigen Rumpf ins Innere. Ich nehme viele Kanonen wahr, fühle mich sicher und geborgen und setze mich hin, um immer hier zu bleiben. Rings um mich herum wieder das schwarze, stille Wasser. Ich genieße das Alleinsein, das mir eine innere Ruhe bringt. Dann aber entdecke ich am Horizont einen hellen Schein, der größer und größer wird und schließlich das Meer als eine silbern glitzernde Fläche erscheinen läßt. Ein weißes Schiff kommt immer näher auf mich zu und bleibt dann schließlich stehen. Mit einemmal befinde ich mich selbst auf diesem Schiff. Hier wird gefeiert. Viele fröhliche, festlich gekleidete Menschen bewegen sich hin und her. Ich geselle mich zu ihnen, um mitzufeiern.

Es war die Aktivität der Träumerin, die erkennen ließ, daß sie ihre Depression überwunden hatte. Zunächst erlebte sie noch einmal ihre depressive Phase im Traum: Einsamkeit, Menschenscheu, Kriegsschiff, Kampf, dunkles Wasser. Doch sie hat den Sprung ins Wasser, ins Leben, geschafft und spürt wieder ihre Kräfte. Auf dem verrosteten Kriegsschiff mit den Kanonen, ihre Seelenverfassung, erlebt sie dann den Sonnenaufgang, der Bewußtheit dessen, was sie durchgemacht hat. Sie kann es abschütteln, überwinden und überwechseln auf das schöne weiße Schiff und wieder mit Menschen vereint ein Fest feiern und in dankbarer Freude einen Lebensabschnitt beschließen, den sie verarbeitet hat. Sie wird sich von dem Vergangenen nie mehr beunruhigen lassen.

Sie werden verstehen, wie in diesem Traum die beiden Schiffe auch die Person der Träumerin meinen, mit allen hellen und dunklen Seelenräumen. In ihnen lagen fest verschlossen Schmerz, Wut und Verzweiflung, die sie nicht zugelassen hatte. Die Folge war eine Depression, die sich über viele Wochen hinzog.

In einer mit Träumen arbeitenden Selbsterfahrungsgruppe war ihr dann die Möglichkeit eröffnet, ihre Not herauszulassen, sie unter Tränen auszusprechen, um mit ihr fertig zu werden. Es dauerte eine geraume Zeit, bis der Schmerz überwunden war und die neue, vom Traum gespiegelte Situation zu den schönsten Hoffnungen berechtigte.

In den Träumen unterwegs zu sein, zu Fuß oder in den verschiedensten Fortbewegungsmitteln, heißt auch immer, in Gedanken unterwegs zu sein. Wir laufen oder fahren durch unsere Träume und machen Erfahrungen. Doch heißt Erfahrung haben noch nicht Erfahrung besitzen. Sind es doch erst die reflektierten Erfahrungen, die dem Leben, das auf Veränderung angelegt ist, neue Impulse geben.

Mir kam es immer so vor, als sei ich in meinen Träumen,

wegen einer Handvoll neuer Einsichten, mindestens dreimal um den Erdball gelaufen. – Fahren wir aber nun in der Betrachtung der Symbole fort.

Haus

Eine Frau kam zu mir in die Sprechstunde und erzählte, sie träume sehr viel, könne sich aber leider selten an den Inhalt erinnern, nur daran, daß sie es permanent mit alten Häusern zu tun hat.

Im weiteren Verlauf des Gespräches erzählte sie von den Schwierigkeiten, die sie mit ihrer Mutter hatte. Und schon wurde die Symbolik der alten Häuser transparent.

Es ist der durch Räumlichkeiten dargestellte menschliche Leib, der im Symbol Haus eine gewisse Beständigkeit zugeschrieben bekommt. Das Innere des Hauses, sozusagen die Räume der Seele, stehen für ihre Bereiche: der dunkle Keller für das Unbewußte, in dem mancher Träumer noch eine Falltür entdeckt, die in noch weitere Tiefen führt. Die Wohn- und Arbeitsräume deuten Tätigkeiten aller Art an, die geistigen eingeschlossen. Die obersten Stockwerke, die dem Träumer einen Ausblick ermöglichen, haben etwas mit der Gehirntätigkeit und der Fähigkeit des Erkennens zu tun. Auf dem Dachboden darüber, dem immer etwas Geheimnisvolles anhaftet, liegt unter altem Plunder verborgen, was wir verdrängt und vergessen haben. Das Dach kann als schützende Schädeldecke verstanden werden.

Ein junges Paar hatte eine schwere Beziehungskrise glücklich überstanden. Nach der Auseinandersetzung erlebte die junge Frau einen Traum. Sie saß auf dem Dach ihres Hauses und besserte mit ihrem Mann die Ziegel aus. Beide hatten zueinandergefunden, und unter dem gemeinsamen Dach konnte wieder die Liebe einziehen. Die Schlafräume weisen meistens auf Sexualität hin. Die wärmeausstrahlende Küche ist ein Bereich des Mütterlichen, versinnbildlicht walten Fürsorge und Liebe über brutzelnden Pfannen und kochenden Töpfen. Die Früchte der Erde werden in verdauliche Speisen verwandelt, um die lieben Nächsten an Leib und Seele zu stärken: Es liegt ein Hauch von Alchimistenküche über dem Geschehen, das mit Wandlung und Information zu tun hat.

Zur Intimsphäre des Hauses gehören Bad und Toilette. Mit dem Bad symbolisiert der Traum sowohl körperliche wie auch seelische Reinigung. Über Toilettenträume, die uns im Traum erscheinen, sollten wir uns freuen – bedeutet doch der Vorgang auf diesem Örtchen, dessen Tür früher ein Herz zierte, nur Positives: Wir befreien uns von dem, was ausgesogen, verdaut und seine Schuldigkeit getan hat. Genauso müssen wir uns von dem befreien, was unsere Seele an Verletzungen, Beleidigungen, Erniedrigungen, Enttäuschungen erlebt hat und verarbeitet. Sie konnte es aber nur verarbeiten, wenn wir ihr dabei halfen, wenn wir mutig genug waren, uns noch einmal mit den seelischen Verletzungen gefühlsmäßig auseinanderzusetzen, sie noch einmal durchlebten und durchlitten, um nach dieser Trauerarbeit endlich alles loszulassen. Dieser Befreiungsakt erlöst uns von dem inneren Druck, der allzuoft Migräne, Herzattacken und Gallenkoliken verursacht. Wie schwer das Loslassen ist, zeigen uns die vielen Träume, in denen wir auf der Suche nach einer Toilette sind. Wir müssen so nötig, irren umher, laufen verzweifelt hierhin und dorthin und können und können sie nicht finden. Entdecken wir endlich eine, dann hindern uns eine fehlende Tür, offenstehende Fenster und neugierige Zuschauer an dem befreienden Vorgang. Doch wir müssen Ballast abwerfen, soll der Kreislauf des Lebens nicht stocken.

Die Treppen des Hauses verbinden als Symbol die verschiedenen Bezirke unserer Persönlichkeit. Ist das Geländer brüchig oder fehlt eine Stufe, besteht in uns ein gewisses Gefühl der Brüchigkeit und Haltlosigkeit. Die Innenräume des Hauses sind umschlossen von einer Fassade, die mehr oder weniger gut gegliedert sein kann. Wir sprechen abfällig von einem Menschen, der eine zu glatte Fassade besitzt. In Brüstung und Balkon des Hauses ist die Herzgegend des Menschen versinnbildlicht. Wenn in den Träumen auf dem Balkon der wilde Wein zu üppig wuchert, spricht er von ungebändigten Leidenschaften, die, nicht immer ausgelebt, sich auch nur in Gedanken vollziehen können. Sind dagegen die Blumen und Pflanzen in den Kästen vertrocknet, ließ der Träumer seine Gefühle verkümmern. Der Träumer, der das Lebendige zu gießen vergißt, versagt auch seiner Seele die Nahrung, so daß Phantasie und Gefühle zu welken beginnen. Die Fenster des Hause deuten – je nachdem, wieviel Helligkeit sie einlassen – an, wie bewußt oder unbewußt der Träumer lebt.

Alte Häuser und kleine, die an Hexenhäuser erinnern, spielen in den Träumen auf Vergangenheit an. Eine Frau, die im Traum zögernd vor einer Brücke haltmachte, welche in ein kleines Haus führte, traf die rechte Entscheidung, indem sie weiterging und auf eine Brücke zusteuerte, die einen Fluß überspannte. In kleinen Häusern kann eine Mutter walten, die ihre Kinder der Freiheit beraubt, sie nicht losläßt und von sich abhängig macht. Immer wieder zieht es uns zurück in kleine Häuser, wo, wie wir meinen, eine Mutter uns die Verantwortung abnimmt, so daß sich unser Leben müheloser vollzieht.

Ein Träumender, der an der Fassade eines Hauses hinauf-
klettert, möchte noch einmal auf den Arm der Mutter, in
deren Umschlingung er sich so geborgen fühlte.

Ein Mann, der lange fastete, um wieder in seinen Skian-
zug zu passen, beobachtete im Traum ein zusammenstür-
zendes Haus und schwankende Berge. Der Traum war
beeindruckend genug, und die Einsicht, Fasten nicht mit
schwerer körperlicher Arbeit verbinden zu können, ließ
ihn zu Mutters Fleischtöpfen zurückkehren...

Die Stadt

Die Stadt symbolisiert den Wohnbezirk der Seele, informiert über unseren Seelenzustand und läßt erkennen, ob
wir Fortschritte auf dem Weg zu uns selbst gemacht haben.

Wer sich im Traum in eine Stadt begibt, in der Dunkelheit herrscht, hat noch nicht den vollen Umfang seiner
augenblicklichen Problemsituation erfaßt.

Irrt er durch Straßen, ist desorientiert und hält verzweifelt Ausschau nach Straßenschildern, so steht er unter einem inneren Druck, und seine Unsicherheit ist groß.

Wer zu Fuß oder im Auto an eine Straßenkreuzung gerät
und weiß, wo es langgeht, wird sich in der Realität nicht
mehr vor Entscheidungen drücken.

Werden wir in Bäcker-, Fleischerläden und Supermärk-
ten gut bedient, haben wir keine Schwierigkeiten mit der
Bezahlung – mit dem Geld, das ja unsere Energie versinnbildlicht –, dann erhalten wir, was wir wollen: Wir kommen auch mit den Notwendigkeiten des täglichen Lebens
gut zurecht.

Treffen wir die Kirche in hinteren, verwinkelten Gassen
an, sollten wir uns fragen, ob wir vielleicht eine falsche

oder eine noch aus der Kindheit stammende Einstellung zur Religiosität haben.

Weitere Kriterien sind, welchen Gesamteindruck die Stadt auf uns macht und ob wir vielleicht etwas Neues in ihr entdecken. – Doch dazu als Beispiel der Traum einer Frau:

Der Rosengarten

Beschwingt wandere ich durch die Stadt, in der ich wohne, und freue mich an den sonnenbestrahlten Häusern mit ihren Blumenkästen. Ich blicke zur Burg hinauf, überquere den Marktplatz, auf dem lebhaftes Treiben herrscht.

Schließlich komme ich in eine Straße, in der mich ein altes Tor fesselt. Vorsichtig drücke ich die Klinke und gehe zögernd hindurch. Ein blühender Rosengarten, in allen Farben prangend, empfängt mich, der von einem Haus mit vielen kleinen, von roten Rosen umrankten Fenstern begrenzt wird. Entzückt atme ich den Duft ein, schlendere auf den Wegen, bis ich an das Nachbargrundstück stoße. Es ist von Unkraut überwuchert und erregt mein Mißfallen.

»Daß zu den Rosen doch immer gleich die Dornen gehören!« dachte die Träumerin nach dem Aufwachen seufzend, und auch daran, wieviel Arbeit es kosten würde, dieses verwilderte Seelengrundstück, das sich in einer Ecke hinter den Häusern verborgen hielt, zu beackern. Doch ein Blick auf den Rosengarten, als Bestätigung ihrer gelungenen Arbeit an sich selbst, der ja Freude, Liebe und Freundschaft versinnbildlicht, machte sie wieder froh.

Labyrinth

Die Stadt als Symbol hat auch einen weiblichen Aspekt und kann je nach dem Traumgeschehen die kollektive Mutter verkörpern.

Irren Träumer oder Träumerinnen durch enge verwinkelte Gassen einer Stadt, einen Irrgarten oder unterirdische Gänge und suchen verzweifelt nach einem Ausgang, läßt das auf einen Mutterkomplex schließen.

In den Sagen der alten Welt stellt das Labyrinth den Leib der Erdmutter dar. Das Eindringen in das Labyrinth kommt einer Rückkehr in den Mutterschoß gleich. So kann ein derartiger Traum den Träumer anregen, sich mit dem in der Kindheit entstandenen Mutterbild, nicht mit der Mutter selbst, auseinanderzusetzen, um das eigene illusionäre Verhalten zu durchschauen. In welche seelischen Tiefenschichten, in den Mythos und Magie hineinwirken, dieser Erkenntnisweg führt, zeigt der Labyrinthtraum, den ich nach einem Jahr kontinuierlicher Arbeit träumte:

Labyrinthtraum

Ein kleines Mädchen kommt auf mich zu und nimmt mich an der Hand. Wir gehen ein paar Schritte, dann fassen wir uns an beiden Händen und tanzen miteinander. Anschließend mache ich mit ihm eine Bergwanderung und komme allein wieder zurück. Plötzlich bin ich in ein Labyrinth geraten, in dem ich angstvoll umherirre und nicht wieder herausfinden kann. Ein glühendes Rund, wie ein feuriges Auge am Fuß eines Felsstückes, läßt mich zu Tode erschrecken.

»Gleich wird eine Feuersbrunst ausbrechen«, denke ich,

taumle zurück und jage wieder durch das Steinlabyrinth. Endlich ertaste ich mit dem hochgereckten Arm an der rechten Felswand eine Öffnung. Es gelingt mir, mich hindurchzuzwängen und ins Freie zu gelangen. Nun stehe ich noch schwankend und unsicher auf einem schmalen Sandplateau und bin dem Himmel sehr nahe. Tief unter mir erblicke ich ein sonnenbeschienenes Tal, von dem ich aber so weit entfernt bin, daß ich weder Häuser noch Menschen erkennen kann. Meine Unsicherheit verschwindet, als ich, mich umblickend, bemerke, daß ich jetzt auf dem breiten, schwach abfallenden Bergrücken bequem abwärts steigen kann. Damit endet der Traum.

Mythen und Märchen werden nicht mit dem Kopf erdacht, sondern quellen in ungeahnter Fülle und farbiger Lebendigkeit aus den Tiefenschichten unserer Seele hervor, und das Bewußtsein, das noch mit ihnen verbunden ist, kann sie aufnehmen und gestalten. Umgekehrt sind sie wieder Nahrung für die Seele, wenn wir Märchen lesen oder Lust verspüren, selbst welche zu gestalten.

Indem mich der Traum in das Labyrinth eines Mythenreiches führte, wo ich mich gefangen sah und verzweifelt nach einem Ausweg suchte, zeigte mir das Geschehen meinen Kampf um Selbständigkeit und Freiheit und um Befreiung von der Bindung an die Mutter. Denn Höhle und Labyrinth, Hütte und Haus sind Muttersymbole, für die sich kein umfassenderes Bild hätte finden lassen können.

Nachdem mich meine Träume lange genug gezwungen hatten, mich mit dem Problem der Blindheit auseinanderzusetzen, war eine Zeit gekommen, in der sie mir in ihrer Bildersprache meine starke Mutterbindung klarmachten. In der reflektierenden Auseinandersetzung mit der persönlichen Mutter war mir meine infantile Haltung sehr deutlich geworden, was jedoch einen in vielen Träumen sich entwickelnden langwierigen Prozeß des Verstehens voraussetzte. Die sich daraus ergebende wichtigste Einsicht war: Die Mutterimago – die vorgestellte Mutter – bleibt das ganze Leben hindurch wirksam und wird auch auf andere Menschen übertragen, indem man an sie die gleichen Ansprüche stellt wie einst an die Mutter. Deshalb muß das Kind, das in jeder Frau und in jedem Mann lebt, erwachsen werden, will man der imaginären Steuerung entgehen, um eigenständig handeln zu können.

Als weitere Folge der Auseinandersetzung mit der Mutter ergab sich die Prüfung der Normen, ihrer Wertmaßstäbe, Traditions- und Zeitgebundenheit, das setzte sich fort im Vergleich mit eigenen Erfahrungen, Anschauungen und Vorstellungen und endete in dem Beschluß, nicht etwa alles zu verwerfen, wie es mancher junge Mensch so gern aus Protest tut, sondern das als gültig und wahr Erkannte anzunehmen und nur das abzulehnen, was den eigenen, selbsterarbeiteten und schwer errungenen Erkenntnissen nicht entsprach. Sich in vielem in Gegensatz zur Mutter stellen – das gleiche gilt natürlich auch dem Vater gegenüber und all den anderen Personen, die auf uns Einfluß hatten –, bedeutet nicht ihre Abwertung, weil eine gerechte Beurteilung um die eigenen Irrtümer, Fehler und die Zeitgebundenheit das Verstehen der anderen erleichtert.

Ich komme immer wieder auf diesen Traum zurück wegen der magisch-mythischen Ausgestaltung, die dem Mutterproblem eine neue Dimension hinzufügt. Er verliert seinen individuellen Charakter und weitet sich zu einem Problem aus, mit dem die Menschheit vom Beginn ihrer Geschichte an zu ringen hat. Was dahinter aufleuchtet und gefährliche und zwingende Macht besitzt, ist das Problem der »Großen Mutter«, eines Archetyps, in dem die geballte Kraft der Natur, und zwar die außerhalb von uns und diejenige in uns, zum Ausdruck kommt. Auch mit der »Großen Mutter« müssen wir uns auseinandersetzen und mit ihr zurechtkommen.

Das Labyrinth vermittelte mir einen unauslöschlichen Eindruck von der festhaltenden und umklammernden Macht der Mutter Natur, die mit glühender Leidenschaft etwas hervorbringt und gestaltet und es mit derselben Leidenschaft wieder zerstört und vernichtet. Ihr gehört auch der naturhafte, an Trieb und Instinkt gebundene Mensch, den sie nicht aus ihrer Herrschaft entlassen will. Doch des Menschen Doppelnatur verweist ihn, von ewiger Sehnsucht bedrängt und von tiefer Gewißheit erfüllt, auf Transzendenz und läßt ihn nach den Sternen greifen. Hin- und hergerissen zwischen den beiden Polen, bald von dem einen, bald von dem anderen mehr angezogen, muß er kämpfen und sich auseinandersetzen, weil ihm die Gabe des Bewußtseins verliehen ist.

Im Traum konnte ich diesen Kampf anschauen und auch die Angst fühlen, die mich durch das Labyrinth jagte und mich nach einem Ausweg suchen ließ, um der Mutter zu entgehen. Die Flucht war mir gelungen, als ich mich auf einem Berg wiederfand, von dem Abenteuer noch benommen und schwankend, doch dem Himmel und der Gottheit nahe. Aber die Luft war dünn hier oben, und ein Mensch ist nicht dazu geschaffen, sich ihr allzulange auszusetzen. Im Anblick des sonnenbestrahlten, tief unter mir liegenden Tales wußte ich, wohin ich gehörte und wieder zurückkehren mußte.

Der nunmehr sanft abfallende Berg bot sich freundlich an und erleichterte mir die Rückkehr zur Erde, die meine Heimat ist. Denn Mutter Natur hat viele Gesichter, und sie verschlingt nicht nur und zerstört, sondern gibt uns

auch Raum auf ihrer breitgewölbten Erdenbrust und beschenkt uns reichlich mit Früchten und Blumen.

Wenn uns die Erfahrung sagt, daß wir unsere Wurzeln in
der Welt der Natur und auch in der des Geistes haben,
dürfen wir beide nicht trennen, sondern müssen im Ge-
genteil versuchen, sie einander anzunähern, um der
Sinnfülle des Lebens teilhaftig zu werden. »Wer den
Geist will, muß die Natur voraussetzen«, sagte der weise
Goethe, und diese Worte wurden mir in den nächsten
Jahren zum Leitstern.

Was mir der Labyrinthtraum noch kündete, stand am
Anfang seiner Bilderfolgen. Das kleine Mädchen, mit
dem ich mich tanzend verband, bevor wir gemeinsam einen Berg erstiegen, hat, so scheint mir, archetypischen
Charakter und läßt mich an ein göttliches Kind denken.
In seiner Erscheinung liegt die Vorwegnahme künftiger
Ereignisse, die mit seelischer Entfaltung und Reifung zu
tun haben. Es begleitete mich auf einen Berg, was Anstrengung erfordert, und ich weiß aus vergangenen Träumen, daß Bergbesteigung Arbeit an sich selbst versinnbildlicht. Sie ist ein Wagnis, das sich nur in der Verbindung mit und im Vertrauen auf eine Gottheit vollziehen
kann und von daher erst ihren eigentlichen Sinn erhält.

Ohne diese Verbindung konnte ich die tiefschürfenden,
auf Veränderung und Verwandlung meiner Persönlichkeit ausgerichteten Kämpfe, wie sie in diesem Traum angesprochen sind, gar nicht bestehen, wenn nicht alles aus
den Fugen geraten sollte. Nur in Verbindung mit den
göttlichen Mächten konnte ich das gefährliche Traum-
abenteuer durchleben und die ausweglose Situation meistern. Hätte ich meine Freiheit nicht wiedererlangt, wäre
das ein böses Omen gewesen, das seelische Krankheit bedeutete. Doch der Traum endete gut und sprach von meiner wirklichkeitsnahen, bewußten und von Vertrauen

getragenen Beziehung zu der eigenen Trieb-und-Geist-Natur.

Solange ich mich mit der Natur in mir auseinandersetzte, mußte ich mich immer wieder daran erinnern, daß unser Bewußtsein noch sehr jungen Datums ist und sich aus dem uralten magisch-mythischen Bereich des kollektiven Unbewußten heraus entwickelt hat. Mit kindlichem Stolz auf seine »neuen Erkenntnisse« und voller Macht- und Herrschaftsanspruch sucht sich der Mensch heute von diesen seelischen Tiefenschichten loszusagen und die, wie er meint, primitive Seite seines Wesens abzu-streiten und zu verleugnen. Das bedeutet jedoch Entwur-zelung und die Abtrennung von einem Bereich, in dem noch Lebendigkeit, Ideenreichtum und nie auszuschöp-fende Fülle verschlossen liegen. Erfolgt eine definitive Abkehr von diesen fruchtbaren Schichten, dann rächen sich die beleidigten Naturgötter, und ihr Regiment heißt Angst. Sie hat uns gepackt, und wir suchen ihr mit Ta-bletten, Alkohol- und Drogenrausch, Fernsehberieselung und dummem Aberglauben zu begegnen. Da wir unsere immer weiter fortschreitende innere Verarmung spüren, suchen wir nach einem Ausgleich und finden ihn in über-steigertem Konsum, der aber Langeweile und sinnent-leerten Alltag nicht verhindern kann und uns in einen Teufelskreis bannt, aus dem wir vielleicht nicht mehr herausfinden werden.

Stellen wir uns den selbstzerstörerischen Tendenzen ent-gegen, und lassen wir uns von den Träumen helfen, deren befreiende und heilende Kraft wir am eigenen Leibe er-fahren können! Sie helfen, Ganzsein in und mit der Welt vorzubereiten.

Brücke

Wenn es uns im Traum gelingt, über eine Brücke zu kommen, haben wir ein gutes Stück Seelenarbeit geleistet. Eine Änderung hat sich in uns vollzogen, aus der sich eine neue, der Realität besser entsprechende Einstellung entwickeln wird.

Darf ich noch einmal darauf hinweisen, daß das lockere, gefühlsmäßige und gedankliche Umkreisen der Symbole das Unbewußte anregt, uns Informationen zu schicken. Es gestaltet einen Traum, in dem uns die Symbole neue Einblicke in das Leben eröffnen.

Abgrund

Mancher wird im Traum an einen Abgrund geführt und hält verzweifelt nach einer Brücke Ausschau. Sagen ihm seine Begleiter, er müsse in den Abgrund hinuntersteigen, darf er diesen, seinen personifizierten Seelenteilen, die meistens besser informiert sind als das eigentliche Traum-Ich, Glauben schenken. Mit dem Entschluß hinabzusteigen zeigt sich dann auch schon ein Weg, der oft steil, steinig und mühsam begehbar in die Tiefe führt. Dorthin muß sich der Träumer begeben, um bis auf den Grund seiner Schwierigkeiten zu kommen, die ihm die augenblicklichen Lebensumstände verursachen. Was er hier erlebt, hilft ihm, Klarheit zu gewinnen, aus der heraus er nun die Bedingungen um sich herum sinnvoll zu verändern suchen kann.

Erfolgen jedoch keine Hinweise vor dem Abgrund, wird er umkehren müssen, um nach anderen als den bisherigen Lösungen seiner schwierigen Lebenslage zu suchen.

Fallen mit einem Schwindelgefühl und voller Angst, das ist wohl ein Traum, den jeder schon geträumt hat und nach dem er beim Erwachen heilfroh war, sich ohne Knochenbrüche im Bett wiederzufinden... Wiederholen sich diese von Angst begleiteten Träume, muß man sich ernstlich mit ihnen beschäftigen. Vielleicht hilft der Ratschlag, den ein Therapeut seinen Patienten gab. Sie sollten sich im wachen Zustand folgendes vornehmen: Wenn ich das nächstemal falle, lasse ich den Traum nicht beenden, ich will sehen, wohin ich falle. Ich will fallen, so lange, bis ich angekommen bin. Ich probiere einmal aus, was dann mit mir geschieht.

Jeder, der diesen Ratschlag befolgte, wurde belohnt. Die einen berichteten, sie seien sanft in Bäumen oder Sträuchern gelandet, und andere sprachen von Vogelschwingen, die sie aufgefangen hätten. Jedenfalls ist keiner am Boden zerschellt!

Nachdem sie sich vorgenommen hatten, das Experiment zu versuchen, war bereits der erste Schritt zur Überwindung ihrer Angst getan. Sie hatten sich etwas zugetraut, und der Erfolg bestätigte die eigene Kraft. Sie verspürten am eigenen Leib das neuerwachte Selbstvertrauen, und die Angst vor dem Leben verringerte sich.

Fallträume haben etwas mit der Angst zu tun, dem Leben nicht gewachsen zu sein, vor seinen Aufgaben zu versagen und den Anforderungen nicht zu genügen. Um uns stärker zu machen, werden wir im Traum manchmal aufgefordert zu springen. Wir stehen zögernd vor einer Tiefe, und eine innere Stimme sagt: Spring! Können wir die Angst überwinden und der Aufforderung folgen, werden wir erstaunliche Erfahrungen machen.

Eine Frau sah sich im Traum, nach dem Sprung in die

Tiefe, einem Elektrizitätsumschaltwerk gegenüber, auf dem ein großer Anker war. Sie verstand das Symbol, und die drei Wörter Glaube, Liebe, Hoffnung gewannen mit einemmal für sie wieder an Bedeutung. Sie erkannte, daß ihrer bisherigen Lebenseinstellung etwas mangelte, und sie schaltete um. Sie gewann langsam, aber stetig wieder Vertrauen zum Schöpfer, zu sich selbst und zu ihren Mitmenschen.

Bahnhof

Haben wir die abenteuerliche Reise ins eigene Innere begonnen, befinden wir uns im Traum oft auf Bahnhöfen, um zu erfahren, wie es weitergehen soll. Wir fragen und erhalten Auskünfte von Bahnbeamten, welche die besser informierten Seiten unseres Wesens verkörpern.
Wir erfahren, ob ein Zug einfährt oder ein anderer bereits abgefahren ist. Wir werden auf Umsteigmöglichkeiten und neue Richtungen hingewiesen.
Häufig läßt uns der Schaffner nicht passieren, weil wir eine falsche Fahrkarte haben oder zu wenig Geld, um eine neue zu kaufen.
Dann müssen wir warten, manchmal auch in Wartesälen, wo wir durch Begegnungen mit anderen Menschen Wichtiges erfahren.
All dies auf die seelische Ebene zu übertragen und zu fühlen, daß es hier nicht um Äußerlichkeiten geht, sondern um die eigene seelisch-geistige Veränderung, ist für eine erfolgreiche Traumarbeit vonnöten. Infolge der inneren Veränderung, und das werden wir bald merken, verändert sich auch draußen etwas, und das Leben wird um vieles leichter.
Befinden wir uns jedoch auf einem unbekannten Bahn-

hof, dazu noch an einem unbekannten Ort, treten schicksalhafte Veränderungen ein, die weder geplant noch gewollt sind.

Eine ältere Frau träumte, daß sie sich mit ihrem Mann auf einem Bahnhof befand, der einsam und verlassen dalag. Sie konnte sich nicht recht orientieren, suchte nach einem Gasthaus, um sich erst einmal zu stärken. Sie fand auch eins, »Zum Hirschen«, doch die Tür war verschlossen. Die Stimmung des Traumes, dunkel und befremdend, beunruhigte die Träumerin sehr. Bald nach diesem Traum verstärkten sich die Schwierigkeiten, die sie mit ihrem Mann hatte, dessen allzu weites Herz für Frauen im Alter durch Unmengen von Alkohol kompensiert worden war. Nicht von ungefähr hieß der Gasthof im Traum »Zum Hirschen« und war geschlossen.

Ein Jahr nach diesem Traum kam der Mann durch einen Autounfall ums Leben. Ihr Unbewußtes hatte viel früher und genauer gewußt, was für ein Schicksal, das vieles verändern würde und worauf sie keinerlei Einfluß hatte, ihr bevorstand.

Gepäck

In verschiedenartiger Gestalt wie Koffer, Handtasche, Rucksack, Schachtel und Paket symbolisiert es in den Träumen Kraft und Potenz, einschließlich unserer Fähigkeiten, Lebensinhalte und Pläne.

Dies alles bedeutet unser Eigentum, gehört gewissermaßen zum Umfang der Persönlichkeit mitsamt den Bedürfnissen und Kraftreserven. Wir dürfen daher nicht leichtfertig mit ihm umgehen und es verlieren. Wir müssen aber aufpassen, daß wir nicht zuviel hineinpacken und alten Ballast mit herumschleppen: Es könnte auch ein Koffer der Eltern sein, von dem wir uns natürlich trennen müssen.

Wie man mit seinen Potenzen umgehen kann, wird im Traum einer älteren Frau anschaulich:

Der Koffer

Ich befinde mich auf einer Wanderung, mit einem schweren Koffer an der Hand. Es begleiten mich Neffe und Nichte, die Rucksäcke auf dem Rücken tragen. Allmählich steigt der Weg an, wird schwieriger, bis er in schmale Grate einmündet. Der schwere Koffer hindert mich am Weitergehen, und ich stelle ihn einfach ab. Dennoch habe ich Schwierigkeiten, mich auf dem schmalen Weg zu halten, um nicht abzustürzen.

Die Szene, die das Unbewußte mit diesem Traum entwirft, ist leicht durchschaubar: Die Frau war daran gewöhnt, sich immer mehr aufzubürden, als sie tragen konnte. Im Traum erlebte sie sich nun in dieser Situation. Solange der Weg, ihre Lebensweg, noch einigermaßen eben dahinlief, ließ sich die Last bewältigen. Als er aber in eine Steigung überging, also die Lebensumstände schwieriger zu werden begannen, reichten die Kräfte nicht mehr aus, und es kam zu einer Kurzschlußhandlung: Der Koffer wurde einfach abgestellt, und die Trägerin begann, auf den schmalen Graten, in die sich der Lebensweg verwandelt hatte, zu balancieren. Da sie sich aller Kraftreserven beraubt hatte, schien der Absturz in die Krankheit unvermeidlich.

Eine etwa sechzigjährige Frau zeigte in einem ähnlichen Traum mehr Einsicht. Als ihr der Koffer zu schwer wurde, stellte sie ihn ab, öffnete ihn und sah zunächst einmal nach, was er alles enthielt. Ihr Blick fiel auf die alte Kanne aus Aluminium, in der ihre Mutter immer die Milch geholt hatte. Daneben lag eine aufgerollte Wäscheleine, und in der Ecke gegenüber entdeckte sie wahrhaftig den rotbestickten Klammerbeutel, den sich die Mutter immer umgebunden hatte, wenn sie Wäsche aufhängen wollte.

Nach dem Aufwachen überfielen die Träumerin von allen Seiten die Erinnerungen an die Kindheit. Und sie fragte sich erstaunt, ob da wohl noch Abhängigkeiten von der Mutter bestünden. Die aufgerollte Wäscheleine ließ an Abnabelung denken. Aber wie verhielt es sich mit den beiden anderen Symbolen?

Die Milchkanne erinnerte sie an die lebenspendende Nahrung, die ihr in jeder Form, ohne daß sie einen Finger zu rühren brauchte, durch die Mutter zuteil geworden war. Sehnte sie sich nicht oft heimlich nach der mütterlichen Fürsorge und Liebe, wenn der Alltag zu hart mit ihr umging. Und mit dem Klammerbeutel schien doch wohl gemeint zu sein, daß sie sich zu sehr an Menschen anklammerte, seien es nun der Partner, Verwandte, gute Freunde und Bekannte, die sie dringend brauchte, mit Gewalt festhielt, von denen sie in jeder Hinsicht abhängig war und ohne die sie sich – ihrer eigenen Kräfte unbewußt – schwach, einsam und verlassen fühlte.

Bei jedem Menschen hat sich das Mutterbild aus der Kindheit verfestigt und ist noch im Erwachsenenalter wirksam. Er überträgt das selbsterschaffene Mutterbild, das keineswegs der Realität entsprechen muß, auf Personen und Institutionen, zuallererst aber auf den Partner. Daß sich mit dieser Hypothek keine befriedigende Beziehung aufbauen läßt, ist leicht einzusehen. Daher ist die Ablösung von der Mutter eine Aufgabe, die uns allen aufgegeben ist, wollen wir nicht ewig Kind bleiben.

Kleidung

»Kleider machen Leute«, sagt man, und wie einer angezogen ist, danach wird er vielfach beurteilt. Mit der Kleidung repräsentiert der Mensch seine Rolle, die er in der
Gesellschaft spielt. Im Traum ergeben sich mit der Art
der verschiedenen Kleidungsstücke mannigfache Deu-
tungen, die leicht mit vergleichbaren Alltagssituationen
in Verbindung gesetzt werden können.

Eine junge Frau war höchst verwundert über ihren
Traum: Sie erschien auf einer Party im Schlafanzug und
fühlte sich nicht recht wohl dabei. Sie beneidete zwei
junge Frauen, die besonders hübsch und elegant gekleidet
waren.

»Sicherlich ziehst du auf einer wirklichen Party keinen
Schlafanzug an«, sagte ich ihr. »Aber überleg doch mal
bitte, ob du dich nicht oft im Leben so verhältst, als hät-
test du einen Schlafanzug an: bist müde, gelangweilt und
uninteressiert, möchtest am liebsten schlafen gehen und
deine Ruhe haben.«

Jemand, der längst aus dem Teenageralter heraus ist, sich
im Traum aber noch in dieser Kleidung erlebt, wird ge-
mahnt, seine unreifen Verhaltensweisen, die früher verständlich waren, endlich einzusehen und sie wie ein ver-
brauchtes Kleidungsstück abzulegen.

Wer im Traum Flecken auf dem Pullover oder dem Anzug entdeckt, sollte sich an die sprichwörtliche »weiße
Weste« erinnern: Der Traumtext mit der Handlung und
den Personen sagt ihm bestimmt, wo er anzusetzen hat.

Die Unterwäsche im Traum hat natürlich etwas mit Sexualität zu tun, einem Trieb, der in sehr unterschiedli-
cher Weise – sowohl in der Realität wie auch nur in Gedanken – ausgelebt wird und stets unserer Aufmerksamkeit bedarf.

Wir werden im Traum öfters schmutzige Wäsche waschen müssen und wissen bereits von der Redewendung her, was das zu bedeuten hat.

Wer sich zu weit von einem einfachen und natürlichen Leben entfernt hat, kann im Traum aufgefordert werden, ein braunes, erdnahes, mütterliches Kleid anzuziehen.

Erscheint jemand im Traum völlig nackt und ist ihm dieser Zustand selbstverständlich, dann hat dieses Symbol nichts mit Sexualität zu tun, sondern bedeutet einfach den ursprünglichen Naturzustand des Menschen. Es kann aber auch, und das ergibt wieder die Traumhandlung, auf seelische Entblößung hinweisen. Auf die gleiche Weise sind Teilentblößungen zu verstehen.

Hotel

Von einer realen oder seelischen Veränderung künden Hotels, die wir im Traum aufsuchen und wieder verlassen. Wir befinden uns auf der Reise, machen hier und da Station, wollen uns erholen, ausruhen oder haben auch Geschäftliches oder Privates zu erledigen. Die Übergangssituation oder Veränderung, die das Hotel symbolisiert, wird auch durch die Menschen bestimmt, mit denen wir zu verhandeln haben. Vielleicht verweigert uns der Portier den Zutritt, wir könnten auch an der Rezeption Schwierigkeiten mit einem falschen oder nicht aufzufindenden Paß haben. Beides läßt den Schluß zu, daß wir unsere Identität noch nicht gefunden haben.

Im weiteren Verlauf des Traumes wird uns vielleicht das Mädchen unser Zimmer zuweisen, in dem ein Toter im Bett liegt. Wer die Symbolsprache des Traumes versteht, weiß, daß diese Person ein Wesensteil von uns ist, eine Eigenschaft, eine Fähigkeit oder ein Gefühl, das wir haben sterben lassen oder das sterben mußte, weil es unserem Reifegrad nicht mehr entsprach.

In dem Hotelpersonal sind unsere inneren Instanzen verkörpert, die besser über uns Bescheid wissen als wir selbst. Verstehen wir sie und ihre Handlungsweise, kommen wir in unserem Selbstverständnis ein Stück weiter.

Für eine Frau, die Schwierigkeiten mit ihrem Mann hatte, war der folgende Traum sehr eindrucksvoll:

Das blaue Hotelzimmer

Ich befinde mich auf der Reise. Ich komme mit meiner Schwägerin und meiner kleinen Tochter Lucie in ein Hotel und betrete mit ihnen zusammen ein abgedunkeltes Zimmer. Irgendwie berühren mich die blauen Vorhänge und die blaue Bettdecke. Mein Mann liegt schlafend und entspannt auf dem Bett, ist angezogen und hebt sich von der blauen Decke betont ab. Zwischen Hose und Pullover schaut ein Stück seines blauen Hemdes heraus. Mit einem Gefühl der Fremdheit und auch der aufsteigenden Wärme blicke ich auf ihn und wache auf.

Auffallend in diesem Traum ist die Betonung der Farbe Blau. Wir ordnen sie der Denkfunktion zu, und tatsächlich müßte die von starken Emotionen bewegte Frau sich mehr ihres Verstandes bedienen. Sie hat drei kleine Kinder und eine fast erwachsene Tochter aus erster Ehe und will sich nun von ihrem Mann, bereits dem dritten Ehepartner, der ein nüchterner Verstandesmensch und stark in bürgerliche Traditionen eingebunden ist, trennen. Der Traum mahnt sie nun, sich endlich ihre naive und infantile Einstellung zur Ehe durch Nachdenken bewußtzumachen.

Der Anfang ist bereits getan, denn sie befindet sich ja auf der Reise mit ihrer kleinen Tochter, diesem unentwickelten Wesensteil von ihr, der wachsen und erwachsen werden soll, und ihrer Schwägerin, die in der Realität die gleiche Situation durchlebt wie die Träumerin.

Farben

Wenn ich die Teilnehmer meiner Seminare frage, ob sie farbig träumen, folgt meistens betretenes Schweigen. Zunächst weiß keiner so recht, wie es sich damit verhält.
Doch haben Farben im Leben wie in unseren Träumen eine wesentliche Funktion. Das Unbewußte, der Traumschöpfer, möchte uns mit ihnen etwas ganz Bestimmtes vermitteln und wählt daher die Farben mit Bedacht.
Wir ordnen Rot dem Gefühl zu, Blau dem Denken, Grün der Empfindung und Gelb der Intuition. Natürlich sind immer Abstufung und Intensität zu beachten, die Art des Symbols, das die Farbe hat, und das Verhältnis der Farben zueinander.
Das zarte, helle Blau, das dem des Himmels ähnelt, ist eine sehr weibliche Farbe, mit der die Maler früherer Jahrhunderte den Mantel der Madonna gestalteten. Rot, als knallige Farbe, kann Kampf und Leidenschaft ausdrücken, während das gemilderte, ein wenig ins Rosa spielende Liebe auszudrücken vermag. Grün, das im allgemeinen eine beruhigende Farbe ist, hat eine negative Ausstrahlung, wenn es zum Giftgrün geworden ist. Und Gelb, rein und klar, bedeutet Sonne und Sonnenkraft.

Wir alle sitzen am Tisch des Lebens. Körper und Seele bedürfen der Nahrung, und wenn wir sie im Traum erhalten, wird unser Wesen ernährt, erhält einen Zuwachs an Energien. Wir können träumen, daß wir keinen Platz mehr am Tisch finden oder uns die Speisen vorenthalten werden. Dann sollten wir uns fragen, wie es in unserem Leben mit dem Geben und Nehmen steht, womit nicht nur die materiellen Dinge, sondern auch die Gefühle gemeint sind.

Die Art der Speisen gibt Auskunft darüber, was unsere Seele am nötigsten braucht: Ein junger Mann, der gern in geistigen Höhen schwebte, wurde im Traum aufgefordert, eine Handvoll Erde zu essen. Die Verbindung mit der Natur, mit der Erde, diese Basis ist Voraussetzung, wenn man das ganze Wesen bereichernde Erfahrungen machen will.

Einer jungen Träumenden, die an sich und dem Leben zweifelte, wurde in einem kleinen Berggasthof eine Blutsuppe vorgesetzt. Diese Blutzufuhr hätte ihr gutgetan, ihr Vertrauen in sich und die Welt gestärkt und ihr endlich die Entscheidung in einer wichtigen Angelegenheit möglich gemacht. Leider war ihr Ekel zu stark, so daß sie die Suppe verschmähte...

Besteht ein Widerwille gegen Fleisch und Wurst, so könnte dies die Abneigung gegenüber dem Fleischlichen, Sexuellen symbolisieren.

Eine ältere Frau träumte, daß sie mit mehreren Personen an einer langen Tafel saß. Sie wurde aufgefordert, sich neben Hindenburg zu setzen, und erhielt von ihm mehrere Orangenscheiben.

Die Apfelsine, anders als der Apfel, ist die »goldene« Frucht: Mit ihr wird die Ganzheit, die Einheit symbolisiert. Durch die Gestalt Hindenburgs assoziierte die Träumerin das Kirchenlied »Ein feste Burg ist unser Gott«.

Im Traum am Tisch des Lebens zu sitzen und zu essen hat auch etwas mit der Einverleibung von Welt zu tun. Nach östlichem Verständnis ist der reife und weise Mensch einer, der »die Welt gegessen«, in sich aufgenommen und verdaut hat.

Baum, Pflanze, Blume

Symbole dieser Art haben immer eine positive Bedeutung. Malen Sie spontan einen Baum, und Sie werden sehen, daß Sie sich in ihm wiedererkennen können: Er versinnbildlicht Wachstum, abgelaufene Entwicklung und seelische Entfaltung.

Wenn Sie im Traum eine Birke pflanzen, kann dieser Vorgang auf Ihr seelisches Wachstum und die zur vollen Entfaltung nötige Pflege deuten. Der Traum könnte aber auch auf einen Vorgang hinweisen, der sich zuvor tatsächlich in Ihrer Realität vollzogen hat: Vielleicht gab es einen Streit, weil Ihr Partner lieber einen anderen Baum gepflanzt hätte oder Ihre Mutter überhaupt keinen wünschte.

Mit diesen beiden Möglichkeiten der Deutung wollte ich Ihnen noch einmal die zwei Bezugsebenen des Traumes ins Gedächtnis rufen. Sie fanden ihre Ausgestaltung in den Regeln Deutung auf der Subjektstufe und Deutung auf der Objektstufe.

Nehmen Sie doch einmal Tätigkeiten in Ihrer Phantasie vorweg, die Ihnen die Träume so anschaulich darbieten, wie einen Garten bestellen, umgraben, säen, pflanzen, Unkraut zupfen, gießen und ernten. Fühlen Sie sich in das Geschehen ein, und deuten Sie es auf der Subjekt-stufe. Horchen Sie immer wieder in sich hinein, was da ans Licht will und zum Bewußtsein drängt. Seien Sie eine Gärtnerin oder ein Gärtner aus Liebe, in deren Umkreis alles wächst, blüht und gedeiht.

Blumen in unseren Träumen versinnbildlichen Freude, Liebe, Freundschaft und seelische Entfaltung. Eine Frau mittleren Alters, die eine Phase intensiver Traumarbeit beendet hatte und nach dreimonatiger Pause von neu-em begann, war schier verzweifelt, weil sie immer noch mit unverarbeiteten Problemen zu kämpfen hatte: Sie träumte, am Ufer eines breiten Flusses zu stehen. An ih-ren Augen zogen Lastkahn um Lastkahn vorüber. An dem letzten erstaunte und erfreute sie ein Blumenkasten, aus dem leuchtendrote Geranien zu ihr herübergrüß-ten.

Nach dem Aufwachen war der erste Gedanke der Träu-merin: Die Lasten, meine Lasten, ziehen vorüber. Sie werden nicht immer dasein. Wenn sie wiederkommen, gibt es nicht nur sie allein, irgend etwas Erfreuliches be-gleitet sie.

Die geduldig mahnenden Träume, denen sie nicht ausge-wichen war, hatten diese Bewußtseinsveränderung be-wirkt. Endlich war es ihr möglich, sich mit den hellen und dunklen Seiten ihres Lebens gleichermaßen zu beschäfti-gen.

Kind

Kinder in allen Altersstufen beleben unsere Träume. Zum Teil sind es Wesensteile von uns, die erwachsen werden sollen, und sie können auch von unseren eigenen Kindern und Enkelkindern dargestellt sein. Wie wir mit ihnen umgehen und ob wir sie ernst nehmen, das zeigen uns die Träume.

Von einer unterentwickelten mütterlichen Seite sprach ein Traum, in dem die Träumerin ein winziges Baby mit einer Wurstsemmel fütterte. In einem anderen Traum erklärte ein reizender kleiner Bursche mit ernster Miene der Träumerin: »Ich heiße Max«, nachdem sie ihn mit »Mäxchen« betitelt hatte. Das bedeutet: Ich – ein Problem, ein Wesensteil – will anerkannt, nicht verdrängt werden...

Schüchterne, ungebärdige und trotzige Kinder informieren uns im Traum über ein Verhalten, das im Infantilen steckengeblieben ist und verändert werden muß. Wir sollten uns nicht darüber ärgern. Sie wissen ja, daß Werden, Wachsen und Sichverändern ein ewiger Prozeß ist, der erst das eigentliche Leben ausmacht.

Das Kind im Traum kann auch etwas wundervoll Neues, Vielversprechendes, das in unserem Leben beginnt, symbolisieren. In einem anderen Fall mag es, was immer Geheimnis bleiben wird, uns wieder zu den Quellen des Lebens zurückführen und mit der Gottheit verbinden.

Zum Urgrund des Lebens zurückzufinden und wieder Urvertrauen zu haben ist wohl das größte Geschenk, das wir den Träumen verdanken. Fühlen Sie mit, wie ein Traum ein solches Geschenk darreichen kann:

Kindtraum

Ich fahre im Kleinbus mit etwa zwölfjährigen, laut lärmenden Jungen, die mich ziemlich bedrängen. Als sich die Tür an einer Haltestelle öffnet, entdecke ich auf dem Trittbrett ein winziges Kind im Steckkissen. Später dann steige ich aus und wende mich einer Treppe zu, die in ein

Haus führt. Langsam steige ich empor, freue mich an der üppig blühenden Kresse, von der die Geländer überwuchert sind und die mich bis zur Haustür geleitet. Eine alte Dame, die Freundin meiner Mutter, empfängt mich und führt mich in einen abgedunkelten Raum, in dem viele Heiligenbilder hängen, von denen ich aber nur ein warmes Rot, ein dunkles Braun, ein gedecktes Blau oder ein mattes Gold wahrnehme.

Weitere kleine Räume ziehen mich an, werden nur flüchtig gestreift, und schon befinde ich mich wieder in der offenen Haustür. Mein Blick fällt auf eine Stadt in der Ferne, deren Türme sich wie eine Vision vom hellen Himmels abheben. Ich gehe weiter auf einem Weg, der einen ländlichen Eindruck macht, an einer Scheune vorbei, neben der mir eine schöne Gruppe von Birken auffällt, und komme endlich an einen links abführenden Seitenweg, über dem ein Schlagbaum liegt. Tief muß ich mich bükken, um hindurchzugelangen, und während ich weitergehe, fließt rechts neben mir ein klarer Bach, dessen Ränder teilweise noch vereist sind, obwohl über allem eine Frühsommerstimmung liegt, die mich beschwingt und glücklich macht. Zuletzt wird mir noch ein Ausblick auf ein wunderschönes, von Birken umstandenes Haus gewährt, von dem ich denke, daß es mir einmal gehören müßte, und von dem ich mich nur zögernd abwende, um meinen Weg fortzusetzen. Nach einigen Schritten jedoch muß ich leider aufwachen.

Es gibt Träume von überirdischer Schönheit, deren Stimmungsgehalt reine Freude ist, so daß man immer in ihnen verweilen möchte und das Aufwachen zu einem Schmerz wird, der die Wirklichkeit verdunkelt.

Nirgends Angst und Traurigkeit, ein strahlender Frühsommertag war der Traum, mit hellem Himmel, leuchtenden Blüten und meinen Lieblingsbäumen, den Birken, die der Dichter Freiherr von Münchhausen so zärtlich besingt: »Birke, du mädchenhaft Schlanke, schimmernd am grünen Hag, lieblicher Gottesgedanke vom ersten Schöpfungstag.«

Wie selbstverständlich fügen sich die Worte in den Traum, der wie sie reine Poesie war, von einem unbekannten Dichter zu einem flüchtig zarten, ach so vergänglichen Gebilde gefügt.

An den Traumort hatte mich ein Kleinbus gefahren, um mir Begegnungen zu ermöglichen, die sich zu religiösen Erfahrungen verdichten sollten. Freilich bedeutet Fahren im Bus zunächst etwas Negatives, wie auch die vereisten Ränder am Bach, doch gehört Negatives wohl zum Menschsein und wird ja auch hier von dem allgemeinen Freudenjubel überwältigt.

Ein Omnibus zeigt an, daß man noch mit den Insassen, in meinem Fall waren es Jungen, identifiziert ist, sich von ihnen noch nicht abgegrenzt hat und noch keine eigenständige Person geworden ist. Weil ich mich mehr der männlichen Rolle in mir zugewandt hatte, befand sich ein seelischer Bereich von mir noch auf der Stufe eines Zwölfjährigen. Mich dieser angemaßten und mißverstandenen männlichen Rolle endlich zu entledigen war nun an der Zeit, zumal ja auch Hoffnung bestand: in dem Wickelkind auf dem Trittbrett versinnbildlicht, das Werdendes andeutete und alle Möglichkeiten der Entwicklung in sich barg.

Tröstliches Versprechen – einmal die eigene Melodie und den eigenen Rhythmus zu finden, den man so lange verleugnet hat! Es gab dem Bemühen neuen Aufschwung, besänftigte die Ungeduld und beschwichtigte den Unmut über die nie enden wollenden Schwierigkeiten.

Mein Weg im Traum schien geplant, und die Führung in

das Haus mit den Heiligenbildern war nicht absichtslos. Wie oft hatte ich sie früher in Museen betrachtet und, was mir erst nach dem Traum auffiel, sie nur unter künstlerischen Gesichtspunkten begutachtet. Was für eine Einengung meines Horizontes, mußte ich jetzt zugeben, und um wieviel ärmer hatte sie mich gemacht, brachte ich die Bilder doch nie mit religiöser Ergriffenheit in Verbindung!

Es war nur folgerichtig, daß sich mir – angerührt und vorbereitet durch die religiöse Bilderwelt – die imaginäre Stadt als Jerusalem darbot. Christi Geburt in einem Stall wiederholte sich in mir an einem ebenfalls möglichen Ort, auf dem Trittbrett eines Omnibusses.

Das Kindsymbol zeigt mir den Heilbringer Jesus Christus: Er ist auch für mich geboren, ganz persönlich für mich, denn seine Geburt ist nicht Vergangenheit, sondern vollzieht sich unaufhörlich in jedem Menschen von neuem, wenn er sich ihm zuwendet, sich von ihm bewegen läßt, an ihn glaubt.

Vom Überirdischen zum Irdischen führt mich der Weg weiter. Himmlisches und Irdisches miteinander zu verbinden, so daß ein Einklang daraus entsteht, ist eine Aufgabe für den nachdenklichen Menschen, die ihn, einmal davon bewegt, nicht mehr loslassen wird. Bewegt zu werden, um neue Wege zu finden, war überhaupt das Motto des Traumes, und so pilgerte ich weiter, bis ich gezwungen wurde, einen Schlagbaum durch tiefes Bücken zu überwinden.

Dazu kommt mir der Ausspruch eines Rabbi in den Sinn, der, gefragt, warum die Menschen heute keine Gottesbegegnungen mehr wie früher hätten, antwortete: »Weil sie sich nicht mehr tief genug bücken können.«

Für den Menschen ist vieles machbar geworden, und gäbe es nicht Krankheit und Tod, hätte er sich wahrscheinlich

schon längst selbst an die Stelle Gottes manövriert...
Als ich mich im Traum tief bücken mußte, gelangte ich an
einen Ort, der meiner inneren Verfassung entsprach und
wo mir der Bach zuraunte, daß die Verhärtungen und
Verkrustungen meiner Seele auf Tauwetter warteten.
Obwohl ich bereits mit der Arbeit an mir selbst begonnen
hatte und Stein um Stein für ein eigenes Haus zusam-
mentrug, das mein Wesen einmal am vollkommensten
darstellen sollte, würde wohl noch viel Wasser den Berg
hinunterfließen, bis ich endlich in das Traumhaus einziehen könnte.

Sonne, Mond, Sterne

Sonne, Helligkeit und Licht in den Träumen stimmen
uns immer froh. Geht die Sonne in unseren Träumen
auf, werden wir wach und beginnen bewußter zu leben.
Steht sie im Zenit, wird ihre schöpferische Kraft wirksam, und es kommt zu einer Steigerung der Produktivi-
tät. Lebensfreude, phantasievolles Gestalten und gute
Einfälle bestimmen den Tag.
Geht die Sonne jedoch unter, setzt wieder Unbewußtheit
ein und ein Versinken im Dunkel, der Unbewußtheit.
Dieser Vorgang hat manchmal etwas mit Erstarrung und
Tod zu tun, doch kann es das Sterben in ein neues Leben
hinein sein.
Das Licht einer Lampe oder einer Laterne im Traum deutet auf die Annäherung eines unbewußten Problems an
das Bewußtsein hin, das nun gewillt ist, sich damit auseinanderzusetzen.
Der Mond mit seinem Silberschein – »Frau Luna« – ist
ein weibliches Symbol. In seinen zunehmenden und ab-
nehmenden Phasen geht es immer um die Beziehung des

Weiblichen zum Männlichen. Als Vollmond am nächtlichen Himmel wird er in den Träumen der Frauen aufleuchten, die ihre männliche Seite zu stark betonen.

Zur Frau zu erwachen und Frau zu werden, erlebte eine Träumerin, die auf dem Mond eingeschlafen war. Sie wurde geküßt, wachte auf, verließ ihre Mondwelt und flog, mit dem Blick auf die Erdkugel, hinunter, erkannte einige Länder, darunter auch Deutschland, und wachte auf.

Die sechsundzwanzigjährige Träumerin hatte bereits eine gescheiterte Ehe hinter sich. Ihr Mann besaß nicht die Fähigkeit, ihr Frausein zur Entfaltung zu bringen. Im Traum und in ihrer Realität ist es der neue Freund, der sie aufweckt, der Traum bringt ihr dieses Erlebnis noch einmal zum Bewußtsein. Er ist wie ein Märchen gestaltet und erinnert an den Prinzen, der seine Prinzessin findet und sie wachküßt. Immer ist es der Mann, der die Frau aus ihrer Unbewußtheit erlöst, während es die Aufgabe der Frau ist, den Mann vom Bewußtsein zu erlösen, das heißt, sie wird ihm mit ihrer Naturnähe und Gefühlswärme eine Brücke zu seiner Emotionswelt bauen, die sich nicht entfaltet hat.

Denken Sie daran: Traum und Märchen sind Geschwister. In beiden finden die kollektiven Probleme der Menschen ihren Niederschlag.

Sterne symbolisieren eine Beziehung zur geistigen Welt, und wenn sie in den Träumen leuchten, wird eben darauf hingewiesen. »Hab acht auf die Gassen, schau nach den Sternen«, sagt der Dichter und meint damit, beiden Seinsweisen, der emotionalen und der geistigen, müsse gleichermaßen Rechnung getragen werden.

Einer Frau, der die Träume geholfen hatten, ihre weibliche Seite zu entwickeln und sich als Frau zu finden, geschah ein eindringlicher, das Problem abschließender Traum:

Sie stand nicht weit von einer buschigen Kiefer entfernt und blickte gespannt auf die drei mit ihr befreundeten Frauen, die rechts, links und oben hinter den Kiefernzweigen auf sie blickten. Da trat zwischen den oberen Zweigen, neben der mütterlichen Freundin, ein leuchtender Stern hervor und strahlte zarte Bläue aus.

Nach dem Aufwachen fiel der Träumerin sofort ein: Das war meine Sternstunde! Was ich anstrebte – meine weiblichen Fähigkeiten anzunehmen und zu leben – ist Wirklichkeit geworden.

Vier Frauen, die jede eine andere weibliche Qualität verkörperten, waren hier im Traum zusammengeführt. Die Vier ist, wie alle geraden Zahlen, weiblich, und die Kiefernzweige, wie auch Hecken und Ranken, versinnbildlichen ebenfalls Weiblichkeit. Die Stellung der vier Frauen bildeten einen Rhombus, ein Symbol der Vagina, der Sexualität.

Noch in vielen Träumen erlebte die Frau ihre Sterne. Sie standen am durchsichtig blauen Nachthimmel, als wären sie aus Goldpapier geschnitten. Eine Spinne, die sie vernichten wollte, verwandelte sich unter ihrer Hand in einen Stern, und sie wurde damit auch auf das Spinnensymbol verwiesen, das unter anderem auf Mütterlichkeit hinweist. In einem anderen Traum regte sie die Kinder dazu an, Sterne in allen Größen und Farben zu malen und auszuschneiden.

Einmal vom Bewußtsein erkannte und aufgenommene Symbole verwendet auch das Unbewußte immer wieder in den Träumen. Zum Teil sind es Symbole, die uns eine Erleuchtung schenkten und aus seelischen Tiefenschichten hervorbrachen. Es können Symbole der unterschiedlichsten Art sein. Entstammen sie der christlichen Vorstellungswelt der Träumerin, werden es christliche Symbole sein. Hat sich dagegen jemand sehr intensiv mit dem

Gedankengut von C. G. Jung und Sigmund Freud beschäftigt, werden es womöglich Jungsche oder Freudsche Symbole sein. Es sind immer solche, zu denen wir eine tiefe Neigung und ein inneres Verhältnis gewonnen haben.

Tempel, Burg, Stadt

Diese drei wichtigen Symbole erlebt der Träumer, der seinen Träumen regelmäßige Aufmerksamkeit schenkte und auf dem Individuationsweg vorangekommen ist. Sein Versuch, die widerstreitenden Tendenzen in sich zu versöhnen, sich zu finden und zur Mitte seines Wesens durchzudringen, um aus ihr heraus zu leben, nimmt in den Symbolen Form und Gestalt an.

Im Traum einer jungen Frau sah das so aus: Sie betrat einen kleinen, achteckigen chinesischen Tempel, der von knospenden Sträuchern umgeben war, durchschritt einen winzigen Raum und freute sich an den gläsernen Wänden, die durch rotbraun lackierte Leisten verbunden waren. Beim Hinausgehen machte sie die verschobene Schwelle stutzig. Während sie das Fünfzigpfennigstück daneben aufhob, wußte sie bereits, woran sie noch zu arbeiten hatte. In vielen Träumen war für sie die Zahl Fünf zum Symbol der Männlichkeit geworden, weshalb die weibliche Zahl Vier errungen werden mußte. Daß dies gelingen würde, verrieten die bald blühenden Sträucher, die den Tempel umgaben.

Wenn die Burg als Symbol der Mitte gemeint ist, kann sie vom Träumer gesucht, gefunden und umkreist werden. Sie ist auch, um noch einmal auf die Vieldeutigkeit der Symbole hinzuweisen, als bergende und schützende Hülle ein Muttersymbol.

Manchmal wird ein junger Mensch, der das Elternhaus verläßt und ins Leben hinausgeht, von einer zusammenstürzenden Burg träumen. Ein anderer wird in den Träumen in verschiedenartige Burgen geführt und erhält durch unterschiedliche Räume und Geschehnisse Informationen über die Beziehung zu seiner Mutter.

Eine Frau in der Lebensmitte holte im Traum aus einer alten grauen Burg eine weiße Statue in Lebensgröße, die ihr als sehr kostbar erschien und, wie sie meinte, gerettet werden müßte. Diese Figur versinnbildlichte ihren zurückgebliebenen und von der Mutter, die sie immer vor dem strengen und jähzornigen Vater beschützt hatte, abhängigen Wesensteil. Die dramatischen Kindheitserlebnisse hatten ein Verhalten fixiert, das unbewußt weiter wirkte.

Die Abhängigkeit von der Mutter und die Angst vor dem Vater, später vor dem Männlichen überhaupt, hatten zu einem Mißtrauen den eigenen Kräften gegenüber geführt, ließen Initiativen scheitern und machten krankheitsanfällig. Als die Traumarbeit so weit gediehen war, daß sie hoffte, sich und ihr Leben verändern zu können, hatte sie diesen positiven Traum.

Die Stadt – ein Symbol, von dem bereits gesondert die Rede war – kann in diesem Zusammenhang auf die Geschlossenheit der träumenden Person hinweisen. Ist dieser Aspekt betont, erlebt und erspürt der Träumende eine harmonische Ausstrahlung.

Ein Traum-Stadtbild versinnbildlicht ein Sichfinden, darüber sprachen wir bereits, es hat in diesem Sinne wohl auch etwas mit der Bindung zur und Ablösung von der Mutter zu tun.

Quadrat, Kreis, Würfel, Kugel

Wer geometrische Figuren in seinen Träumen aufspürt, erhält durch sie die Mitteilung, daß er sich auf dem Individuationsweg, dem Weg zu sich selbst, befindet. Es kann ein quadratischer Sandkasten sein, vor dem der Träumer sinnend verweilt, im Weitergehen sich noch einmal nach ihm umschaut, umschauen muß, weil er von etwas angerührt wurde, dessen Bedeutung ihm noch nicht bewußt ist.

Ein runder Tisch, ein ebensolcher Hut, ein quadratisches Kästchen, Würfel und Kugel sowie ein quadratischer Raum, ein zu umschreitender Häuserblock, ein Innenhof werden zu Sinnbildern der Wandlung, einer Veränderung, die sich nach und nach im Träumer vollzieht.

Feuer und Flamme

Beide sind Symbole psychischer Energie und ebenso vieldeutig wie jedes andere Symbol. Ähnlich wie im Sinnbild Wasser entdecken wir auch in ihnen den Gedanken der seelischen Reinigung, der Erneuerung, der Wiedergeburt, was der Traum einer etwa vierzigjährigen Frau beschreiben soll:

Lauf durchs Feuer

Ich sehe einen sehr alten, wunderschönen Park, einen kleinen Teich, zwei oder drei Männer, die aus einer Hütte kommen, über die Schultern jeweils Stricke und Sturmlaternen geworfen. Mein Eindruck ist, sie gehen zur Jagd oder zum Fischen. Die Szene wechselt, und ich stehe am

oberen Ende einer langen Steintreppe im Park, habe ein
weißes Plastikfeuerzeug in der Hand, das ich in Gedan-
ken mit einer Cremedose vergleiche. Ich spiele damit,
entzünde eine Flamme, das Feuerzeug kippt, Benzin läuft
aus, und das in einer Menge, die ich diesem kleinen Be-
hältnis nicht zugetraut hätte. Das Benzin läuft rasch
über die Treppe nach unten und brennt sofort. Mein Ge-
danke ist: Wenn ich nach oben weglaufe, brauche ich zu-
viel Kraft – renne ich nach unten, muß ich direkt durchs
Feuer. Ich entscheide mich für den Weg durchs Feuer. Ich
merke keine Angst an mir, habe nur den Gedanken: Hof-
fentlich brennt in diesem wunderschönen Park nichts an,
und das durch meinen Leichtsinn! Dem Feuer entkom-
men, bleibe ich stehen und blicke zurück. Die Flammen
sind fast erloschen, aber es kommt ein großer Wind auf,
der den Funkenflug begünstigt. Mein letzter Gedanke
ist: Hoffentlich brennt nichts an!

Diesen Traum würde C. G. Jung als »Großen Traum« bezeichnen. Kraftvoll sind die Bilder, die einen Konflikt gestalten, mit dem Frauen zu allen Zeiten kämpfen mußten: In der Lebensmitte, wo der Gedanke an Alter und
Tod leise anpocht, flammt noch einmal das Begehren
nach einer Liebe auf, die unvorstellbare Abenteuer verspricht – die Männer mit den Sturmlaternen –, an der sie
sich aber auch »die Finger verbrennen« kann – »Hoffentlich brennt nichts an!«
Den Fluchtgedanken der Träumerin stehen andere entgegen, die ihrer intensiven Arbeit an sich selbst mehr entsprechen. Sie stellt sich der Krise, geht durch das Feuer
und schließt, seelisch gereinigt und reifer geworden, ein
Kapitel ihres Lebens ab.
In einem anderen Traum versuchte eine Frau, die Flammen, die sich außerhalb ihres Hauses ausgebreitet hatten,

mit Decken zu löschen. Ihr war die Gefährlichkeit des Brandes bewußt geworden, der ihre Überreaktion auf das unvernünftige Verhalten ihres pubertierenden Sohnes darstellen wollte.

Ein zerstörender Brand bedeutet Gefahr, mit dem das Traumgeschehen eine verzehrende Leidenschaft darstellen kann. Die positive und lebenerhaltende Kraft erleben wir im Traum mit der unter Kontrolle gehaltenen Flamme. Die brennende Kerze im Traum oder das Entzünden der Gasflamme kann Ausdruck unserer Lebensflamme, unserer Lebenskraft sein.

Tanz

Mit dem Körper Freude und Leid auszudrücken ist ein uraltes Bedürfnis der Menschen. Im Götterkult als magische Beschwörung, in Fruchtbarkeits- und Initiationsriten begleitete der Tanz das Leben und verband die sich dem Rhythmus leidenschaftlich Hingebenden mit dem bedeutsamen Ereignis, anläßlich dessen sie sich versammelten. Ein gesteigertes Lebensgefühl drückt sich im Tanz aus, der im Traum als Symbol die gleiche Bedeutung hat. Psychische Energie ist in Bewegung geraten und verstärkt das Bemühen des Träumers, sich aus seelischen Nöten zu befreien.

Von neuen Hoffnungen beseelt, erzählte mir eine junge Frau nachstehenden Traum:

Der Inselwalzer

Ich bin wieder auf der Insel Wangerooge, wo ich einst als Zehnjährige frohe Ferienwochen in einem Kinderheim verlebte. Ich komme aus dem »Haus Abendstern« auf eine Wiese, sehe eine Gruppe von Kindern in die Kirche gehen. Ich frage mich, ob ich mitgehen soll, entschließe mich dann aber, hier zu bleiben und zu tanzen. Während ich mit weit ausgebreiteten Armen einen Walzer tanze, spüre ich das Gras unter meinen Füßen und den Wind auf meiner Haut. Um mich herum sonnenbestrahlte Dünen, das Meer und das Haus. Ein Mann kommt auf mich zu, den ich frage, ob er auch in die Kirche geht. Er verneint und tanzt mit mir – so lange, bis ich erwache.

Sowohl der Tanz wie auch die von der Sonne bestrahlte Landschaft drücken die Lebensfreude der Träumerin aus. Sie ist im Einklang mit sich selbst und ihrer inneren gegengeschlechtlichen Seite, die der fremde Mann symbolisiert. Auch in der Realität hat sich ihre Beziehung zu dem männlichen Geschlecht verbessert. Die ewigen Konflikte mit Männern waren eine Folge der problembeladenen Beziehung zu ihrem Vater. Die Einstellung, die sie ihm gegenüber entwickelt hatte, übertrug sie auf andere Männer und sah in ihnen immer wieder den Vater. Die Träume brachten ihr dieses unbewußte Verhalten zu Bewußtsein, so daß sie sich mit dem verinnerlichten Vaterbild auseinandersetzen konnte. Sie leistete diese Traumarbeit und wurde wieder, wie der Traum zeigt, zu einem glücklichen Menschen.

Wäre der Mann im Traum ihr Freund oder Lebenspartner gewesen, hätte sie den Tanz unter Beachtung von Mimik und Gestik auf der Objektstufe deuten müssen.

Unser Ich-Bewußtsein erfährt durch Symbole eine Bereicherung. Sie verbinden den Träumer wieder mit seiner naturnahen, durch Trieb und Instinkt bestimmten Seite, von der er sich zuzeiten gefährlich weit entfernen kann. Eine Abkehr von diesem fruchtbaren und schöpferischen

Bereich bringt Probleme mit sich, unter denen wir sehr zu leiden haben. Machtgier, wahnwitzige Aufrüstung, Umweltverschmutzung, Angst und Weltuntergangsstimmung überschatten unser Leben. Uns kann nur noch die Besinnung auf uns selbst und die Rückkehr zu den wahren Werten des Lebens retten. Orientierungshilfe geben hierbei die Träume – mit den Symbolen, die wir wieder verstehen lernen müssen.

Träume gleichen Schiffen, die, mit Schätzen befrachtet, über das Meer des Unbewußten kommen. Ziehen wir sie ans Land des Bewußtseins, und lassen wir uns von ihnen beschenken. – Vergessen wir aber nicht, dem zu danken, der sie uns zuführte, um uns mit ihnen das Leben zu erleichtern.

Die ersten Versuche –
Seminarteilnehmer berichten

Die Teilnehmer meines Seminars sind der Bitte nachgekommen und haben aus den Träumen, die sie in den Monaten zuvor oder auch schon früher aufschrieben, jeweils einen ausgewählt, der ihnen besonders viel bedeutete. Sei es wegen der traumhaft glücklichen Stimmung, des eindringlichen Geschehens oder der spannunglösenden Wirkung eines sie bedrängenden Problems. Sie verstanden die Traumbotschaft, und die Freude über ihr wachsendes Verständnis knüpfte das Band zwischen ihnen und den Träumen fester. Es ist immer anregend zu hören, welche Erfahrungen andere mit der Traumarbeit machen.

Wir sollten unsere Träume mit Menschen, die sich dafür interessieren, austauschen und uns gegenseitig bei der Deutung helfen. Manchmal ist dazu genau der Abstand nötig, den der andere unseren Träumen gegenüber haben kann.

Doch lassen wir nun die Seminarteilnehmer zu Wort kommen. Den Anfang macht die Älteste aus dem Kreis:

Mein Traum liegt viele Jahre zurück und fällt in eine Zeit, die man heute mit Midlife-crisis bezeichnen würde. Ich sah keinen Sinn mehr in meinem Leben und fragte mich: »Wozu das alles? Ob einer ins Büro geht, Kinder unterrichtet, Kleider verkauft oder im Haushalt wirtschaftet – es läuft alles auf dasselbe hinaus, am Ende steht immer das Nichts.«

Ich trat auf der Stelle, zählte die grauen Haare und war mißgelaunt. Die Verpflichtungen, mit denen ich sonst spielend fertig geworden war, wurden mir zur drückenden Last. Ich war finanziell abgesichert und brauchte mir diesbezüglich keine Sorgen zu machen. Dennoch spürte ich permanent ein tiefes Unbehagen.

Ich begann, mich mit esoterischer Literatur auseinanderzusetzen, achtete auch auf meine Träume, wußte aber zunächst nichts Rechtes damit anzufangen – bis der einzigartige, wie von Künstlerhand entworfene Traum, den ich nach dem Erwachen sofort aufschrieb, mich aus meiner Lethargie herausriß:

Laternentraum

Ich stehe am Ufer eines Sees, der sich dunkel vor mir ausbreitet. Mein Blick sucht den Himmel, über den sich ein seltsames Zwielicht ausbreitet, und gleitet zurück aufs Wasser, das jetzt wie in Fieberschauern zuckt. Große und kleine Wellen laufen darüber hin. Auf einer von ihnen schaukelt etwas, schwimmt langsam näher, und ich sehe zwei Lichter blinken, rot und grün, dicht nebeneinander. Sie kommen heran, lassen Umrisse von Metall und Glas erkennen und stehen endlich als schön geformter Laternenkopf vor mir. Wie Sphinxaugen starren mich die beiden Lichter an, und ich starre zurück. Eine Ewigkeit lang. Neue Laternen tauchen auf – wie von Geisterhand geschoben. Sie begegnen sich, scheinen einander zu grüßen, kreuzen die Wege und werden vom diesigen Hintergrund aufgesogen. Ich wende mich um, gehe mit zögernden Schritten über eine kleine Holzbrücke und betrete einen Wald. Die Bäume sind kahl, einige umgeknickt, und die verstreuten Äste behindern meinen Schritt.

»Wenn ich nicht müßte, würde ich hier nicht gehen«,
sage ich über die Schulter hinweg zu einem Mann und
wache auf.

Ich fühlte mich von diesem Traum bis ins Innerste getroffen, gab mich noch eine Weile der seltsamen Stimmung hin, ehe ich ihn aufzuschreiben begann. Das er irgend etwas mit meinen Lebensumständen zu tun hatte, war mir damals schon bewußt, und ich erfaßte seinen Sinn intuitiv, ohne die rechten Worte dafür zu finden.
Von der zu neuen Einsichten führenden Traumarbeit im Seminar inspiriert, nahm ich mir den Traum noch einmal vor, um tiefer in ihn einzudringen. Zunächst war der Ort von Bedeutung. Es ist nicht gleichgültig, wo man sich im Traum befindet. Und am Wasser zu stehen ist etwas Besonderes. In Ausdehnung und unergründlicher Tiefe kommt es der Seele gleich und ist deshalb das Symbol für sie. Was sich an oder auf dem Wasser abspielt, hat Gewicht, und wen es betrifft, der steht in der Nähe seines Schicksals und muß die Fühler ausstrecken, um zu erfahren, was es von ihm will.
Auch die Stimmung, die den Traum färbte, gab mir manchen Hinweis. Rief doch das seltsame über der Landschaft stehende Zwielicht eine magische Atmosphäre hervor. Es war nicht mehr hell, aber auch noch nicht dunkel – sozusagen ein Zwischenzustand, eine Pause, wo man den Atem anhält und nicht weiß, wie es weitergehen wird. So also drückte das Unbewußte meinen augenblicklichen Seelenzustand aus.
Dann aber kam Bewegung in die Szene. Das Wasser schlug Wellen, und auf ihnen schaukelte etwas heran, das ich mir näher ansehen sollte. Es war ein Laternenkopf, auf den ich blickte und in den ich, da er aus Glas war, hineinschauen konnte.

Ich weiß, daß jede Erscheinung und jedes Symbol im Traum in engster Beziehung zu mir stehen. Wenn ich ihre Bedeutung und Funktion erfasse, verstehe ich ihre Botschaften. Es war mein eigener Kopf, auf den ich schaute, um zu sehen, was sich darin abspielte. Ich sah zwei Lichter, rot und grün, die wie aus ferner Vergangenheit aufgetaucht waren.

Ich assoziierte die Signale einer Verkehrsampel – aber was signalisiert sie, wenn Rot und Grün gleichzeitig aufleuchten? Wieder war hier die zwielichtige Situation ausgedrückt, in der ich augenblicklich steckte, und die bange Frage »Was soll ich tun?« zerrte an meinen Nerven.

Dennoch empfand ich diese Szene als einen Höhepunkt. Die uralte Frage der Menschheit, »Wer bin ich?«, in der Sphinx versinnbildlicht, hatte hier Gestalt bekommen. Ich mußte das Problem lösen, wenn ich nicht zugrunde gehen wollte.

Was mich tröstete, waren die anderen Laternenköpfe, meine mich grüßenden Ahnen, denen es nicht besser ergangen war als mir. Auch sie haben Krisenzeiten durchlebt, sich mit Geburt, Liebe und Tod auseinandersetzen müssen.

Für mich grenzt es immer ans Wunderbare, die eigene seelische Verfassung in einem Bild vor mir ausgebreitet zu sehen, einem Bild, das die Seele gemalt hat. Sie weiß, daß ich mich in einem kritischen Übergangsstadium befinde, wo der Sommer des Lebens in den Herbst übergeht. Wer zögert da nicht und möchte festhalten, von leiser Melancholie ergriffen, was Liebe, Freundschaft und eine verheißungsvolle Zukunft war, in der noch die geheimsten Wünsche ihre Erfüllung finden würden. Je älter wir werden, um so mehr nimmt die Zukunft ab – und als Ausgleich dafür die Vergangenheit mit den Erinnerungen zu.

Nachdem mir im Traum meine augenblickliche Situation in Bildern vorgeführt worden war, drehte ich mich um und ging zurück über eine kleine Holzbrücke. Wir verstehen die Brücke als Symbol und sprechen von einem Brückenschlag zwischen zwei Völkern, zwei Menschen oder dem von der Gegenwart in die Vergangenheit. In meinem Fall traf letzteres zu, und ich wandte mich von dem Heute ab, das mir so eindringlich bewußtgemacht worden war, ging zurück in die Vergangenheit.

Hier werde ich dem gegenübergestellt, was wir Schicksal nennen, und ich versuche mich zu orientieren. Sehr erfreulich ist der Anblick nicht, der sich mir darbietet. Stürme haben die Bäume geschüttelt, die Äste abgebrochen, und der Frost hat sie entlaubt. Ein Durcheinander auf dem Boden, unter dem vieles begraben liegt. Ob es sich wohl wieder zum Leben erwecken läßt?

Es fiel mir nicht schwer, auch dieses Erlebnis wieder in Beziehung zu meinem Leben zu setzen. In den kahlen Bäumen erkannte ich die Schicksalsstürme, die über mich hinweggebraust waren. Sie hatten viele Illusionen zerstört und Blütenträume nicht reifen lassen. Anstatt zu fliehen oder die Augen vor den unangenehmen Eindrücken zu verschließen, war ich gewillt, den Sinn der Traum-Ereignisse zu erfahren.

»Wenn ich nicht müßte, würde ich hier nicht gehen«, sage ich zu einem Mann hinter mir. Daran erkenne ich meine Entschlossenheit, aufzuräumen, Ordnung zu schaffen und mich mit der Vergangenheit auseinanderzusetzen. Der erste Schritt aus der Lethargie heraus war getan, und wie mein Leben weiter verlaufen würde, hing allein von mir ab. Doch so allein doch wieder nicht, denn es war ja noch ein Mann da, zu dem ich die Worte gesprochen hatte.

Er erinnerte mich an den Traum »Der Retter lebt in uns«,

mit dem uns die Deutung auf der Subjektstufe nahegebracht wurde.

In beiden geht es um die männliche Potenz, der Jung den Namen »Animus« gegeben hat, im Gegensatz zu »Anima«, dem Weiblichen im Manne.

Mein Animus wird mich begleiten, mir helfen, Ordnung in den seelischen Haushalt zu bringen, und wir werden einander vertrauen und zusammenarbeiten.

Dieser Traum hat für mich nichts von seiner Aktualität verloren. Immer wieder werden sich mir neue Einsichten erschließen – über das, was ich längst für abgetan und erledigt hielt. Ich werde einsehen, wieviel Störendes das Verschüttete, Verdrängte und vom Staub der Jahre Überdeckte enthält. Ich werde erkennen, welche Kräfte und Gegenkräfte mein Leben bestimmt haben und wie ich ihnen begegnet bin. Ich bin mir bewußt, wie mich dieser Rückblick beanspruchen wird, wenn ich nur an die vielen Menschen denke, die in meinem Leben eine Rolle gespielt haben, ähnlich einer Tragikomödie, in der Liebe und Haß, Neid und Eifersucht, Treue und Untreue dargestellt sind. Diese Begegnungen werden mich erschüttern und viel Tränen kosten, denn zu erkennen, wieviel falsche Wege man gegangen ist und wie oft man sich schuldig gemacht hat, ist nicht leicht zu ertragen. Aber der Traumgestalter, der mich mit tiefgründigen Träumen beschenkt, weiß, wozu das alles gut ist, und ich habe Vertrauen zu ihm. Wenn ich erst besser mit seiner Sprache vertraut bin, werde ich erfahren, wie er mein Warum und Wozu beantwortet. Er wird mir neue, unverhoffte Einsichten schenken, mit denen es mir gelingt, mein Leben besser zu bewältigen.

*

Ich bin achtundvierzig Jahre alt, verheiratet und kinderlos. Für mich war die Bekanntschaft mit den Träumen eine Offenbarung. Die Bilderszenen, die jede Nacht vor meinen Augen abrollen, sind so eindrucksvoll, daß ich mich am Morgen noch an jede Einzelheit erinnere:

Vier Träume einer Nacht

Erste Szene: *Ich komme von irgendwoher – es muß morgens nach dem Aufstehen sein – an ein größeres Regal, das im Freien steht und mit Schuhen angefüllt ist. Aus all den vielen Schuhen will ich meine eigenen heraussuchen. Ich finde einen, er ist dunkelblau, flach, mit Steg und Spange, den ich anziehe. Ich meine, es war ein rechter. Trotz intensiven Suchens kann ich den dazugehörigen linken nicht finden, und so gehe ich nur mit dem rechten Schuh am Fuß einen Weg, wo viele Menschen teils herumstehen, teils auch an Wirtshaustischen sitzen. Lebhaftes Stimmengewirr ist hörbar. Ich schaue den Leuten angestrengt auf die Füße, ob nicht jemand meinen fehlenden Schuh anhat.*
Ein Stückchen weiter steht auf einer Wiese zu meiner Rechten eine Maschine, einem Roboter ähnlich, mit Greifarmen, die sich plötzlich, surrende Laute von sich gebend, bewegen. Es sieht so aus, als ob sie jemanden erdrücken wollten. Dann versinkt der ganze Apparat im Erdboden. Ich höre eine Stimme sagen: »Siehst du, so werden Menschen umgebracht.«
Dann gehe ich wieder zurück zu dem Regal und suche nochmals nach meinem linken Schuh. Eine mir fremde, aber vertraut wirkende Frau hilft mir nun suchen. Sie findet auch einen Schuh, den sie mir zeigt. Er sieht aus wie meiner, hat jedoch einen höheren Keilabsatz, und ich sage: »Das ist er nicht!«

Wieder gehe ich weg, nun aber in die entgegengesetzte Richtung, und gerate in ein dichtes Knäuel Menschen verschiedenen Alters und Geschlechts. Da sie alle an mir vorbei wollen beziehungsweise ich an ihnen, stecke ich eine Weile fest, bevor ich weiterkomme.

Zweite Szene: Eine mir fremde Frau, unauffällig elegant gekleidet, mit selbstsicherem Auftreten, geht auf eine große schwarze Limousine zu, neben der ein Mann in abwartender Haltung steht. Ich halte ihn für den Chauffeur und meine auch, daß er entsprechend gekleidet ist. Zwei oder drei mir ebenfalls fremde Frauen folgen mit mir der »Dame«. Das Auto steht auf einem Weg in einem großzügig angelegten Park, und neben dem Chauffeur sind Büsche und ein großer, gesund wirkender Baum, in vollem Grün, der mir besonders auffällt.

Auf dem Auto ist ein Aufbau, ähnlich wie bei einem Wohnmobil, auf den der Mann hinweist. Jemand flüstert mir zu: »Das ist der Henker, der sich hinter der Maske des Chauffeurs verbirgt.« Dabei fällt mir ein, daß vorher bei den vielen Menschen schon mal jemand geflüstert hat: »Da hinten geschahen und geschehen noch Massenmorde. Die Leute, die du da siehst, werden alle noch umgebracht. Sie sind aber ahnungslos.«

Die Dame besichtigt und befühlt den Aufbau und sagt: »Fein, jetzt kann ich dann endlich im Auto baden.« Ich denke: Na, so viel Wasser wie in eine Badewanne geht doch in den Aufbau nicht rein, und wo will sie eine Badewanne im Auto unterbringen?

Wir gehen dann alle zusammen bei strahlendblauem Himmel über einen weitläufigen und gepflegten grünen Rasen. Es ist sonnig und warm. Im Hintergrund steht, etwas erhöht, ein großes einstöckiges Gebäude aus rotem Backstein. Es wirkt auf mich wie ein englischer Herren-

sitz, sauber und gepflegt – doch es hat keine Fenster! Nur die Nischen, mit gemauerter Umrandung, sind deutlich sichtbar. Die Dame deutet auf den Bau und sagt: »Darin habt ihr gewohnt.« Ich bin sehr erstaunt, denn ich kann mich nicht erinnern.

*Dritte Szene: Nun befinde ich mich in einem hellen, geräumigen Treppenhaus, es könnte in dem Gebäude sein. Die Dame und ich wollen gerade die Treppe hinaufgehen. Da kommt eine andere, etwas ärmlich, aber ordentlich und sauber wirkende Frau mit einem ungefähr sechsjährigen Jungen an der Hand von oben herab und sagt zu der Dame neben mir: »Ich habe es mir überlegt, ich will doch nicht bleiben, sondern gehen, lassen Sie mich raus.«
Ich sage zu ihr: »Aber warum, bleiben Sie doch. Die Frau will doch Ihnen und Ihrem Kind helfen.«
Sie erwidert mir: »Sie wissen wohl nicht, daß jeder, der in diesem Haus bleibt, umgebracht wird!«
Mir wird angst, ich denke wieder daran, daß schon etwas von Massenmorden gesagt wurde, und möchte fliehen.*

Vierte Szene: Jetzt bin ich in einer ganz anderen Straße, laufe auf einem Gehsteig, der rechts neben älteren mehrstöckigen, ebenfalls aus rotem Backstein erbauten Wohnhäusern verläuft. Ich komme an eine Kurve, hinter der ich eine laut schimpfende Frauenstimme höre. Dann sehe ich zwei Frauen um die Ecke kommen. Sie laufen auf der Straße. Die eine ist farbig, aber unauffällig gekleidet, die andere sehr viel größer, dick, in einem langen schwarzen Kleid mit einer eng anliegenden schwarzen Kappe auf dem Kopf. Ich schaue sie erstaunt an und bemerke, daß sie eigentlich noch ein Kind ist, was mir aber durch die Kleidung nicht gleich auffiel. An der Straßenbiegung kommt mir eine Schar lärmender Kinder, etwa

acht bis zehn Jahre alt, ins Blickfeld, die mit einem Gar-
tenschlauch herumspritzen. Aha, denke ich, deshalb hat
die Frau geschimpft. Ich bin neugierig, will die Kinder et-
was fragen — wache aber erschrocken auf, weil ich
Schritte auf der Treppe höre und es Zeit zum Aufstehen
ist.

Dieser Traum hat mir viel über mein Leben erzählt. Endlich bin ich innerlich aufgewacht und habe mich auf den
Weg gemacht. Ich weiß, daß ich in meiner Kindheit —
etwa im Alter zwischen sechs und zehn Jahren — Schuhe
mit Steg und Spange hatte. Mir fallen die Sprichwörter
»In den Kinderschuhen steckengeblieben« und »Sich den
Schuh anziehen, der paßt« ein, dazu der häufig ge-
brauchte Ausspruch meiner Mutter: »Kinder haben
nichts zu wollen, die haben zu gehorchen.«
Meist tat ich so, als ob — aber mit Aggression dahinter, die
ich dann — aufgespeichert — mit in mein Erwachsenen-
dasein nahm.
Meist habe ich mich angepaßt und meinen Groll und die
innere Auflehnung runtergeschluckt, so daß sie mir Ma-
genbeschwerden verursachten.
Jetzt suche ich meinen linken, den mir wirklich passenden Schuh. Ich will ihn sogar jemandem, der ihn vielleicht anhat, wegnehmen. Endlich bekomme ich den
Mut, meinen, mir gemäßen Weg zu gehen, auch wenn
ich »gegen den Strom schwimme«.
Es ist noch nicht lange her, seit ich bewußt erkennen
konnte, wie ich von meiner Mutter mit Liebe erdrückt
wurde. Dasselbe habe ich später mit meinem Mann und
er, genauso unbewußt wie ich, mit mir gemacht. Jeder
hat auf seine Weise versucht, dieser ihm lebensbedroh-
lich erscheinenden Umklammerung zu entkommen, und
so entfremdeten wir uns immer mehr. Eine festhalten

und besitzen wollende Liebe kann wirklich das Gefühl erzeugen, erdrückt zu werden. Der Roboter hat mir das bildhaft gezeigt und die Stimme es mir gesagt. Nun, da ich diese Erkenntnis in mein Bewußtsein integriert habe, kann die Maschine von der Oberfläche verschwinden und im Erdboden versinken.

Die elegant und selbstsicher wirkende Dame ist auch ein noch nicht genügend entwickelter Anteil meiner Persönlichkeit. Das Auto symbolisiert diese ebenso wie die Lebenskraft seines Besitzers. Da es hier groß, aber schwarz dargestellt ist, bin ich mir noch gar nicht richtig bewußt, was alles in mir steckt.

Der Chauffeur steht abwartend daneben: Ich muß erst noch lernen, mein Leben wirklich selbst zu steuern.

Zu viele Masken habe ich getragen und dahinter mein wahres Gesicht verborgen. Doch auch die unschönen, die Schattenseiten muß ich lernen anzunehmen, damit ich später sagen kann: »Zum Henker mit ihnen«, und anfange, sie durch bessere zu ersetzen.

Im Bad will ich mich »reinwaschen« und erneuern. Dann zeigt mir die Dame, wie ich bisher gelebt habe. Sauber, ordentlich, gepflegt – aber alles nur Fassade! Ich habe niemandem Einblick gewährt und war so introvertiert und zeitweise depressiv, daß ich am Leben, das um mich herum im Sonnenschein lag, gar nicht mehr richtig teilnahm. Zugemauert! Jetzt deuten der Sonnenschein und die üppige Vegetation auf Bewußtheit hin.

Die andere Frau, mit dem Kind, sehe ich als Warnung an, nicht mehr im Kindhaften der alten Lebensweise zu verbleiben! Die würde mich umbringen, vom Leben trennen.

Die Häuserzeile erinnert mich an Straßen meiner Kindheit. Wie gerne möchte ich manchmal so ausgelassen und fröhlich sein wie Kinder, die mit dem Wasserschlauch –

Wasser als Symbol für die Gefühle – herumspritzen und sich »keinen Zwang antun«. Doch da sind noch immer die Eltern in mir, die warnend den Finger heben und sagen, daß man sich nicht gehenläßt. »Nur nicht auffallen«, wurde mir oft gesagt, und diese Haltung übernahm ich. Das hat mir viel von meiner Lebendigkeit genommen. So lief ich oft mit schwarzen Gedanken durchs Leben. Äußerlich ein erwachsener Mensch, aber im Innern ein unsicheres, ängstliches Kind, das sich nicht getraute, den Dialog mit allem, was Leben ist, einzugehen und Verantwortung zu übernehmen, Antwort auf jeden Anruf des Lebens und den Mitmenschen zu geben.

Das will ich ändern, und ich weiß, daß es da viel zu tun gibt. Meine Träume werden mir dabei helfen.

*

Ich komme aus einer ländlichen Gegend, wo ich als Einzelkind aufgewachsen bin. Nach einer Beschäftigung im Büro habe ich ein Sozialpädagogikstudium absolviert, das mich mit den verschiedensten Menschen zusammenführte. Jetzt bin ich siebenundzwanzig, und mit dem Traumseminar beginnt mein nächster Lebensabschnitt:

Abbruch und Aufbruch

Ich bin auf einem Markt mit Ständen, die abgebaut werden sollen. Eine Verkäuferin bietet den Kunden noch Schuhe an, und sie trifft immer die richtigen, welche die Leute interessieren. Ich und noch jemand beginnen, riesige hohe Masten abzubauen, aber ich weiß nicht recht, bei welchen anfangen, und ziehe erst einmal kürzere aus der Erde.

Dann bin ich mit zwei anderen zusammen. Ich habe eine
Geschichte geschrieben. Zuerst rede ich mit dem einen
darüber. Ihm ist sie zu freundlich und sanft. Ich finde es
irgendwie komisch, daß er daran so herummeckert und
gleich Probleme von mir darin sieht, über die er mit ei-
nem anderen redet. Ich glaube, bei mir würde einfach
jede Geschichte so, da kann ich gar nichts machen.
Ich sehe ein junges Mädchen, das einfach losgeht. Sie hat
einen kurzen Rock an, und irgendwie weiß keiner so
recht, wohin sie will. Sie geht durch einen Wald, und
wenn jemand kommt, versteckt sie sich zuerst wegen des
kurzen Rocks, aber dann ist es ihr egal. Einmal beobach-
tet das eine ältere Frau, die weise lächelt und nichts sagt.
Das Mädchen geht, wie wenn es ein bestimmtes Ziel
hätte und sich dahin aufmacht. Es hat noch dicke
Strümpfe an.
Auf einem ewig breiten Fluß sitzt ein junger Mensch in
einem kleinen Boot. Er läßt sich von der Strömung her-
übertreiben. Er fungiert als Fährmann und fährt wieder
zurück. Das Boot ist dünnwandig. Meist ist das Wasser
ruhig, doch auf einmal kommt er in einen mächtigen
Sturm mit hohen Wellen, und es sieht sehr gefährlich
aus.

Dieser Traum zeigt für mich sehr anschaulich und klar,
was im Moment in mir und in meinem Leben geschieht.
Wieder einmal fasziniert mich die Fähigkeit meines Unbewußten, mir in phantasievollen Bildern nahezubrin-
gen, auf was es ankommt, was zu tun ist oder was gerade
in mir geschieht.
Der Markt, der Markt des Lebens, auf dem gehandelt und
gefeilscht wird, der voll ist von Aktivität, Energie, Kommunikation, Begegnung mit anderen – auf ihm werden
Kontakte geknüpft, wird Ware angeboten, er ist voll von

buntem Treiben, voll von Lebendigkeit, Nach-außen-gerichtet-Sein. Gerade diesen Markt in mir gilt es abzubauen. Nicht nach außen treten, nicht mitten auf dem Schauplatz des Lebens, in der Öffentlichkeit zu stehen, so heißt es für mich.

Viel Ware, viele Aktionen und Attraktionen habe ich ausprobiert im Laufe meines Lebens, im Laufe der letzten Jahre. Nicht noch mehr ist anzuhäufen, nicht noch mehr Geld, das heißt Energie, ist nach außen zu tragen. Was dies bedeutet, mag ermessen, wer meine Lust auf Unternehmungen, Aktivitäten kennt, den fast unstillbaren Hunger nach Abenteuern, Unternehmungen mit anderen. Diese Seite des Lebens habe ich stark gelebt. Ist nun die andere angesagt? Welche Schuhe passen mir? Findet die Verkäuferin auch die richtigen für mich?

Es erscheint mir beruhigend, zu wissen, daß alle Personen, die am Traumgeschehen beteiligt und mir unbekannt sind, Wesensteile von mir selbst darstellen. Kann ich aus diesem Traumbild die Hoffnung schöpfen, daß ein Teil meines Wesens die richtigen Schuhe, die richtigen Stiefel, »die ich mir anziehen will«, finden wird? Vielleicht, wenn ich mehr zum Zuge komme, der Markt, die Geschäftigkeit etwas ruhiger wird?

Wir sind dabei, die Masten abzubauen, so ganz leuchtet es mir noch nicht ein, und so beginne ich bei den kurzen. Die hohen, schwieriger zu handhabenden, kommen später. Zeit der Vorbereitung, die Entwicklung geht weiter, und vielleicht ist es besser, sich nun einzuschwingen, ehe das Schicksal mich zwingt.

Immer wieder bin ich begeistert, wie Träume uns helfen, Situationen oder Aufgaben, die anstehen, zu erkennen, und somit auch Wege aufzeigen, die wir gehen können oder sollen. Ist so auch der nächste Teil meines Traumes zu verstehen?

Es geht ums Schreiben. Welch befreiende, erlösende Wirkung das Schreiben von kurzen Geschichten und Märchen hat, habe ich ja schon festgestellt. Ganz erstaunt war ich, als, durch die Traumarbeit angeregt, meine Phantasie und Kreativität für mich offensichtlicher wurde. Nie hätte ich geglaubt, so viel Phantasie zu besitzen! Aber ist es nicht ein Teil von mir, also letztlich ich selbst, der in der Lage ist, diese brillanten, treffenden Traumsymbole, -bilder, -geschichten zu »erfinden«? Welche Schätze liegen noch unentdeckt in meinem – in unserem – Inneren?

Also Schreiben, warum nicht? Aber da sind noch zwei andere im Traum dabei, mir unbekannt, aber Wesensteile von mir selbst. Sie sehen mehr, was mir gar nicht paßt. Warum müssen die auch herummeckern, bin ich nicht toll genug, wie ich bin? Meine Geschichten werden nun mal so und nicht anders! Dabei finde ich sie doch so schön und harmonisch: »Was, das Leben ist nicht nur schön? Das gefällt mir aber gar nicht!«

Wie gerne würde ich dieses kosmische Gesetz der Polarität für ungültig erklären. Doch im Laufe der Zeit mußte ich erkennen, daß dies nicht möglich ist. Beide Seiten gehören dazu, um »ganz« zu werden. Es ist nichts nur schön und nichts nur schlecht. Ich kann nicht nur die schöne Seite des Lebens genießen, auch Leid, Kummer, Wut, Angst gehören zu einem erfüllten, runden Leben. Der Mann, dem meine Geschichten zu freundlich sind, hat dies erkannt und weist mich darauf hin, daß ich eine Seite verdrängt habe. Seine Kritik, die natürlich ein Teil von mir selbst äußert, verärgert mich. Ich ärgere mich über mich selbst. Wird das junge Mädchen mit dem kurzen Rock diese unangenehme, leidvolle, dunkle Seite mit ins Leben integrieren?

Es ist noch jung, hat einen kurzen Rock an. Unerfahrenheit und Kindlichkeit spricht für mich aus diesem Bild. Jung und doch mutig: Es geht einfach los, vielleicht noch viel mehr mit dem Gefühl des Aufgehobenseins, des inneren Wissens und Vertrauens, wie gerade junge Menschen es noch haben, junge noch – und alte wieder? Schließt sich hier der Kreis?

Der junge Mensch, der sich auf den Weg macht, machen muß, auch wenn er sich noch geniert wegen des zu kurzen Rocks, sich lieber verstecken würde, lieber am Rockzipfel der Mutter hängenbliebe? Noch scheu und schüchtern, wissend um die Unerfahrenheit, die ihn begleitet, und trotzdem voll Vertrauen, dem Gefühl der Notwendigkeit, sich ins Leben zu wagen, folgend. Irgendwann ist genug Selbstbewußtsein entwickelt, es besteht kein Grund mehr, sich zu verstecken.

Die alte Frau lächelt weise, wissend aufgrund der Erfahrung, die hinter ihr liegt, den größten Teil des Weges hat sie schon zurückgelegt. Sie sagt nichts, denn muß nicht jeder seine eigenen Erfahrungen sammeln, sich auf die Fährte der eigenen Lebensspur begeben, dieses Spiel des Lebens in einer neuen, einzigartigen Weise mitspielen, diese immer wiederkehrenden Fragen, Gedanken, Nöte durchleben: Wohin geht mein Weg, welches Ziel habe ich im Leben?

Dieser Teil des Traumes berührt mich sehr stark. Es stimmt mich froh, daß das Mädchen – ein Wesensteil von mir – sich auf den Weg gemacht hat und das Ziel zu kennen scheint. Es läßt mich an Momente denken, in denen auch ich das Gefühl habe zu »wissen«, spüre, daß ich Vertrauen haben kann, in mich, meine Fähigkeit, den Weg zu finden, in das, was mir hilft, was alles wunderbar und in Ordnung erscheinen läßt. Wie schön, das Ziel im Blickfeld zu haben und auch noch von weisen, alten Augen lächelnd begleitet zu werden!

Den letzten Teil des Traumes konnte und wollte ich zuerst nicht so gerne in einen Bezug zu mir bringen. Was habe ich mit dem jungen Mann auf dem Fluß zu tun? Ich kenne ihn nicht, aber das heißt, auch er ist ein Teil von mir. Sich am Wasser aufzuhalten bedeutet zunächst einmal, in der Nähe seiner Seele zu sein. Ich träume oft vom Wasser, und auch in natura ist es das Element, in dem ich mich so richtig wohl fühle. Doch so gern ich schwimme, ein Unwetter wie im Traum auf dem breiten Fluß würde auch mich schrecken. Der junge Mann auf dem Wasser, der sich sonst so gerne treiben läßt, kommt in Schwierigkeiten. Zweifellos, denn sein Boot wird nicht viel aushalten, es ist sehr dünnwandig.

Es scheint, ein männlicher Teil in mir hat Schwierigkeiten, er, das heißt ich, scheint innerlich sehr aufgewühlt und angerührt. Darf ich oder er nicht mehr so selbstverständlich mitschwimmen? Sich nicht mehr treiben lassen im winzigen Boot auf dem riesigen Fluß? Hin und her, hier mal hineinschnuppern, da mal vorbeischauen. Muß er sich auf seine eigenen Kräfte besinnen? Oder wird nun überhaupt erst einmal die Existenz dieses männlichen Wesens auf dem Fluß, der ja das Wasser der Gefühle, des Unbewußten enthält, in Frage gestellt?

Meine weibliche Seite war lange Zeit im Hintertreffen, gerade sie, die wichtig ist, um mit Intuition und Gespür den rechten Lebensweg zu finden, um nach der Welt der Aktionen und Abenteuer, nach Zeiten des bunten Treibens auf dem Marktplatz, mehr Gewicht auf die andere Seite der Waagschale zu bringen. Vielleicht, um mehr Ruhe zu finden, mehr Tiefe für das, was ich wirklich möchte, für gefühlsmäßige Beziehungen, für Mitgefühl und Fürsorge anderen gegenüber, all das, wovon mich mein Drang nach Unternehmungen immer abhält.

Betrachte ich Träume wie diesen, fühle ich mich wieder

sehr optimistisch, auch wenn ich oft mutlos bin – angesichts des Berges unbewältigter Schwierigkeiten und Probleme in mir und mit mir. Doch mein Vertrauen in die Helfer in mir, in diese wunderbare Kraft, die genau weiß, wieviel sie mir zumuten kann, die aufrüttelt, nachdenklich stimmt und ermuntert, nicht zu verzagen, wächst, und oft freue ich mich am nächsten Morgen über den neuen Traum.

*

Zu Beginn der Auseinandersetzung mit meinen Träumen konnte ich mir kaum vorstellen, wieviel Weisheit und Wahrheit doch in ihnen steckt. Zudem war mir der Zugang zu den Traumbotschaften und ihrer Symbolik versperrt, selten nur konnte ich mich an meine Träume erinnern. Dieser Zustand hat sich im Laufe der Zeit grundlegend gewandelt, wie nachfolgender Traum zeigt:

Sommercamp-Traum

Ich bin auf dem Weg zu einem buddhistischen Sommercamp. Es scheint auf einer Insel zu sein und in einem großen, halb verwilderten Gebäudekomplex, der recht geheimnisvoll wirkt, stattzufinden. Um zu den Veranstaltungen, den Belehrungen und Meditationen mit buddhistischen Meditationsmeistern aus Asien zu gelangen, muß man sich ins Innere des Häuserkomplexes begeben.

Es ist nicht leicht, den richtigen Eingang des Hauses zu finden. Während das bei einigen schnell und leicht zu gehen scheint, bin ich und ein paar andere schon umständlicher. Wir klettern an einer Stelle hoch und stehen dann vor einer Tür. Diese sieht sehr technisch-kompliziert aus und ist mit vielen Zahlenkombinationen und Schlössern gesichert. Es scheint fast unmöglich zu sein, sie aufzubekommen.

Ich berühre sie nur leicht, und sie geht plötzlich und unerwartet auf. Ein unangenehmer, muffiger Geruch kommt mir entgegen, es ist nicht gerade einladend, dort hineinzugehen. Kurz danach kommt eine weitere Tür. Diese hat einen Verschluß, der mich spontan an den Kühlschrank- bzw. Brotschrankverschluß in meiner Kindheit erinnert. Das alles wirkt sehr abstoßend.

Andere, die mit mir unterwegs sind, haben einen anderen Weg gefunden. Sie lassen sich durch einen sehr engen, gerade mannsbreiten Tunnel hinuntergleiten. Die Veranstaltungen scheinen tief unten stattzufinden. Ich nehme meinen Mut zusammen und steige auch in den Tunnel. Es ist ein Gefühl, endlos in die Tiefe zu gleiten. Um mich zu beruhigen, spreche ich dabei Meditationsmantras. Aber meine Angst hält sich in Grenzen, und schwuppdiwupp komme ich auch schon unten an.

Es stellt sich heraus, daß es doch nicht der Weg zu den Veranstaltungen war. Wir befinden uns jetzt in einem ruinenartigen, verwilderten, geheimnisvollen Teil des Komplexes. Ich lasse mich erst von der Angst anstecken, wir hätten uns verirrt, merke aber bald, daß es nicht schwer ist, hier wieder herauszufinden. Endlich gelange ich ins Freie, und die Gegend hat jetzt schon viel mehr Ähnlichkeit mit dem wirklichen Veranstaltungsort. Er ist neben einem Fußballplatz, wo gerade ein Spiel ausgetragen wird.

Für mich ist das ein krasser Gegensatz zu der geistigen Veranstaltung, die gleich nebenan stattfindet. Plötzlich habe ich auch einen Fußball vor meinen Füßen und spiele mit Kindern, die versuchen, mir den Ball abzujagen. Ich wache auf.

Dies war einer der ersten Träume, die ich in mein Wachbewußtsein hinüberretten konnte, kurz nach Beginn der Traumarbeit im Seminar. Ein Traum, der mich gefühlsmäßig sehr aufgewühlt hat und mir die Situation, in der ich war, deutlich vor Augen führte.

Ich durchlebte eine sehr schwierige und schmerzhafte Zeit, stand ich doch kurz vor der Trennung von meiner damaligen Freundin und wußte zudem nicht, wie und in welche Richtung mein Leben weitergehen sollte. In welche Stadt sollte ich ziehen? Wie sollte meine berufliche Zukunft nach dem abgeschlossenen Sozialpädagogikstudium aussehen? Was will ich überhaupt vom Leben?

Viele Fragen und Probleme, denen ich mich am liebsten entzog, indem ich in eine geistige Scheinwelt flüchtete. Ich hatte mich aus Frustration an den für mich schlimmen Zuständen in dieser Welt schon früh für philosophische und geistige Themen interessiert und wandte mich unkonventionellen Bereichen wie der Astrologie, der Meditation und dergleichen zu. Mein Anliegen dabei war zwar gewesen, mit Hilfe dieser Methoden mein Alltagsleben besser meistern zu können, in Wirklichkeit jedoch eine Flucht in ein Luftschloß, in dem es keine Probleme und keine unliebsamen Konfrontationen mit der »rauhen Wirklichkeit« gab. Ich hatte mich also ziemlich stark vom Boden der Tatsachen entfernt, was sich in meiner mißlichen Traumsituation widerspiegelte.

Mit meinem jetzigen Bewußtsein betrachtet, das sich während des Traumseminars entwickelt hat, erkenne ich, wie sehr ich mich von meiner Wirklichkeit, von mir selbst entfernt hatte. Geistig beziehungsweise kopfmäßig schwebte ich in »anderen Gefilden« – bestanden meine Haupttätigkeiten doch in Meditieren, Grübeln und Philosophieren –, aber mein Gefühlsleben hatte ich dabei total vernachlässigt, ja sogar von mir abgespalten.

Ich mußte also von meinem selbstgebastelten »Wolkenthron« in die Tiefe hinabsteigen, um meine Gefühle wieder zu entdecken. Erst dann würde ich beginnen können, meine inneren Probleme klar zu erkennen und mit der Auflösung derselben voranzuschreiten. Ich erkannte, daß es erst dann möglich und sinnvoll ist, »geistige Gefilde« zu betreten, wenn ich mich von den Ketten meiner inneren Zwänge und Ängste befreit habe. Daß dieser Befreiungsweg kein theoretischer Umgang mit Problemen ist, sondern sehr praktisch und »hautnah« passieren mußte, wurde mir im Laufe der Zeit klar. Meinen Schmerzen und Ängsten durfte ich nicht länger aus dem Wege gehen, sondern ich mußte mich ihnen stellen, um mich schließlich mit mir selbst auszusöhnen.

Der Sommercamp-Traum beschreibt die genannte Problematik recht deutlich, befinde ich mich doch auf dem Weg zu einer geistig-philosophischen Veranstaltung. Daß sie auf einer Insel stattfindet, zeigt mein »geistiges Inseldasein«, also wie isoliert dieser Bereich dasteht. Der verwilderte Gebäudekomplex läßt zudem darauf schließen, daß hier etwas nicht in Ordnung – verwildert – ist und wieder gehegt und gepflegt werden muß.

Den Veranstaltungsort zu finden ist für mich nicht sehr einfach. Bevor ich den Bereich »geistiger Schulung« ausfindig mache, muß ich noch andere Erfahrungen sammeln. Fürs erste scheint der Weg verschlossen, wie die übermäßig gesicherte Tür symbolisiert. Aber ich lasse mich dadurch nicht entmutigen, was bewirkt, daß sie sich bei einer leichten Berührung öffnet. Der Traum zeigt mir also: Ich habe den ersten wichtigen Schritt zu meiner Innenwelt mit all ihrer Problematik getan. Der Bereich meiner Gefühle, der mir noch vor kurzem so unzugänglich erschien, öffnet sich, wenn ich nur den Mut aufbringe, mich ihm zu nähern.

Der Geruch, der mir dabei so unangenehm entgegenfährt und an Moder und Fäulnis erinnert, macht mir extrem deutlich, was mich erwartet, wenn ich nun weitergehe. Alte, ungelöste und unverdaute Geschehnisse, die sicher meist noch aus der Kindheit stammen, faulen und gären vor sich hin. Die Aufgabe, die nun auf mich wartet, ist, diesen Unrat zu beseitigen, meine Innenwelt zu reinigen und all das Unverdaute endlich zu verdauen, all das Unbrauchbare, all die Giftstoffe, die sich angesammelt haben, auszuscheiden, damit sie mich nicht weiterhin innerlich verderben.

Aber mit der ersten Tür war es noch nicht getan. Eine zweite, die mich spontan Kindheitserlebnissen und -gefühlen gegenüberstellt, wird sichtbar. Kühlschrank und Brotschrank waren in unserer Familie die Behältnisse mit dem festesten Verschluß, die nur von außen zu öffnen waren: Sicher hatte ich mir als Kind mit meiner lebhaften Phantasie vorgestellt, darin zu sitzen und nicht mehr herauszukommen. Etwas in mir habe ich also so fest verschlossen, daß es gefangen ist und sehnlichst darauf wartet, befreit zu werden.

Einstweilen liegen die Gefühle auf Eis, wie der Kühlschrank symbolisiert. Andererseits befinden sich in Kühlschrank und Brotschrank auch Lebensmittel, die ja Lebensenergie bedeuten. Um diese innere Lebenskraft – die ich in meinem bisherigen Leben sehr vermißte – zu aktivieren, mir nutzbar zu machen, muß ich schon die Tür öffnen.

Die Situation wandelt sich, und es taucht jetzt ein Tunnel auf, durch den man sich hinuntergleiten lassen muß. Auch hier zögere ich nicht und lasse mich ins Ungewisse fallen. Dies ist ein weiteres Zeichen, daß ich nun, nach siebenundzwanzig Lebensjahren, endlich bereit bin, die so sehr notwendige »innere Reise« zu unternehmen. Ich bringe den Mut und das Vertrauen auf, daß ich nicht ins Endlose falle, also im Unbewußten versinke, sondern irgendwo ankommen werde. Und ich komme auch wieder heraus, und zwar in einem verwilderten Komplex der Anlage und nicht, wie erhofft, bei der buddhistischen Veranstaltung.

Wieder zeigt mir der Traum, daß auf meinem Weg zu den ersehnten geistigen Sphären noch viel Ordnung geschaffen, noch viel innere Aufräumarbeit geleistet werden muß.

Daß ich keine Angst zu haben brauche, mich dort zu verlieren, also in geistige Verwirrtheit zu verfallen, sehe ich, denn ich finde leicht wieder heraus. Diesmal bin ich dem Veranstaltungsraum schon sehr nahe, aber die Szenerie ist für mich durch das Fußballspiel getrübt. Nach meiner damaligen Auffassung war das eine sinnlose, stumpfsinnige Beschäftigung, die sich von der »Heiligkeit« der buddhistischen Veranstaltung in krassem Gegensatz abhob.

Aber darin lag gerade mein Fehler. Ich hatte die Freude am Spielerischen verloren und drohte in philosophischer Ernsthaftigkeit zu ersticken. Daß ich dann plötzlich selbst einen Ball vor den Füßen habe, zeigt mir: Es ist momentan viel wichtiger, mich dem Bereich des Spielens und des lockeren Umgangs mit dem Leben zu öffnen, als mich weiterhin mit geistigen Werten einseitig vollzustopfen. Ich erkenne jetzt, daß hier, wie auch in jedem anderen Lebensbereich, ein Ausgleich gefunden werden muß.

Das Ballspiel mit den Kindern am Schluß des Traumes gab mir Hoffnung. Ich habe den Weg, dieses innere Ungleichgewicht zu bereinigen, bereits eingeschlagen. Wenige Tage später ergab sich dann tatsächlich die Möglichkeit eines Fußballspiels mit Freunden. Mich an diesen Traum erinnernd, packte ich die Gelegenheit beim

Schopfe. Es hat mir wider Erwarten sehr großen Spaß gemacht, und ich mußte an meine Kindheit zurückdenken.

*

Seit meiner Kindheit habe ich viel geträumt, aber nie die Aussagen dieser nächtlichen wirren Gedanken, wie ich sie beurteilte, verstanden. Überwiegend waren es Angstträume, die mich quälten und deren Bilder mich beim Aufwachen sehr beunruhigten. Sie begleiteten den Tag oft als bedrückende Last.

Aus diesem Grunde ist es verständlich, daß ich mir beim Einschlafen wünschte, nichts zu träumen, weil ich die wirren Wahngebilde und ausweglosen Situationen – oft losgelöst vom Zusammenhang des Geschehens – sehr fürchtete.

Diese Einstellung zu Träumen wandelte sich schlagartig, als ich, im Alter von achtundvierzig Jahren, am ersten Abend des Traumseminars erfuhr, daß Träume immer Botschaften von mir an mich sind und ich sie als meine besten inneren Freunde wahrnehmen soll. Jeder Traum möchte mir helfen, mich selbst tiefer zu verstehen, um meinem wahren Selbst näherzukommen. Wie der Schmerz mir Signale über Störungen in meinem Körper gibt, so ist jeder Traum, auch wenn er mich verwirrt, erschreckt und oft unverständlich bleibt, ein Warner, Mahner und Wegweiser für das Heilwerden und Ganzwerden des Menschen. Mit diesen für mich sehr einleuchtenden neuen Erkenntnissen ließ ich mich von nun an voll Vertrauen auf meine Träume ein und versuchte anhand des neuen Wissens, ihre Botschaften immer besser zu verstehen.

Sehnsüchtig erwartete ich nun Abend für Abend die kreativen Boten des Schlafes, um mich immer wieder neu von ihnen überraschen zu lassen. Ich sah nun meine Träume besser im Zusammenhang, ja, es war oft ein wirkliches Drama, das sich da im Schlaf in meinem Inneren abspielte, wo ich selbst die verschiedensten Rollen einnahm, an die ich mich beim Aufwachen klar erinnerte. Häufig zeigten mir die Träume meine Schattenseiten, und ich brauchte viel Mut, um nicht auszuweichen, alles Anders- und Besser-sein-Wollen aufzugeben.

Träume ließen mich auch erkennen, welche Bedürfnisse und unerfüllte Wünsche ich habe, wo ich mich selbst und andere belog und wo es Gefahren in meinem Leben gab. Auch meine Versagensängste, Hilflosigkeiten, Verletzungen und anstehende Konflikte wurden Aussagen meiner Träume in den anschaulichsten Bildern und Begebenheiten. Oft wurde ich zu Entscheidungen und zur Änderung einer Situation meines Lebens motiviert.

Mit wachsendem Verständnis der Traumbotschaften ließen allmählich die ausweglosen Situationen und Alpträume nach. Wie Träume auch unerkannte Möglichkeiten und Fähigkeiten aufzeigen und kreative Kräfte der Selbsthilfe in uns bewirken, möchte ich am Beispiel eines Traumes veranschaulichen, der mich unwahrscheinlich stark beeindruckte. Ich war in einer sehr schwierigen Lebenslage mit vielen zusätzlichen Belastungen. Nachdem ich mich nun auch noch durch ein Gespräch mit meinem Mann sehr unverstanden fühlte, überkam mich Verzweiflung und Hoffnungslosigkeit. Überrascht wurde ich in der Nacht von folgendem Traum.

Ein neuer Tag

Ich sitze in unserem Wohnzimmer und lese. Beim Verweilen geht mein Blick durchs Fenster auf die Terrasse, und ich freue mich an den schönen bunten Blumen im Sonnenlicht. Plötzlich klingelt es, und ich gehe erwartungsvoll zur Haustür. Groß ist meine Freude beim Anblick einiger lieber Freunde, die ich länger nicht gesehen habe. Während ich sie ins Wohnzimmer begleite, ertönt liebliche Gitarrenmusik.

Immer mehr Bekannte und liebe Menschen erscheinen nach und nach im Raum, auch mein Mann und meine Tochter sind unter ihnen. Sie alle kommen aus Türen und Nischen, die es in unserem Wohnzimmer gar nicht gibt. Als die Stühle und Sessel nicht mehr ausreichen, werden Kissen am Boden als weitere Sitzmöglichkeiten genutzt. Bei Musik und heiterer Stimmung entstehen überall angeregte Gespräche. Erst nach langer Zeit fällt mir bestürzt ein, daß ich den Gästen gar nichts angeboten habe.

Da wir zum Mittagessen Hähnchen bestellt haben, kommt mir die Idee, einfach eine größere Anzahl zu holen. Ich telefoniere mit der Gaststätte und bekomme zur Antwort, daß es die für zwölf Uhr bestellten Hähnchen um vierzehn Uhr nun nicht mehr gibt, doch sie versprechen mir eine Entschädigung. Ohne weiter nachzufragen, stimme ich sofort zu. Bei dem Vorschlag, jemanden zum Abholen vorbeizuschicken, erfahre ich, daß mein Sohn und sein Freund zufällig nach einer Wanderung dort eingekehrt sind und alles gleich mitbringen können.

Nach kurzer Zeit klingelt es, und die beiden tragen eine Überfülle an Köstlichkeiten zu uns herein. Riesige Platten und Schüsseln mit Fleisch, Salaten, Desserts, Obst, Kuchen und sogar Konfekt versetzen uns alle in Staunen. Dazu kommt noch eine üppige Auswahl an Getränken. Fassungslos stehe ich diesem Wunder einen Augenblick gegenüber, doch dann lade ich alle meine Gäste freudig zum Festmahl ein. Bei bester Stimmung genießen wir die

vielen Köstlichkeiten, und dann tanzen wir alle vor Be-
geisterung. Überall brennen Kerzen. Ich bin fasziniert
von der Atmosphäre, der Fülle allenthalben und vielen
interessanten menschlichen Begegnungen – und wache
auf.

Die Wirkung dieses Traumes auf mein Lebensgefühl war
unbeschreiblich. Froh, beschwingt und voll Elan konnte
ich den so befürchteten neuen Tag beginnen. Alle Hoffnungslosigkeit und Verzweiflung waren von mir gewi-
chen. Mir war zumute, als wäre ich über Nacht eine andere geworden. Die phantasievolle Fülle der Traumsymbole hat mir meinen inneren Reichtum wieder zu Bewußtsein gebracht, an dessen Vorhandensein ich schon
gar nicht mehr gedacht hatte. Die so erfahrene spürbare
Hilfe verstärkte einmal mehr meine Bereitschaft, mich
auch in Zukunft auf meine Träume einzulassen.

*

Nachdem ich das nötige Rüstzeug vom Traumseminar
erhielt, beschäftigte ich mich eingehend mit meinen
Träumen. Mich begeisterten die eindringlichen Bilder,
und ich kann sie mir gut merken. Zu den Träumen, die
mir zu Anfang kamen, gehört auch der hier geschilderte:

Ein wichtiges Paket

Ein Briefträger in Uniform kommt durch die offenste-
hende Haustür in die Diele herein. Er übergibt mir ein
graues, fest verschnürtes Leinensäckchen, das zudem
verplombt ist. Ich soll den Empfang mit meiner Unter-
schrift bestätigen. Es gelingt mir nicht, auf der weichen

Unterlage meinen Namen zu schreiben. Als ich auch noch zwei Buchstaben aus Versehen doppelt notiere, denke ich mir im stillen: Noch nicht einmal meinen Namen kann ich richtig schreiben, so dumm bin ich. Ich übertünche mein Mißgeschick schnell, damit der Briefträger nichts merkt.

Als ich das Säckchen öffne, lasse ich vor Freude über den wertvollen und schweren Inhalt meinen Kopf darauf fallen. Es liegen zwei größere und mehrere kleinere Goldbarren in dem Päckchen und außerdem kostbare, winzige Porzellanfiguren, die kleine Bären darstellen. Diese Figuren stammen von früher. Meine Mutter scheint sie für mich aufbewahrt zu haben. Ich bin sicher, daß sie der Absender des Wertpaketes ist und alles für mich eine Erbschaft bedeutet. Das Päckchen enthält auch zwei Becher mit einer Aufschrift, die ich nicht besonders beachte, und ein Glas, das bunt bemalt ist. Wenn man dieses Glas gegen das Licht hält, sieht man eine sehr schöne Landschaft darauf. Mein Vater hat das Glas vor vielen Jahren als Souvenir aus Frankreich mitgebracht. Mein Mann hält sich mit einer weiteren unbekannten Person im Wohnzimmer auf und kümmert sich nicht um mein Wertpaket. Hier endet die Erinnerung an meinen Traum.

Mir wird beim morgendlichen Erwachen sofort klar, daß dieser Traum für mich eine besondere Bedeutung hat, zumal mir die einzelnen Szenen so klar und eindrucksvoll in Erinnerung geblieben sind. Ich beginne alsbald mit der Auflösung meines Bilderrätsels.

Zunächst kommt mir dabei in den Sinn, daß ein Briefträger die Aufgabe hat, Nachrichten oder Botschaften zu überbringen. Die Uniform, die er trägt, scheint die Rechtschaffenheit beziehungsweise Gewichtigkeit seines Auftrags zu unterstreichen. Da er zur Haustür hereintritt, fällt mir dazu ein, daß ein Haus im Traum die Seelenräume darstellt. Die mir zu überbringenden Neuigkeiten oder Erkenntnisse, so schließe ich daraus, sollen damit Zugang zu meinem Inneren finden.

Mit dem rätselhaften oder schleierhaften Leinensäckchen, wie auch die Farbe Grau zum Ausdruck bringt, könnte vielleicht auf etwas aus meiner Kindheit angesprochen sein, weil solche Säckchen heutzutage wohl kaum mehr gebräuchlich sind.

Jedenfalls ist der Empfang nur für mich allein bestimmt und läßt auf einen wertvollen Inhalt schließen, weil eine Plombe angebracht ist.

Die Szene im Traum, bei der mir die Unterschrift auf einer weichen Unterlage nicht gelingt, macht mich besonders nachdenklich, da sie eindeutig auf meine derzeitige Lebenslage anspielt: Ich habe von mir den Eindruck, nicht auf festem Boden zu stehen. Häufig fühle ich mich unsicher, hilflos und eingeengt, ohne genau definieren zu können, was die Ursachen hierfür sind. Viele meiner Lebensumstände kann ich nicht annehmen, ich kann mich nicht so akzeptieren, wie ich bin. Ja, eigentlich weiß ich mit meinen fünfunddreißig Jahren und als Mutter von zwei schulpflichtigen Kindern nicht einmal, wer ich bin und welches Ziel ich einschlagen werde. Der fehlerhafte Name auf der weichen Unterlage bin ohne Zweifel ich selbst. Ich erinnere mich, in meinem bisherigen Leben immer wieder ein Schlupfloch gefunden zu haben, mich durch das Leben zu mogeln, ohne mir meine Schwächen einzugestehen. Im Traum übertünche ich mein Mißgeschick, und im wirklichen Leben gelingt es mir tatsächlich, vieles zu überspielen.

Da tritt für mich im Traumablauf eine günstige Wende ein. Ich erhalte unerwartet Goldbarren übermittelt, deren Wert wohl niemand leugnen kann. Das Symbol Gold bedeutet für mich, als ich darüber nachdenke, Kraft, Glanz, Licht und Freude, also Dinge, die das Leben schön und wertvoll machen und auf die ich dauerhaft nicht verzichten kann.

Die kleinen Porzellanbären scheinen mir ebenfalls recht wichtig. Da der Bär als ein weibliches, mütterliches und gutmütiges Tier gesehen werden kann, wird damit auf meine Gefühlsseite angespielt. Meine Mutter habe ich als bestimmend, wenig einfühlsam, kritisch und häufig schimpfend erlebt. In bezug auf mütterliche Zuwendung, Vertrauen und Nähe bin ich als Kind zu kurz gekommen, weil sich meine Mutter in erster Linie um den schwerkranken Vater und um meine jüngeren Geschwister gekümmert hat. Deswegen habe ich in den prägenden Jahren wichtige Eigenschaften der Gefühlsebene nur spärlich mitbekommen. Der Traum lenkt nun mein Augenmerk darauf, Versäumtes nachzuholen.

Der Ausblick in die Zukunft, die sich im Glas als schöne Landschaft widerspiegelt, kann letztlich wohl nur die Vorausschau auf eine wohlgeordnete Seelenlandschaft bedeuten. Vor dem Erreichen dieses Zieles ist unter anderem jedoch erst eine endgültige Aussöhnung in der Beziehung zum Vater erforderlich – das Glas hatte er als Souvenir mitgebracht –, die nur durch Verzeihen der vielen in der Kindheit erlittenen Entbehrungen geschehen kann.

Durch diesen Traum wurden mir Möglichkeiten aufgezeigt, wie ich in meiner persönlichen Entwicklung weiterkomme. Ich fühle mich durch die Traumarbeit gestärkt, mich mit meinen Fehlern und Schwächen auseinanderzusetzen, und beginne fester an die eigenen Fähigkeiten und Kräfte zu glauben.

*

Ich bin achtzehn Jahre alt und mache im nächsten Jahr das Abitur. Meine Hobbys sind Sprachen, Musik und Theaterspiel. Es passiert unheimlich viel in meinen Träumen, die mich oft an Märchen, Mythen und Sagen erinnern. Ich erzähle meinen Traum, den wir im Seminar besprochen haben:

Persönlichkeitserneuerung

Ich bin im Traum eine Frau. Laut schimpfend laufe ich aus einem Haus und ziehe ein mir fremdes Mädchen hinter mir her. Wir setzen uns in ein Auto. Obwohl es mir auch gewaltsam nicht gelingt, den Zündschlüssel in das Zündschloß zu stecken, fahre ich dennoch los. Während des Fahrens betrachte ich den Schlüssel genauer und stelle erstaunt fest, daß er seine Form geändert hat: Er ist nun völlig schwarz mit vielen Zacken. Er sieht aus wie ein stark abstrahierter Baum. Überrascht erkenne ich, daß sich nun dieser Schlüssel wie ein Puzzlestück ins Armaturenbrett einlegen läßt. Ich fahre auf der regennassen Teerstraße weiter, die sich nun in Serpentinen einen steilen Berg zum Meer hinunterwindet.
Die Wellen krachen tosend an die Küste, der Himmel ist mit regenschweren Wolken verhangen. In einer Kurve steuere ich den Wagen über den Straßenrand hinaus. Kurz bevor das Auto den Abhang hinunter ins Meer stürzt, springe ich hinaus, doch nicht etwa auf die Fahrbahn. Ich springe hinunter ins Meer und sehe noch von unten, wie das Auto mit der Frau über die Klippe stürzt.

Dieser für mich erschreckende Traum beschäftigte mich über zwei Wochen hinweg. Ich spürte, daß er eine wichtige Botschaft enthielt. Zuerst fielen mir die Personen auf. Es waren zwei Frauen, von denen die eine ich war. Die Frau im Traum symbolisiert Sensibilität, Erdverbundenheit, Mütterlichkeit, Duldsamkeit, aber auch Passivität. Indem zwei Frauen im Traum erscheinen, wird verstärkt darauf hingewiesen, daß ich diese Seite meiner Person zu stark lebe. Ich neige eher dazu, passiv zu sein, anstatt zu handeln, und ich nehme Dinge eher schweigend hin, anstatt sie zu ändern. Diese Tatsache wurde mir später auch im Traum bewußt.

Ich steuerte den Wagen gezielt über den Straßenrand hinaus. Doch der Prozeß des Über-Bord-Werfens meiner übertrieben passiven, weiblichen Seite war nicht mit Gewalt zu erreichen. So konnte ich den Zündschlüssel auch nicht mit großer Anstrengung ins Schloß stecken. Und er ließ sich erst nach seiner Verwandlung harmonisch einfügen. Als Mann sollte meine männliche Seite dominieren und mein weiblicher Anteil dazu in Harmonie stehen.

Im Traum versuchte ich, den überschüssigen Teil meiner passiven Seite – also die Frau – ins Meer zu werfen, da diese bei mir überhandzunehmen drohte. Das aufgewühlte Meer deutet auf starkes Seelen- und Gefühlsleben hin.

Ich muß viel Energie aufbringen, um die Traumbotschaft in der Realität zu verwirklichen. Das Meer verschlang einen Teil von mir. Andererseits ist Wasser aber auch ein lebenspendendes Element, und so wird aus ihm, das auch das Unbewußte verkörpert, ein neuer Teil von mir hervorgehen. Ein neuer Anfang, eine Neugeburt wird möglich sein.

*

Ich war sechsundvierzig Jahre alt, als ich, angeregt durch das Seminar, mit der systematischen Aufzeichnung meiner Träume begann. Das war ein Jahr vor dem Tod meines ältesten Sohnes, der schließlich nach schwerer Krankheit verstorben ist. Erst im nachhinein habe ich diese Träume im Zusammenhang mit seinem Tod als Todesbotschaften voll erfaßt. Wäre das Schreckliche verhütet worden, wenn ich die Hinweise vorher hätte entschlüsseln können? Die Lebensumstände und auch die Traumbilder zeigen mir jedoch, wie unabänderlich das Schicksal für meinen Sohn feststand.

Aus einer Vielzahl von sehr kurzen Bildern, in denen eine Lösung fehlte und ich handlungsunfähig war, seien einige Beispiele herausgegriffen:

Ahnungen

Ich beobachte sintflutartige Regenfälle, eine Naturkatastrophe, von unserem Eßzimmer aus.

Beim Aufwachen habe ich den Eindruck, als hätte ich die ganze Nacht hindurch in tiefem Schmerz geweint.

Einige Zeit darauf sehe ich im Traum ein Stück Himmel brennen. Jemand sagt: »Es brennt der ganze Himmel.« Ich bin vor diesem Unausweichlichen wie erstarrt.

Hier finde ich Geistigkeit gleich in einem Doppelsymbol von Feuer und Himmel, wo aber eines das andere verzehrt und höchste Gefahr bedeutet.

Wieder schreckt mich eines Nachts ein Todesbote im Traum in Gestalt eines schwarzen Hundes, der ein blondes Kind angreift. Erwachsene stehen dabei, ohne eingreifen zu können. Das Kind läuft weg, der Hund ihm hinterher.

Dreimal werde ich in den darauffolgenden Träumen auf

ein Buch hingewiesen, das den Titel »Über das Jenseits«
enthält. Das erste Traumgeschehen spielte in dem Ort,
wo ich meine Kindheit verbrachte. Die Mutter meiner
Freundin verstarb dort:

Ein Mann reicht mir im Traum aus diesem Haus vier Bü-
cher. Besonders das eine über das Jenseits interessiert
mich sehr.

Diese Hinweise wiederholen sich in noch zwei weiteren
Variationen:

Mein Vater übergibt mir am Bahnhof unseres Wohnor-
tes die vier Bücher. Ich stehe dabei mit meinem Sohn auf
einer Brücke vor dem Bahnhofsvorplatz und diskutiere
sehr intensiv und gestikulierend über das Jenseits-Buch
mit ihm.

Meine Träume erhalten jetzt eine dramatische Steigerung:

Meine drei Kinder schwimmen in einem Brunnen. Es ist
ein klarer, heller Sommertag. Meine Aufmerksamkeit
fesselt mein Ältester. Meine Tochter spielt in diesem
Traumgeschehen keine Rolle mehr, und mein Jüngster
kommt dann später auf meine Aufforderung hin aus dem
Wasser heraus. Gebannt sehe ich auf etwas Unfaßbares.
Ich traue meinen Augen nicht: Mein ältester Sohn wird
kleiner und kleiner. Das Wasser ist glasklar und eiskalt.
Sein Körper ist ganz bleich und nackt. Doch munter
taucht er mit dem Kopf nach unten. Obwohl ich starr vor
Entsetzen bin, kann ich dann doch laut schreien: »Komm
sofort heraus, du erkältest dich ja zu Tode!«

Seine Antwort lautet: »Ach laß mich doch, es ist so schön
hier.«

Frierend erwache ich und weiß sehr wohl, daß er sich in
großer Gefahr befindet, doch konnten wir nicht glauben,
daß sein Schicksal so unabwendbar war. Das Sichzurück-
entwickeln und Kleinerwerden ist ja hier eine eindeutige

Todesbotschaft, noch dazu im Brunnen und im Wasser, Urschoß, Mutterschoß des Lebendigen, des Lebenswassers, das hier todbringend wird. Doch sein »Ach laß mich doch...« zeigt mir auch, daß er in seinem Element war, bereit war für das, was mir Entsetzen verursachte. Ich kann nun den positiven Aspekt in diesem archetypischen Geschehen sehen, nämlich den einer Neugeburt, und mir gibt die Auseinandersetzung mit Sterben und Tod allmählich neuen Mut zum Leben, ja, eine ganz neue Weltsicht und Sinngebung.

So einen deutlichen Traum vom Kleinerwerden hatte ich dann noch einmal. Vor meinen Augen spielte sich im Traum folgender Prozeß ab:

Ein Kind, das ich in meinen Armen, vor meiner Brust gedrückt halte, verwandelt sich und wird winzig klein, so daß ich es auf meinem Handteller halten kann.

Ich erwachte in zärtlicher, wehmütiger Stimmung, mit einem Unterton von Entsetzen.

Bald darauf erhielt ich folgende Trauminformation:

Ich stehe auf einem gepflegten Rasen und sehe, daß der Dachstuhl einer weißen Villa, die mit Stuck verziert ist, lichterloh brennt. Dann befinde ich mich plötzlich in einem langen Korridor mit meinem Mann, meiner Mutter und der Schwester und sage: »Holt die Feuerwehr, und diskutiert nicht solange.« Dann sehe ich wieder von außen, wie das Feuer abrupt stoppt, und erfahre später, daß der Dachstuhl ausgebrannt ist. Ich denke: Um meine alten Kleider, die dort aufbewahrt waren und vernichtet wurden, ist es nicht schade. Meine Mäntel habe ich sowieso in einem anderen Schrank untergebracht.

Hier hat meine Familienseele ein Alarmsignal für meinen Sohn oder von ihm aufgefangen. Das Haus versinnbildlicht das Gehäuse der Seele. Das Dach, die schützende Schädeldecke des Gehirns, wird zertört. Die Farbe Weiß steht für Unschuld und Reinheit. In anderen Kulturbereichen kann sie auch die Farbe des Todes und der Trauer sein. Dann war ich ja auch durch die Krankheit meines Sohnes zu inneren Wandlungen gezwungen, denn meine Mütterlichkeit und somit meine Weiblichkeit waren stark gefordert. Alte Persönlichkeitsbilder, womit ich mich bekleidete, brauchte ich nicht mehr. Wichtig waren mir warme, schützende Mäntel, die Geborgenheit symbolisieren. In dieser schlimmen Zeit fror ich oft ganz entsetzlich.

Vor allem das folgende Jahr war durch intensive Trauerarbeit im wahrsten Sinne des Wortes geprägt – und durch meinen unerschütterlichen Willen, einen Sinn in diesem Geschehen und überhaupt für das Leben und Sterben zu finden. Dies war für mich existentiell wichtig und nicht nur theoretisches Denken. Trotz meiner tiefen Erschütterung und des großen Schmerzes wurde ich bei diesem Suchen und Finden auch von Traumbotschaften begleitet, die mich wundersame Tröstungen und eine tiefe Geborgenheit in Gott erfahren ließen.

Diese Trostbotschaften gipfelten in dem Abendmahltraum. Abendmahl und Liebesmahl – die Erinnerungsfeier an Christi Tod und Erlösungstat –, das nicht ohne den Versöhnungs- und Vergebungsgedanken gehalten werden kann und dann auch eine irdische Vorwegnahme für das eigentlich Vollkommene im »himmlischen Freudensaal« sein soll!

Abendmahltraum

In einem holzvertäfelten, warmen und anheimelnden Raum – ich habe das Gefühl, er befindet sich irgendwo ganz oben unter einem Dachstuhl – wird ein Fest vorbe-

reitet. Eine lange Tafel mit weißem Tischtuch, Kerzen,
Blümchen und edlem Porzellan ist gedeckt. Alles ist
weiß, und ein warmer zartrosa Hauch liegt über allem.
»Es ist alles bereit.«
Im Hintergrund hört man ein erwartungsvolles Raunen
von Menschen, die noch nicht Platz genommen haben.
Sie warten in stehender, ehrfürchtiger Haltung auf ein
bevorstehendes Ereignis. Dann bringen zwei ätherische,
ernste und liebevolle Wesen ein weißes Tuch mit bedeu-
tungsvollem Inhalt herein. Ich trete hinzu, schlage das
Tuch zurück und erblicke zwei Seelen gleicher Art, die die
Form von übergroßen Tränentropfen haben und zusam-
men ein Herz bilden. Ich wundere mich sogleich über die
zwei Seelen und wache auf.

Noch lange begleitete mich diese feierliche, warme, liebevolle Atmosphäre des Traumes. Ich war überglücklich.
Ich sann über die »zwei Seelen in einem Tuch«, was wohl
auch die Aufhebung von Gegensätzen in der eigenen
Brust für mich bedeutete.
Ein Gefühl von Sinn und Geborgenheit vermittelte mir
dieses Traumgeschehen. Die tiefe theologische Aussage
wurde für mich dadurch erfahrbar – »Kommt herzu, es ist
alles bereit« und »Menschenkind, du bist getragen, du
brauchst es nur zu erkennen«.

*

Als ich folgenden Traum träumte, war ich etwa vierzig
Jahre alt, jetzt bin ich fünfundsechzig. Der Traum war so
einprägend, daß ich ihn nie vergaß und ihn heute noch
deutlich vor mir sehe. Ich habe immer wieder über ihn
nachgedacht und glaube, ich verstehe ihn erst heute.
Ich bin verheiratet. Unsere Ehe war nicht einfach, denn

wir sind sehr gegensätzliche Naturen. Ich bin kontakt-
freudig und immer bereit, Neues aufzunehmen und zu
verarbeiten. Mein Mann ist fast das Gegenteil. So gab es
oft Spannungen und lange Auseinandersetzungen, die
aber zu nichts führten. Eine Trennung von meinem
Mann kam für mich nicht in Frage, obgleich solche Gedanken natürlich auftauchten. Obwohl ich evangelischer
Christ bin, ist für mich die Ehe auch ein Sakrament wie
für den Katholiken.

Heute bin ich sehr froh, daß ich durchgehalten habe. Im
Alter ist unsere Ehe ruhiger und harmonischer geworden, und von heute gesehen, sind wir beide aneinan-
der gewachsen und gereift. Wir können uns nun so akzeptieren, wie wir sind. Ich habe allerdings lernen müssen, selbständig zu werden und mich durch die sehr be-
stimmende Art meines Mannes nicht verunsichern zu
lassen.

Dabei haben mir meine Träume sehr geholfen, die ich
durch die Begegnung mit C. G. Jungs Psychologie, durch
Teilnahme an dem Traumseminar und Einzelgesprächen
über meine Träume immer besser verstehen lernte. Mir
wurde klar, daß ich mich selbst verändern mußte und
nicht, wie ich bisher gemeint hatte, meinen Mann. Indem
ich mich veränderte, veränderte er sich zwangsläufig mit.
Ich träumte folgendes:

Die Brücke

*Ich stehe mit meiner Tochter, die etwa acht Jahre alt ist,
auf einer Holzbrücke, die in der Mitte einen beschädigten
Balken hat, so daß eine Art Loch entstanden ist. Wir haben ein Fläschchen mit Wasser bei uns und kommen auf
die Idee, dieses Wasser durch die Öffnung in den Fluß zu*

gießen. Als wir das tun, beginnt das Wasser unter der
Brücke zu schäumen und zu tosen, und zwar so stark,
daß die Brücke zusammenstürzt.
Ich denke ganz entsetzt: Wie kann denn das geschehen?
Wir haben doch ganz gewöhnliches Wasser hineinge-
schüttet:
Da sehe ich am Ufer meinen Mann stehen. Ich erkenne
ihn daran, daß er den blauen Matrosenpullover von der
Marine anhatte, den er damals nach dem Krieg viel trug.
Er ist sehr ärgerlich und weist auf all die Trümmer, die im
Wasser treiben, und befiehlt mir, die Brücke wiederauf-
zubauen.
Da ist es nicht mehr mein Mann, sondern eine höhere
Autorität. Ich weiß, es ist Gott.
Ich versuche schwimmend – meine Tochter ist nicht mehr
da –, mit viel Mühe und Plage, alle Trümmer wieder zu-
sammenzuholen, um die Brücke neu zu bauen. Das Was-
ser ist inzwischen wieder ruhig geworden. Ich erwache.

Den Traum deute ich mir so: Unbewußt – symbolisiert
durch das »ganz gewöhnliche Wasser« – habe ich meinen
Mann sicher oft auf die Palme gebracht mit meiner Art,
zu denken und zu leben, wie auch umgekehrt er mich. So
war die Situation zwischen uns oft äußerst angespannt.
Dazwischen gab es auch wunderschöne friedliche Zeiten.
Meine Tochter verkörpert in dem Traum mein junges,
ungestümes, unreifes Ich, das natürlich meinte, im Recht
zu sein. Da ich mein Schicksal immer als aus Gottes Hand
kommend empfand, war mir der Traum eine Warnung,
die Brücke zwischen uns nicht zu zerstören.
Die zerstörte Brücke deute ich mir so: Auf dem Höhepunkt der Spannungen zwischen uns war ein echtes Miteinander nicht mehr möglich. Eine Ehe bestand nur noch
äußerlich. Erst als ich unsere Situation erkannte, beson-

ders mein Fehlverhalten, konnte es anders werden. Mühsam und mit viel Geduld – auch mit Rückschlägen – begann ich, die Brücke zwischen uns neu zu bauen.

*

In meiner Geburtsstadt Bayreuth bekleidete mein Vater eine dominierende Stellung, die sich prägend auf mich auswirkte. Bei uns zu Hause galt nur der etwas, der Erfolg hatte und Wissen besaß. Gefühle jeglicher Art wurden abgelehnt. Von meiner Mutter erfuhr ich wenig Liebe und Bestätigung, sie bevorzugte meine Brüder.
Ich wurde ins Internat geschickt und kam nur in den Ferien heim. Für mich wurde der Vater zu einem übergroßen Ideal an Vollkommenheit, Wissen und Benehmen. Ich verehrte ihn heiß, konnte jedoch seine Liebe nie gewinnen. Ich gehorchte ihm, und noch heute, im Alter von sechsunddreißig Jahren, denke ich, daß ich allen Menschen gehorchen muß, um ihre Liebe zu erwerben.
Durch die Traumarbeit angeregt, habe ich damit begonnen, mich mit dem Vaterbild auseinanderzusetzen. Der Traum zeigt mir, wie weit ich mit der Auseinandersetzung gekommen bin und wo ich jetzt stehe:

Pferdetraum

Mein Vater erbt von einer mir unbekannten Frau ein Pferd. Er holt es ab, gibt es einem Betreuer und kümmert sich nicht mehr darum. Auch ich kümmere mich nicht um das Pferd, es reißt aus.
Mehrere Betreuer durchstreifen eine trockene Landschaft und suchen das Tier. Sie bringen es tot wieder und hängen es an einem Baum auf. Ich bekomme das Gefühl,

mich zuwenig um das Pferd gekümmert zu haben. Da er-
scheint die Tochter von jener Frau, die uns das Pferd ver-
erbte, und sagt, dies sei nicht das richtige Pferd.
Sie führt uns in einen anderen Stall und zeigt uns eine
Stute, die Mutter des toten Pferds. Die Stute hat einge-
wickelte Hufe, das heißt, die Hufformen sind noch nicht
entwickelt. Dann sehe ich ein hell eingeblendetes Ge-
sicht, das sagt: »Das vererbte Pferd hat viele Fähigkeiten,
und ihr müßt es herannehmen, es muß lernen.«

Mein Vater erbte ein Pferd, das Vitalität und Lebenskraft
symbolisiert. Er ging nachlässig mit diesem kostbaren
Besitz um, und so war es nicht verwunderlich, daß ihn das
Pferd verließ. Man findet es tot in einer vertrockneten
Landschaft und hängt es, gewiß zur Warnung, an einem
Baum auf.
Ich, die ich mich stark mit dem Vater identifizierte und
seine Wertvorstellungen übernommen hatte, kümmerte
mich auch nicht um meine Seele, so daß sie der trockenen
Landschaft glich: Ein Teil meiner Gefühle war vertrocknet, wurde mir nach und nach bewußt.
Ich werde zu einer Stute geführt – Symbol für Weiblichkeit –, deren Hufe, also die Gehfähigkeit, noch nicht voll
entwickelt sind. Doch die unfehlbare Stimme aus dem
kollektiven Unbewußten sagt: »Das ererbte Pferd hat
viele Fähigkeiten, und ihr müßt es herannehmen, es muß
lernen.«
Der positive Ausgang des Traumes macht mir Mut, und
ich weiß, daß ich mich verändern kann. Endlich durch-
schaue ich die starke Vaterbindung mit den sich daraus
ergebenden Fehlhaltungen, und der Traum zeigt mir, wo
ich anzusetzen habe. Mit dem Wiederaufleben meiner
Gefühlsseite, die ich bisher immer verachtete, entsteht
ein neues Lebensgefühl. Die Beziehung zu meiner Toch-

ter und meinem Partner intensiviert sich. Tausend Ideen für die Freizeitbeschäftigung – das Teppichweben – drängen nach Verwirklichung. Ich beginne, neu zu sehen, zu hören, zu fühlen, und da ich die Freuden intensiver erlebe, kann ich auch die Zeiten des Traurigseins besser überstehen.

*

Nach einem Besuch in meinem Elternhaus erlebte ich folgenden Traum:

Vater, laß mich los!

Ich bin zu Hause bei meinen Eltern in der Küche und habe eine schlimme Auseinandersetzung mit meinem Vater. Wir streiten sehr heftig miteinander, bis ich sage: »Mir reicht's jetzt!« und mir das alles nicht mehr länger anhöre. Ich verlasse die Küche, gehe durch den Hausflur, die Haustür steht offen, und es ist hell und warm draußen.
Ich gehe die Treppen hinab auf die Straße. Plötzlich ist mein Vater hinter mir und hält mich am linken Arm fest. In seiner anderen Hand hat er eine Spraydose, und er besprüht mich von oben bis unten mit roter Farbe.
Ich bin nackt, sehe an mir hinab – meine Arme und mein Oberkörper, alles ist rot, ein seidenmattes, schönes Rot, eigentlich faszinierend.
Mit einemmal wird mir klar, daß alle meine Poren verstopft sind, ich nicht mehr atmen kann und ersticken werde. Ich gerate in Panik, schreie, daß ich sofort in ein Krankenhaus gebracht werden muß. Ich bin verzweifelt,

weil ich glaube, die Farbe geht nie mehr ab, ich müsse
sterben.
Mein Vater steht etwas entfernt von mir und unter-
nimmt nichts. Ich werde in ein kleines Zimmer gebracht.
Das Licht dort ist diffus und grau, ich liege auf einem
Bett, und fremde Leute machen an mir herum. Es ist eine
einzige Tortur, aber die Farbe geht nicht ab. Das Rot ist
dunkler geworden, ich habe die Hoffnung aufgegeben,
bin still und lasse alles mit mir geschehen.

Mich beschäftigt zunächst die Stelle am Anfang des Traumes, wo ich sage: »Mir reicht's jetzt!« und gehe. Da bin
ich richtig stolz auf mich, weil ich das in Wirklichkeit
noch nicht geschafft habe, das ist ein gutes Gefühl.
Das Verlassen der Küche und das Zugehen auf dieses
helle Licht, die Wärme und Weite, empfinde ich als Befreiung. Ein Gefühl des »Endlich habe ich es geschafft« ist
da.
Mir fiel dazu auch gleich ein Bild aus meiner Kindheit
ein: Als ich etwa drei Jahre alt war, habe ich oft in einem
Zimmer gesessen, das an die Küche grenzte, keine Trenn-
wand hatte, sondern durchgängig war. Eigentlich wäre
ich viel lieber gelaufen, durch die Küche und durch die
Tür, um die Welt zu erkunden. Ich tat es nicht, weil ich
glaubte, mehr Zuwendung zu bekommen, wenn ich mich
ruhig verhielt.
Erstaunt bin ich darüber, daß mir mein Vater nachgeht
und mich festhält. In Wirklichkeit wäre er nie auf mich
zugegangen. Im Traum hatte ich das Gefühl, er wolle
eine Verbindung zu mir herstellen. Die Farbe Rot ist eine
meiner Lieblingsfarben, daher wundert es mich nicht,
daß mir mein Anblick zuerst gefällt. Später habe ich das
Gefühl, zu ersticken, in meinem Tun eingeengt zu sein,
und Angst, dadurch etwas zu verpassen.

Das graue Zimmer hat mich beim Aufschreiben des Traumes zum Weinen gebracht, und ich spürte Trauer. Daß ich alles mit mir geschehen lasse und still bin, deutet für mich auf eine tiefe Resignation hin.

Angeregt durch diesen Traum, habe ich mich noch einmal in die Beziehung zu meinem Vater eingefühlt. Er war in meiner Kindheit da und doch nicht da. Wenn er mir seine Zuneigung gegeben hat, dann nur sehr kurz und versteckt, jedoch so heftig, daß ich das Gefühl hatte, erdrückt zu werden. Anschließend war er dann wieder unerreichbar.

Mit ungefähr zehn Jahren habe ich ihn sehr bewundert. Ich dachte damals, er wisse alles, weil er so viele Bücher besaß. Ich konnte ihn vieles fragen, und er wußte auch meist eine Antwort, oder er hat eben in seinen Büchern nachgeschaut. Da war ich sehr stolz auf ihn.

Mit vierzehn Jahren hat sich das dann geändert, ich mußte viel in der Gastwirtschaft und dem Bauernanwesen meiner Eltern mithelfen.

Ich fand Vaters Verhalten meiner Mutter und uns Kindern gegenüber unmöglich. Das ging so weit, daß ich ihn regelrecht haßte. Seine Demütigungen taten mir sehr weh. Für andere Leute hat er sich ein Bein ausgerissen, uns kommandierte er immer nur herum. Ich empfand das als sehr ungerecht, vor allem weil er von uns Dinge verlangte, die er selbst nicht gemacht hat. Es störte mich auch, wie er meiner Mutter gegenüber immer von »ihren Kindern« sprach, so als hätte er mit uns nichts zu tun.

Ich bin mir bewußt, daß ich noch länger an der Beziehung zu meinem Vater arbeiten muß, bis ich meine Wut, meine Ohnmacht und meinen Haß gegen ihn aufgelöst habe und ihn so annehmen kann, wie er ist.

*

Obwohl ich nun schon vierzehn Jahre von zu Hause fort bin, habe ich mich in den letzten Jahren oft danach gesehnt, schnell wieder einmal heim zu den Eltern zu fahren. Ja, daheim war es schön, da war immer was los! Wir waren acht Kinder, und ich war als zweites Kind in der Geschwisterreihe die älteste Tochter.

In der Rückschau werden auch die Entbehrungen und die innere Not der Kindheit wieder wach: Zum Monatsende war das Geld knapp. Vater mußte viel arbeiten, war oft krank und selten zu Hause. Wenn er am Samstag da war und seinen frisch gebadeten Kindern Märchen vorlas, kam ich, nachdem ich erst noch der Mutter helfen mußte, natürlich zu spät, um einen der heißgeliebten Plätze auf seinen Knien oder auf der Sessellehne in seinem Arm zu erwischen. Für mich allein hatte ich Vater, wenn er mit mir zum Augenarzt fuhr oder mich zur Augenoperation brachte. Da ließ ich ihn dann nicht mehr los, und er bekam jedesmal die halbe Narkose ab! Ich liebte Vater, und Vater liebte mich.

Mutter hatte immer zu tun: kochen, backen, einkochen, Kinder wickeln und beschäftigen, putzen, waschen, bügeln, flicken, nähen – ein endloses Programm! Da war es klar, daß die Mädchen mit zupacken mußten. Auch der Platz auf ihrem Schoß war lange Zeit durch die jüngeren Geschwister besetzt, die schreiend ihre Zuwendung forderten. Die Hausaufgaben wurden schon bald auf den Abend verlegt, da der Tag randvoll mit wichtigen Arbeiten angefüllt war.

Wenn Vater im Krankenhaus oder zur Kur war, drückte Mutter ihre Angst in ihrem Waffenlager auf dem Nachttisch aus: Da lagen Nudelholz und Kartoffelstampfer für alle eventuellen Einbrecher bereit.

Ich fühlte mich nicht nur für die Kinder verantwortlich, sondern versuchte, auch noch Vaters Rolle als Beschützer der Familie zu übernehmen. Wenn er dann zurückkam, hatte ich immer das Gefühl, alles falsch gemacht zu haben.

Als ich mit neunzehn Jahren nach Abschluß meiner Erzieherausbildung auszog, genoß ich einerseits die Ruhe in der leeren Wohnung, andererseits fehlte mir unsere große Familie, für die ich teilweise Mutter und Vater geworden war. Zwei Jahre später zog ich von meiner niederrheinischen Heimat ins Frankenland.

In der Beziehung zu meinem Freund behielt ich die in der Familie erworbene Opferhaltung bei, verwöhnte ihn und unterdrückte meine Wünsche und Bedürfnisse, um dafür ein Gefühl von Geborgenheit zu erhalten. Das konnte nicht gutgehen, und als ich dreißig Jahre alt war, trennten wir uns. Da war mein Leben zuerst einmal vorbei. Wäre meine Arbeit mit sprachgehemmten Vorschulkindern, die ich sehr liebte, nicht gewesen, hätte ich den Mut verloren.

Dann begann ich mit der Traumarbeit, besuchte Selbsterfahrungsgruppen und beschäftigte mich mit dem Tai-chi. Ich fand nach und nach Möglichkeiten, mich und mein Leben zu verändern, und nach längerer, ausdauernder Arbeit an mir selbst hatte ich die beglückende Erfahrung, meine eigene Mitte zu entdecken. In dem folgenden Traum fand die lange Suche nach meiner inneren Heimat, nach meiner Mitte, ihren Abschluß:

Alte und neue Zeit

Ich komme vom Meer an den Strand und sehe, wie im hellen Sonnenschein eine Stadt und ein Spaliergang gebaut werden. Ich finde den Spaliergang, an dem die Rosen hochwachsen können, zuerst wundervoll, dann

scheint es mir unpraktisch, immer nur diesen Gang be-
nutzen zu können, durch den man auch schlecht mit dem
Fahrrad kommt. Im selben Augenblick verschwindet der
Spaliergang, was ich als sehr angenehm empfinde.
Jetzt bin ich auf Wanderschaft, kaufe mir ein blaues Zelt,
in dem ich wohnen kann. Später kaufe ich mir dann ein
Haus, obwohl es mich erst erschreckt, Hausbesitzer zu
sein. Ich frage mich erst, ob ich es auch schaffen werde,
aber dann freue ich mich sehr daran und empfinde dieses
Haus als meine innere Heimat mit all den schönen, hel-
len Räumen.

Ich deute mir den Traum folgendermaßen: Ich komme
vom Meer – aus dem Unbewußten – an Land und erlebe,
wie vor meinen Augen eine Stadt gebaut wird, was ich als
Arbeit an meiner weiblich-mütterlichen Seite deute. Ich
durchwandere in meinen Gedanken noch einmal den
Spaliergang, und in mir werden alte Illusionen wach:
Jungmädchenträume, wie ich als Prinzessin mit dem
Prinzgemahl an der Seite durch solche Gänge schreite,
keine Sorgen und Ängste haben muß und in Rosenduft
eingehüllt bin. Daß diese kindliche Einstellung dem
realen Leben im Wege steht, ist mir inzwischen bewußt,
und so verschwindet der Spaliergang wieder.
Für meinen weiten Weg auf der Suche nach Selbsterkenntnis kaufe ich mir ein Zelt als vorübergehende, fle-
xible Unterkunft. Immer auf seelischer Wanderschaft,
habe ich heute hier und morgen dort meine Zelte aufge-
stellt, um Erfahrungen zu sammeln und mein Bewußtsein zu erweitern.
Nachdem ich nun meine Basis gefunden habe, verschwindet das Zelt, und es entsteht etwas Neues, das mir
zuerst angst macht und mich zweifeln läßt, ob ich damit
auch fertig werde. Es ist ein Haus mit vielen hellen Räu-

men. Ich erlebe mich selbst als dieses Haus, was sehr schön symbolisiert, daß ich meine Mitte gefunden habe: dieses Haus, in das ich mich nach einem langen Arbeitstag zurückziehen, in das ich Freunde einladen kann, aus dem ich herausgehen kann, um wieder heimzukehren. Mein Zuhause, das ich so viele Jahre in der Welt gesucht hatte, fand ich in mir, und mein rast- und ruheloses Leben kam zu einem Ende. Ich dachte an den Satz: »Was du nicht in dir hast, kannst du auch außen nicht finden«, und fand ihn in diesem Traum eindeutig bestätigt.

Das Haus mit den hellen Räumen deute ich auch als Symbol der Ganzheit. Bisher habe ich in unzähligen Träumen die verschiedensten Zimmer wie Bad, Küche, Wohnzimmer, Schlafzimmer, Keller, Dachboden entrümpelt und renoviert. Diese mühevolle Kleinarbeit, in der ich mich von Einstellungen der Eltern, die ich übernommen hatte, von der starken Orientierung an der Gesellschaft und ihren Normen und von meinen Existenzängsten befreit hatte, fügt der Traum in dem schönen Bild das Hauses zu einer Einheit zusammen.

*

Als ich den Traum, den ich erzählen möchte, träumte, hatte ich ein Jahr intensive Traumarbeit hinter mir. In dieser Zeit zeigten mir die Träume, daß ich als achtunddreißigjähriger Mann meine stark introvertierte, mehr in Phantasien weilende Lebensweise abzulegen und mehr im Außen meine männliche Seite zu leben habe.

Erfahrungen mit Astrologie, Meditation, Körper- und Selbsterfahrungsarbeit helfen mir, die Brücke zwischen Traum und Wirklichkeit zu schlagen, die Wechselwirkung zwischen beiden aktiv zu gestalten. Ich beginne in dieser Zeit, frei und befreiend zu malen, lerne, diese Bilder, ähnlich wie die Träume, symbolhaft zu durchschauen und mit meiner gegenwärtigen Situation zu verbinden.

Bei näherem Hinschauen entdecke ich, daß ich zu vieles gleichzeitig leben will, gar nicht dazu komme, einen dieser vielen Pläne real umzusetzen, mir selbst damit Knüppel zwischen die Beine werfe. So bleibt es bei begonnenen, unvollendeten Dingen.

Ich schob lediglich einen Berg von Ideen und Träumereien vor mir her, so wie der Hund nach der Wurst jagt, die ihm vom Stecken, der auf den Rücken gebunden ist, vor der Nase baumelt. Dieses Drama inszenierte und führte ich selbst auf. Es lag an mir, die Wurst einfach abzunehmen und zu essen, das heißt, das Nächstliegende in die Hand zu nehmen, Trugbilder beiseite zu lassen und nicht zwei, drei Schritte im voraus leben zu wollen.

Eine sehr ernüchternde, aber auch sehr erleichternde Arbeit der Desillusionierung setzte ein, wobei sich meine beiden Kinder, mit denen ich allein lebe, als lehrreiche Spiegelbilder entpuppten.

Es gab und es gibt noch vieles abzulegen, anderes dafür anzunehmen. Besonders bei meiner Arbeit als Lehrer übe und lerne ich, meine Energien richtig einzusetzen, voll dazusein, im Außen zu bleiben und nicht wieder nach innen zu schlüpfen. Auch was Beziehung, Frauenbild und Sexualität anbelangt, finde ich mich auf dem falschen Dampfer, geht es an der Wirklichkeit vorbei.

Es ist hart und schmerzlich, den Mutterbusen loszulassen und selbst nach geeigneter Nahrung zu suchen. In diesen Prozeß hinein träume ich folgenden Traum:

Ich bin auf dem Meer in einer Art Schiff, sitze wie im Cockpit eines Flugzeugs. Rechts ist ein großer Hebel. Legt man ihn nach vorne um, so wird der Kampf zwischen den Nationen – USA und UdSSR, zwischen Ost und West – beendet. Ich vertrete dabei das dazwischenstehende Land Japan als kleinere dritte Nation. Nach einigem Zögern lege ich den Hebel um, warte, was jetzt passiert. Ich weiß, daß jetzt alle auf mich einstürmen, ich mich mit ihnen auseinandersetzen muß. Doch sehe ich es als den richtigen Schritt.

Was heißt dies alles? – Auf dem Meer, dem Ursprünglichen, dem Bereich der Seele, werde ich vom Lebensschiff getragen. Mit dem Flugzeug kann ich mich vom Unbewußten weg in die Lüfte erheben zum geistigen Pol, zu lichter Bewußtheit, aber ich kann damit auch wieder zum Wasser zurückkehren, zum Spiegelbild und Lebensquell der Seele, mir zum Beispiel über Träume wieder neue Impulse holen.

Das Cockpit zeigt: Ich bin in der Zentrale, am Steuerhebel, es liegt an mir, ihn zu bedienen.

Ost und West sind Symbole unseres polaren gegensätzlichen Wesens, Pole, die es zu vereinen gilt, um den Kampf zwischen beiden »Nationen« zu beenden. Ich muß es aber selbst in die Hand nehmen, niemand anders kann das für mich besorgen. Die dazwischenstehende Nation bedeutet: Ich kann mich jetzt bewußter und objektiver diesen Polen zuwenden und die Mitte dazwischen finden.

Ich zögere im Traum, es ist mir fremd, selbst den Hebel in die Hand zu nehmen, weiß aber, daß ich meine »geborgene« Phantasiehöhle verlassen und mich dem frischen Wind der Auseinandersetzung stellen muß. Das schreckt mich etwas, doch ich spüre, es ist der richtige Weg, auf den ich vertrauen kann.

Auf objektiver Stufe gesehen, verweist das östliche Land Japan auf den mehr passiven, hingebenden Pol, subjektiv gesehen, auf meine Introvertiertheit und meinen gleichzeitigen Bezug zu östlicher Philosophie und japanischer Zen-Meditation.

Meditation ist eine gute Übung zur Förderung des übersinnlichen Bewußtseins, doch auf dem Hintergrund meiner ganz persönlichen Situation bewege ich mich und bleibe ich durch die passive Haltung beim Meditieren wiederum nur im Kreislauf der Introversion. Es heißt aber, den aktiven männlichen Teil in mir zu wecken und zu entfalten und die weibliche Seite in dieser Phase zurückstehen zu lassen. So mache ich die Erfahrung, daß Meditation für mich zwar wichtig, aber von mir lockerer und dosierter zu handhaben ist.

Nebenbei entdecke ich wieder Aussagen und Symbole der westlichen Kultur, lerne, ihnen genauso Beachtung zu schenken. Die bewußte Zuwendung zum aktiven, gestaltenden Pol bringt mir einige Überraschungen, besonders meine bisher nur in Wunschträumen gelebten Fähigkeiten einfach einzusetzen, ohne an einem starren Bedingungsgefüge festzuhalten – ein Prozeß, den Hebel immer bewußter in die Hand zu nehmen, nicht nur vom Kopf her und von Phantasien gesteuert, sondern ebenso im Vertrauen auf die innere Führung, selber zu sehen und anzunehmen, was da ist.

*

Nachdem ich als Jugendlicher sehr früh auf eigenen Füßen stehen mußte, habe ich bald so manche Härte und die rauhe Wirklichkeit, welche einem im Leben oft entgegensteht, zu spüren bekommen. Durch vielerlei Erlebnisse sammelte ich Erfahrungen, die ich seinerzeit jedoch noch nicht im vollen Umfang auswerten konnte. Aber ich bemerkte, daß es nicht allein das bloße Denken und Handeln oder die Religiosität ist, welche das Leben der Menschen bestimmt und bewegt. Es mußte da noch etwas anderes sein, denn in manchen Situationen kam unerklärlicherweise alles anders als geplant, ja, manchmal hatte ich das Gefühl, daß mir jemand unangenehm mitspielte.

Später kam ich dann mehr oder weniger oberflächlich mit der Psychologie in Verbindung, und mir wurde klar, daß es nicht nur ein Bewußtsein, sondern auch ein vielschichtiges Unbewußtes gibt, in dem alles gespeichert wird, was im bewußten Leben nicht bewältigt wird oder nicht bewältigt werden kann. Mit diesem Wissen beobachtete ich andere Menschen und erkannte, daß jeder auf seine Weise entsprechend beladen ist.

Das Sprichwort »Jeder ist seines Glückes Schmied« bekam jetzt für mich eine Bedeutung, und ich begriff, daß der Mensch grundsätzlich selbst daran beteiligt ist, was immer auch in seinem Leben abläuft.

Als ich Jahre später eine familiäre und für mein Leben einschneidende und tiefgreifende Veränderung hinnehmen mußte, spürte ich zum erstenmal ganz deutlich, wieviel von meiner eigenen Beteiligung darin steckt. Mir wurde auch schnell klar, daß ich zwar einiges über das Verhalten und die Psyche der Menschen allgemein, jedoch über die eigentlichen Ursachen meines eigenen Verhaltens und Antriebes so gut wie nichts wußte. Ich kannte also meine ureigensten Fäden nicht, an denen ich zappelte und von denen ich wie eine Marionette gesteuert wurde – und zwar aus dem Unbewußten.

Dies sollte anders werden, und ich wollte mein Unbewußtes kennenlernen, Licht in die ganze Sache bringen, sehen, was da vergraben und verdrängt herumliegt, und dann gehörig aufräumen. Das war mein erklärtes Ziel, damit mir nicht dieselben unseligen Dinge noch einmal passierten.

Ich konzentrierte mich in speziellen Situationen auf bestimmte Anzeichen. Es kam mir vor, als bewege ich mich immer wieder in denselben Bahnen, die ich manchmal lenken konnte, manchmal nicht. Auf jeden Fall deuteten sie immer wieder auf mein Elternhaus und auf meine Kindheit hin.

Bald merkte ich, daß ich nicht allzuviel ins Rollen brachte, und ich wollte doch viel mehr erreichen! Also nahm ich an verschiedenen psychologischen Kursen und Seminaren teil. Hier erfuhr ich, daß zwar einiges angesprochen wurde, aber eben doch wieder sehr allgemein und zuwenig auf meinen eigenen speziellen Bereich zugeschnitten. Ich verspürte noch dieselbe Unruhe, besonders während des Schlafens und beim Träumen, doch auch im alltäglichen Ablauf. So versuchte ich weiter, an das heranzukommen, was ohnehin entdeckt werden wollte.

Als ich eines Tages Schüler in diesem Traumseminar wurde, spürte ich gleich, daß ich über die Träume Einblick in mein Unbewußtes bekommen könnte. Ich befaßte mich mit meinen Träumen näher und lernte, daß sie meinen jeweiligen Seelenzustand beziehungsweise die jeweilige Lebenslage widerspiegeln. Träume geben Auskunft, stellen Gleichgewicht und Zusammenhänge her, sie greifen Verdrängtes auf, schaffen Platz, ordnen und fördern neue Energie und Begabungen, wobei sie ausschließlich immer in einem Bezug zur träumenden Person stehen. Bis heute hat sich für mich bewahrheitet, daß das Auseinandersetzen mit den eigenen Träumen die effektivste Methode ist, um über sich selbst etwas zu erfahren und somit besser mit sich selbst und anderen Menschen umgehen zu können.

Als Beispiel für den Umgang mit Träumen will ich nachfolgend einen für mich wichtigen Traum schildern und auswerten:

Heraus aus dem Dschungel

Ich bin nachts mit einem kleinen Mädchen unterwegs. Der Himmel ist sternenklar und erleuchtet, aber die Stimmung ist etwas unheimlich. Es sind Geräusche da – wie im Dschungel, mit dichten Büschen, Bäumen und Felsen. Das kleine Mädchen hat offensichtlich Angst, nimmt mich bei der Hand, und wir wollen die Gegend verlassen. Als wir um die Felsen herumkommen, stellen wir fest, daß es gar nicht so gefährlich sein kann, weil wir uns auf einmal in der Nähe der Zivilisation – Stadtrand – befinden. Ich habe das Gefühl, als ob es eine Täuschung war.

Dieser Traum hat ganz bestimmte Bilder gewählt, um etwas ganz Bestimmtes aufzuzeigen. Da er von mir geträumt wurde, dreht er sich einzig und allein um meine Entwicklung, und zwar in diesem Falle um die Unterentwicklung der weiblichen Seite in meiner Kindheit.

Doch habe ich mich bereits auf den Weg gemacht. Dies wird im Traum durch das ängstliche kleine Mädchen dargestellt, das einen Wesensteil von mir verkörpert, mich an der Hand nimmt und aus dem dschungelartigen Unbewußten herausführt. Da auch ich in diesem Traum ängstlich bin, zeigt sich deutlich, daß diese Unterentwicklung bis heute geblieben ist.

Hier ist etwas steckengeblieben und aufzuholen, sagt der

Traum, er macht jedoch auch deutlich: Es ist gar nicht so gefährlich, die weibliche Seite zu entwickeln. Ja, es wäre sogar eine Täuschung, zu glauben, ein Mann dürfe keine Gefühle zeigen.

Träume decken nicht nur Verdrängtes oder Fehlentwicklungen auf, sondern zeigen auch Lösungen und Fortentwicklungen an. Dies geschieht sicherlich dadurch, daß Träume eine Verbindung zwischen Unbewußtem und Bewußtem herstellen wollen. Das Arbeiten an Träumen ist für mich zu einer echten Bereicherung geworden.

Fragen, Überlegungen und Einsichten

1. Fragen, Antworten, Impressionen

In dem abschließenden Gespräch zum Ende eines meiner Seminare ergaben sich noch einige Fragen, Überlegungen und Einsichten, auf die einzugehen mir auch hier wichtig scheint, da sie sich immer wiederholen:

1.

Warum kann ich mich nicht an meine Träume erinnern?
Sobald Sie sich wirklich für Ihre Träume interessieren und ihre Bedeutung anerkennen, werden sie sich Ihnen nicht mehr entziehen. Es kommt aber auch vor, und das werden Sie nach längerer Traumarbeit feststellen, daß sie Ihnen zeitweise entgleiten. Unser programmiertes, rationales Bewußtsein will nichts mit ihnen zu tun haben, weil sie Ängste verursachen. Es wäre unklug, diesem Widerstand mit Gewalt zu begegnen und etwas erzwingen zu wollen. Vielleicht ist das Ich noch nicht stark genug und möchte Auseinandersetzungen vermeiden. Sie müssen sich immer wieder sagen: Die Träume meinen es gut mit mir, sie wollen mir helfen, sie schenken mir Zuversicht und Selbstvertrauen.

Ich bin in den Träumen so oft mit der Kamera unterwegs in Städten, Landschaften und Räumen.

Diese Träume weisen darauf hin, daß Sie sich ein genaues Bild von Ihrer augenblicklichen Lebenslage, einem Menschen oder der eigenen Gefühlswelt machen sollen. Betrachten Sie Bilder oder Fotografien im Traum, müssen Sie an dem Dargestellten Ihnen noch unbewußte Eigenschaften entdecken.

Ich erinnere mich oft nur an verschiedene Traumteile, die sehr unterschiedlich sind und gar nicht zueinander passen.

Es kommt häufig vor, daß wir ein Stück Handlung träumen, die plötzlich abbricht. Eine neue Szene folgt, der sich ohne jeden Übergang weitere anschließen können. Obwohl diese drei, vier oder fünf Teilstücke sehr unterschiedlich ausfallen, müssen sie im Zusammenhang gesehen werden. Mit ihnen wird ein vielschichtiges Problem aufgerollt und in Variationen verdeutlicht. Wir betrachten zunächst das gefühlsbetonteste Bild, das seinen Sinn erahnen läßt. Ergänzungen und neue Aspekte des Problems bringen die anderen Szenen. Da sie nicht chronologisch aneinandergereiht sind, müssen wir die Reihenfolge selbst bestimmen, um eine vollständige Aussage zu gewinnen. Auch die einzelnen Träume einer Nacht gehören zusammen. Sie gestalten ein grundsätzliches Problem und fordern uns auf, an der Lösung mitzuarbeiten.

4.

Wie kann ich Ärger vermeiden?

Hinter jedem Ärger verbergen sich nichtgeäußerte Gefühle. Wenn wir gelernt haben, unsere Gefühle klar auszudrücken, und dem anderen eindeutige Signale geben, läßt sich Ärger vermeiden. Wir verhalten uns unsicher, wenn wir unsere Bedürfnisse, Wünsche und Gefühle nicht direkt äußern, sondern meinen: Der andere weiß schon, was wir fühlen und denken. Der ist natürlich ahnungslos, spürt aber unsere Unsicherheit und nutzt diese Schwäche aus. Nehmen wir etwas übel, sind wir verletzt oder verärgert, so zeigt das unseren Rückzug an, mit dem wir uns blockieren. Vieles bleibt unausgesprochen, schwelt in uns weiter, und ein Zustand der Lähmung tritt ein. Daraus entstehen Peinlichkeiten, Konfusion und manchmal auch Schuldgefühle über den unausgedrückten Wust unklarer Gefühle. – Drücken wir die Gefühle, die Bedürfnisse und die Forderungen in aufrichtiger, angemessener Form aus, zeugt das von innerer Sicherheit, die ihre Wirkung nicht verfehlen wird.

5.

Mir haben die Träume geholfen, mein Examen zu bestehen. Ich hatte große Angst vor der Prüfung, war verwirrt und wußte nicht mehr ein noch aus. Da kamen mir die Träume zu Hilfe, die ich trotz Zeitdruck aufschrieb. Wie durchgedreht ich war, zeigte mir ein Traum:

Ich fahre auf der Rolltreppe nach oben und beobachte, wie vor mir ein kleines Mädchen zwischen die Stufen gezogen wird und verschwindet. Mir strecken sich am Ende der Treppe hilfreiche Hände entgegen, und ich fühle wieder Boden unter den Füßen.

In einem anderen Traum erlebe ich eine Prüfungs-
situation, in der mir das Lächeln des Professors Mut
macht.

Gerade in Krisenzeiten sollten wir uns den Träumen anvertrauen, sie um Hilfe bitten und ihre Botschaften ge-
wissenhaft verfolgen.

Übrigens sind Schul- und Prüfungsträume, auch wenn
wir nicht real in dieser Situation stehen, gar nicht selten.
Müssen wir im Traum wieder in die Schule gehen, ist damit die Schule des Lebens gemeint, in der uns Aufgaben
zugeteilt werden. Wie wir mit ihnen fertig werden, zeigt
das Traumgeschehen. Wir sind unaufmerksam oder gelangweilt. Wir strengen uns nicht selber an, sondern
schreiben vom Nachbarn ab. Wir können eine Rechen-
aufgabe nicht lösen, das heißt, wir haben ein akutes Problem noch nicht verstanden oder drücken uns vor einer
Auseinandersetzung.

Das Erlernen einer Fremdsprache kann andeuten, daß wir
unsere Gefühle zuwenig sprechen lassen, wie es unsere
Situation verlangt.

Auf der Wandtafel wird etwas bewußtgemacht. Man
schreibt weiß auf schwarz. Was man schwarz auf weiß
besitzt, ist bereits erkannt. Was an der Tafel alles demon-
striert wird, davon sprach der Traum eines jungen Leh-
rers: Er wunderte sich über das Stück Ofenrohr und
Ofenknie, die dort hingen. Nach meiner Frage: »Was be-
wirkt ein Ofenrohr, und wozu muß der Schornstein rau-
chen?« fand er die Erklärung seiner inaktiven und ver-
träumten Einstellung zum Leben.

Der Träumende kann aber auch die ganze Schule repräsentieren, Schüler, Mitschüler und Lehrer sein. Jedenfalls wird er aufgefordert, wieder etwas zu lernen, sich etwas Neues anzueignen und nicht stehenzubleiben.

Es fällt mir ungeheuer schwer, Entscheidungen zu treffen. Wie kann ich das ändern?
Wichtige Entscheidungen sollte man nicht sofort treffen, sondern sie erst einmal überschlafen. Beschäftigen Sie sich vor dem Einschlafen mit dem Problem, und formulieren Sie eine kurze Frage. Einige Male laut vor sich hin gesagt, stimuliert sie das Unbewußte zur Mithilfe. Ihr guter Freund wägt Positives und Negatives ab und vermittelt ein Bild von Ihrer Situation.

7

Mir fiel auf, wie oft mich die Träume an den Ort meiner Kindheit zurückführen:

Ich laufe durch vertraute Straßen, über Plätze und an Parks vorbei, in denen ich als Kind spielte. Ich betrete ein Haus und befinde mich in Räumen, wo mich der Sessel, die geblümte Couch und die offenstehende Balkontür mit den leeren Blumenkästen merkwürdig berühren. In der Küche ärgert mich der mit schmutzigem Geschirr überladene Tisch. Als ich abspülen will, suche ich vergeblich nach einer Wasserleitung und wache in gereizter Stimmung auf.

Die Träume stellen uns der Vergangenheit gegenüber, wo ungelöste Probleme auf uns warten: Was haben wir damals erlebt, gefühlt, gedacht, gewünscht und erhofft? Welche Aufgaben hatten wir zu erfüllen? Wie oft sind wir enttäuscht worden? Wie haben wir auf Versagungen reagiert? Welche Vorstellungen, Phantasien und Gefühle haben wir entwickelt, und inwieweit werden wir heute noch von ihnen bestimmt?

Mit diesen Fragen erleben wir ein Stück Vergangenheit, die uns geprägt hat. Dabei kann uns vieles einfallen, beispielsweise beim Anblick des Sessels die Großmutter, wenn sie strickend darin saß und sich gelassen die Klagen über unsere kleinen und großen Sorgen anhörte.

Einer Frau fielen bei einem Sofa, das immer wieder in ihren Träumen auftauchte, die sexuellen Phantasien ein, die sie als Siebenjährige bei dem gemeinsamen Mittagsschlaf mit dem Vater entwickelt hatte.

Das nichtgespülte Geschirr in der Küche deutet Gefühlsbeziehungen an, mit denen sich die Träumerin auseinandersetzen muß. Noch hat sie die Klarheit nicht darüber, um etwas reinzuwaschen, denn sie findet die Wasserleitung nicht.

Vieles bleibt unbearbeitet liegen und bestimmt noch unser heutiges Verhalten. Die Träume helfen uns bei der Aufarbeitung noch immer wirksamer infantiler Verhaltensweisen, die das Leben belasten. Zielsicher und mit sparsamen Mitteln rührt der Traum in uns an, was wir mit Eltern, Geschwistern oder anderen Menschen erlebt haben und nicht verarbeiten konnten. Was unverarbeitet bleibt, gleicht unerledigten Geschäften, die uns bedrücken und zu immer neuen Schwierigkeiten führen. Schließen wir unsere Geschäfte ab, um endlich frei zu sein für etwas Neues!

Die Rückführung in die Vergangenheit ist durchaus positiv zu sehen. Sie hat zwei wichtige Funktionen: Zum einen dient sie der Verarbeitung liegengebliebener Konflikte, und zum anderen stellt sie die Verbindung von den Entwicklungsphasen Kindheit, Jugend und Erwachsensein wieder her. Der Überblick und das Verständnis für die Stationen des eigenen Lebens schaffen eine Kontinuität, aus der Sicherheit und Selbstvertrauen hervorgehen. Die negative Einstellung, begleitet von Zweifeln an sich und dem Leben, verliert an Wirkung, und Mut, Tatkraft und Lebensfreude bestimmen den Alltag.

Kann ich meine Geschwister in den Träumen auf der Subjekt- oder Objektstufe verstehen?

Sowohl als auch, würde ich sagen. Der Gesamttext ist maßgebend. Auf der Objektstufe gedeutet, ist die Klärung der Beziehung zwischen beiden vorrangig. Auf der Subjektstufe gedeutet, handelt es sich um die Auseinandersetzung mit einem der Träumerin unbekannten Wesensteil.

Die Schwester verkörpert im Traum einer Frau ihre unbekannte Wesensseite, während der Bruder ihre innere männliche Welt darstellt. Die von der Schwester symbolisierten Wesensseiten können viel Negatives enthalten. Sie sind von Jung mit »Schattenseiten« bezeichnet worden. Dieser unbekannte dunkle Schatten tritt als gleichgeschlechtliche Figur auf. Er ist in den Träumen der Frau die eigene Schwester und in den Träumen des Mannes der eigene Bruder. Diese Einteilung entspricht durchaus unserem Verhalten im Alltag: Kritisieren wir doch die Schwächen des eigenen Geschlechts mit Genugtuung und betrachten die des anderen mit Nachsicht.

Der Schatten kann sich in den Träumen auch als Neger oder eine andere dunkle Gestalt zeigen. Im Traum eines jungen Mannes wurde er zu einem riesigen Phantom, und es passierte folgendes:

> Ich bin in einem Kaufhaus und werde magnetisch von einem bestimmten Platz angezogen, als müßte ich dort etwas entzaubern. Ich spüre aber auch Kräfte, die mich davon abhalten wollen. Um mich zu stärken, vereinige ich mich mit meinem weiblichen Prinzip. Ein großer schwarzer Schatten bedroht mich. Ich werde mich ihm stellen. Um ihn zu vernichten, verwandle ich mich in eine Bombe mit großer Sprengkraft und jage ihn in

tausend Stücke. Danach erlebe ich ihn als Gefangenen in einem starken Käfig auf dem tiefen Meeresgrund. Aber es gelingt ihm, auch von dort wieder zu entkommen. Er scheint unzerstörbar zu sein.

Gegen den Schatten zu kämpfen oder ihn gar umzubringen ist sinnlos. Er gehört zu uns und macht erst unsere volle Persönlichkeit aus. Wir dürfen ihn nicht verdrängen oder mit Hilfe der Projektion von uns abspalten. Erinnern Sie sich, daß wir bereits davon sprachen, als wir uns mit der Deutung auf der Subjektstufe beschäftigten. Wir projizieren unsere minderwertigen Seiten in andere und erleben sie dann am anderen.

Was wir tun müssen und worin uns die Träume unterstützen, besteht darin, dem Schatten ins Gesicht zu sehen und sich mit ihm auseinandersetzen. Dann werden wir in ihm nicht nur Primitives, Böses und Abwegiges erleben, sondern auch wertvolle Kräfte, die wir uns dienstbar machen müssen.

9.

Worin bestehen die infantilen Wünsche?
Sobald wir sensibler geworden sind für unser Verhalten, durchschauen wir das Spiel unserer noch immer wirksamen Kinderrolle: von allen geliebt werden wollen, von allen bewundert werden wollen, von allen bemitleidet werden wollen. Anstatt auf sich selbst gestellt und eigenverantwortlich zu handeln, erwarten wir die Befriedigung unserer Bedürfnisse vom anderen.

10.

*Auf mein zwanghaftes Verhalten, alles genau zu planen,
einzuteilen und vorauszuberechnen, um für alle Fälle ge-
wappnet zu sein, reagierte das Unbewußte mit folgendem Traumbild:*

> *Ich befinde mich am Deck eines Schiffes, das gleichzei-
> tig Flugzeug ist. Meine Aufmerksamkeit wird auf den
> Flugkapitän gelenkt, und ich beobachte gespannt sein
> Verhalten. Gelassen steht er vor dem deutlich erkenn-
> baren Lenkrad, das seine Hand kaum berührt, und
> blickt in die Weite.*

An diese Kraft und Sicherheit ausstrahlende Szene denkt
der Träumer immer, wenn er Angst hat und mutlos ist.
Sein Gefühl sagt ihm, daß er nicht alles selbst machen
muß, sondern wegleitende Führer in sich hat, denen er
sich anvertrauen darf. Um wieviel leichter und freier ihm
das Leben mit dieser Einsicht wird, läßt sich kaum beschreiben. Jeder muß es selbst erfahren. Wer mit den
Träumen arbeitet, dem werden lebenerneuernde Einsichten geschenkt, die sein Dasein völlig verändern.

11.

*Ich war sehr erschrocken, als mir im Traum sämtliche
Zähne ausfielen.*

Träume von Zähnen und vom Zahnarzt haben etwas mit
der Partnerbeziehung zu tun. Eine auffällige Zahnlücke
im Traum könnte auf die Beendigung dieser Freundschaft
hinweisen. In einem anderen Fall kann es auf die Ablösung von der Mutter hinweisen: Wenn im Traum die
Milchzähne ausfallen, symbolisiert dies das Erwachsenwerden. Der Verlust sämtlicher Zähne läßt auf eine Po-
tenzschwäche und Schwierigkeiten mit der Sexualität

schließen. Verstümmelte Zähne sagen deutlich etwas über die Beziehung zum Nächsten aus, und die Traumhandlung ergibt, wer damit gemeint ist.

12.

Die poetischen und malerischen Bilder der Träume haben mich zum Malen und Dichten angeregt. Ich versuche, Gedanken, Gefühle und Einsichten in Worte und Bilder zu verwandeln. Vieles wird deutlicher, erhält Konturen und beginnt zu leuchten. Wenn ich mir etwas von der Seele gemalt und geschrieben habe, verspüre ich Erleichterung und oft ein Gefühl des Glücklichseins.

13.

Ein wunderschöner Traum half mir, mich aus einer seelischen Bedrängnis zu lösen: Ich wanderte auf einer mir endlos erscheinenden Straße. Erschöpft blieb ich stehen, drehte mich um und sah einen glänzenden Regenbogen. Der Eindruck war so überwältigend, daß ich noch am selben Tag ein Bild davon malte und darunterschrieb: »Er ist immer da, ich brauche mich nur umzudrehen.«

14.

Beim Überblättern meines Traumtagebuchs frage ich mich: »Was fällt mir auf, was fällt mir ein?« Oft sind es blitzartige Erkenntnisse über die eigene Person und Situation. Es macht einfach »Klick«, zeitweise noch begleitet von einem hellen Schein, der den Gedanken der Erleuchtung nahelegt.
Sie können jeden Morgen einen guten Gedanken oder einen kreativen Einfall aus Ihren Träumen mitnehmen. Wir bedürfen der guten Einfälle, die uns weiterbringen.

Die Träume haben mich zu Bildern und Visionen ange-
regt: Ich saß entspannt im Sessel. Vor meinen Augen
entstand ein großes P, dem sich ein X zugesellte. Lang-
sam schob sich das P in den Hintergrund, während die
überkreuzten Linien des X sich weiter öffneten, so daß
eine Krippe entstand, die sich nach kurzer Zeit mit Blu-
men füllte. Für mich bedeutete PX das lateinische Wort
»pax« – Friede. Es ist ein Friede, der sich durch das Kind
in der Krippe gewinnen läßt. Es wurde dargestellt durch
Blumen, die Liebe, Freude und Freundschaft versinnbild-
lichen.
In einer anderen Vision sah ich eine Schale mit Nüssen.
Als ich mit leisem Unbehagen dachte: »Wieviel Nüsse
gibt es für mich noch zu knacken?«, entsproß jeder Nuß
ein dunkelviolettes Veilchen, und ich hatte eine Schale
voller Blumen vor mir. Das kleine Wunder tröstete mich
und machte mir wieder Mut.
Träume, Visionen, Ahnungen und Erscheinungen sind
übersinnliche Wahrnehmungen, die wir ernst nehmen
sollten. Wir erleben sie, wenn wir uns von dem oberflächlichen Getriebe der Welt nicht mehr zu sehr vereinnahmen lassen.

Von den Träumen sensibilisiert, habe ich erfahren, wie
sich Physisches und Psychisches durchdringen.
Hinter dem, was wir Zufall nennen, scheint sich oft viel
mehr zu verbergen. Ich hatte im Traum Glockenblumen
in der Hand und fragte mich nach dem Aufwachen:
Warum gerade diese Blumen? Die Antwort erhielt ich
am nächsten Tag durch eine Fernsehsendung über Tibet.
Der oberste Priester des Klosters auf dem Dach der Welt

trägt zum Zeichen seiner Würde in der rechten Hand einen Donnerkeil und in der linken eine Glocke, die, wie der Sprecher interpretierte, Männlichkeit und Weiblichkeit symbolisieren. Die Glocke in der linken, der gefühlsbetonten Hand, war in meinem Traum zur Glockenblume geworden und mahnte mich, meine Gefühlsseite mehr zu leben.

Noch ein anderes Beispiel. Ich war mit dem Schreiben einer Kindergeschichte beschäftigt, in der ein Kobold Schabernack mit Tieren trieb und die in Michelstadt spielte. Es klingelte, und der Briefträger überreichte mir einen Brief. Darin wurden mein Mann, der aus Jena stammt, und ich aufgefordert, zu einem Flüchtlingstreffen nach Michelstadt zu kommen.

Da es ein bißchen in unserer Ehe kriselte, ergriffen wir die Gelegenheit, uns neuen Eindrücken zu öffnen. Die Begegnung mit Verwandten, Bekannten und ehemaligen Schulfreunden meines Mannes in einer stimmungsvollen Atmosphäre erklärte mir manches, warf ein neues Licht auf seine Vergangenheit und trug zur Verbesserung unserer Beziehung bei.

Von Gedanken bewegt oder Problemen gequält und verunsichert, erhalte ich oft hilfreichen Zuspruch durch eine Fernsehsendung, einen Rundfunksprecher, einen Satz in einem gleichgültigen Gespräch, eine Melodie oder Gesprächsfetzen Vorübergehender. Oberflächlich gesehen besteht gar kein Zusammenhang, und dennoch empfange ich Bedeutsames für meine Situation. Das Außen und Innen bestimmen einander und zeigen, wie alle Dinge der Welt zusammengehören.

Mir erging es genauso wie der Seminarteilnehmerin. Als ich, durch die Träume angeregt, darüber nachdachte, wie eng meine reale Wirklichkeit mit der psychischen Wirklichkeit, die ebenso wirksam ist, zusammenhängt, hatte ich folgendes Erlebnis: Ein arbeitsreicher Tag lag hinter mir, und ohne zu wissen, was ich wollte, zog ich ein Buch aus dem Regal und schlug es wahllos auf. »Er entdeckte die beiden Welten, ewig und im selben Nest«, las ich und stutzte. Es waren Worte, die dem Rigweda, den indischen Opferhymnen, entstammen. Der Verfasser führte sie an, um zu verdeutlichen, wie sich physische und psychische Wirklichkeit durchdringen.

17.

Wie kann ich meine negative Einstellung zur Umwelt abbauen?
Mein Hilfsmittel gegen Nörgeln, Jammern und Schwarzsehen sieht so aus: Ich drücke auf einen imaginären Knopf – als roter Marienkäfer mit sieben schwarzen Punkten vorgestellt – und versuche, mir die positiven Seiten meiner Situation einfallen zu lassen. Dieses Gedankenspiel lenkt mich ab und verbessert meine Stimmung. Habe ich Zeit, schreibe ich auf die eine Seite eines Bogens alles Positive meiner Lage und auf die Rückseite alles Negative. Unter dem Schlußstrich zusammengezählt, überwiegt dann meist das Positive.
Auch die chinesische Weisheit »Kämpfe nicht gegen den Wind, knöpfe den Mantel zu« stärkt mein Selbstbewußtsein. Sogar von dem Unbewußten wird es aufgegriffen und mir noch öfter in den Träumen vermittelt.

18.

Ich kann mich gar nicht recht an der Gegenwart freuen. Entweder lebe ich in der Vergangenheit oder in der Zukunft. Es fällt mir auch furchtbar schwer, mich zu konzentrieren. Wenn ich einen Brief schreibe, kann ich meine Gedanken nicht sammeln und werde von allen möglichen Dingen abgelenkt.

Es gibt ein erfolgreiches Training, um diesem Übel abzu-helfen. Man konzentriert sich voll und ganz auf die Tä-tigkeit, die man augenblicklich ausführt, beispielsweise: Jetzt stehe ich an der Spüle, ich drehe den Wasserhahn auf und lasse das Wasser einlaufen, ich fühle, ob es warm genug ist, ich ergreife eine Kaffeetasse und so weiter. Be-sonders dem Essen sollte man diese gezielte Art der Auf-merksamkeit widmen, Farbe und Form der Speisen be-wußt wahrnehmen, sie langsam zum Munde führen, sie auf der Zunge spüren und auskosten und erleben, wie sie durch die Speiseröhre in den Magen wandern. Wer so ißt, wird nie zuviel essen.

Das aufmerksame und geduldige Begleiten jeder Situa-tion, dieses Mit-allen-Sinnen-Dabeisein und das Gefühl: »Was ich jetzt tue, ist das einzig Wichtige«, läßt den Menschen wieder zu sich selbst kommen.

Diese Übungen – drei- bis viermal am Tag, und seien es nur fünf Minuten, durchgehalten – fördern die Konzen-tration und geben dem Augenblick, dem Hier und Jetzt, sein volles Gewicht.

19.

Selbstfindung und Selbstverwirklichung und der Ge-danke, mit sich im Einklang zu sein, seine Mitte zu fin-den und aus ihr heraus zu leben, waren die Beweggründe meiner Traumarbeit. Ich mache es wie die Träume und habe mir als Symbol der Mitte eine Margerite gewählt. Die offene Blüte mit der goldgelben Mitte, umgrenzt von weißen Blütenblättern, strahlt Reinheit und Harmonie aus, die unverlierbar sind.

Ich erhielt mein Symbol, mein Gütezeichen, durch den

Traum einer Teilnehmerin. Nach Beendigung des Seminars arbeitete sie mit mir zusammen an ihrem existentiellen Problem. In einem Traum saß sie mir im Arbeitszimmer gegenüber. Plötzlich stand sie auf, öffnete den Schrank und holte aus dem unteren, etwas unordentlichen Fach zwei Metallbohrer heraus. Einen überreichte sie mir mit dem Hinweis, ich solle tiefer bohren, um auf den Grund ihres Problems zu kommen.

20.

Was versteht man unter einem Mandala?
Wem die Innenschau selbstverständlich geworden ist, erhält in Zeiten innerer Verwirrung und Zerrissenheit Beistand von seiner Seele. Ihm wird sich ein Bild aufdrängen, eine Figuration oder ein geometrisches Muster, das ihn ergreift und nicht losläßt. Es ist ein geistiges Bild, von den Indern Mandala genannt, das aus seelischen Tiefenschichten aufsteigt und Harmonie ausstrahlt. Es bringt Frieden, verhilft zu innerer Ordnung und führt zum Sinn des Lebens zurück. Wir erfahren seine heilende Kraft im meditativen Versinken und in dem Versuch, es in eine Zeichnung, eine Melodie oder einen Tanz umzusetzen.
Mein erstes Mandala waren Achterschleifen, die sich aneinandergereiht zum Kreis rundeten und miteinander verbunden waren. Mein zweites war ein vierblättriges Kleeblatt, von dessen Mitte aus je ein Wort in die einzelnen Blätter geschrieben war: mutig, liebevoll, stark, demütig. Eingefügt in einen Ring, hängt es so lange über meinem Arbeitsplatz, bis die Zeit für ein neues Mandala gekommen ist.

2. Was Träume bewirken

1. Träume machen mich frei und führen mich zum Ursprung, zu den Quellen des Lebens zurück.
2. Sie holen mich aus dem Gefängnis heraus, in das ich mich selbst eingesperrt habe.
3. Sie befreien mich von seelischem Ballast, den ich ein Leben lang angesammelt habe.
4. Sie nehmen mir die Schuldgefühle, die mich flügellahm machen.
5. Sie bringen Haß, Wut, Neid, Eifersucht zum Verschwinden, die als Steine Niere und Galle beschweren.
6. Sie stoßen mich mit der Nase immer wieder auf die Kinderrolle, die ich zeitlebens weiterspiele.
7. Sie zeigen mir meine unterdrückten Gefühle und motivieren mich, sie im Leben auszudrücken.
8. Sie heilen Wunden, die das Leben geschlagen hat.
9. Sie sammeln meine zerstreuten Seelenkräfte und geben ihnen eine Mitte.
10. Sie aktivieren meine Kräfte und lehren mich, richtig damit umzugehen.
11. Mit Hilfe der Träume löse ich Probleme und Konflikte, so daß ich von ihnen erlöst bin.
12. Träume verändern meine Sehweise und zeigen mir eine bessere Einstellung zum Leben.
13. Träume regen meine Phantasie an und machen mich kreativ, so daß die guten Einfälle wie Kinder Gottes vor mir stehen und rufen: »Da sind wir«, wie es Goethe formulierte.
14. Sie nehmen mir die Ängste aus der Seele, mit denen ich mich so sehr einenge.
15. Sie bemühen sich um mein seelisches Gleichgewicht und kompensieren meine entgleiste Lebenslage.

16. Sie trösten mich mit wunderschönen gefühlsbeton-
    ten Bildern, die mich froh stimmen und dem Tag
    Schwung verleihen.
17. Sie schicken mir Ordnung und Harmonie ausstrah-
    lende Symbole, wenn ich von widerstreitenden Ten-
    denzen hin und her gerissen wurde.
18. Sie schenken mir Ruhe, inneren Frieden und Gelas-
    senheit.
19. Sie helfen mir, meine inneren unerledigten Ge-
    schäfte abzuschließen.
20. Sie befreien mich von negativen Gedanken und Ein-
    stellungen und zeigen mir bessere Verhaltenswei-
    sen.
21. Sie lassen mich den Sinn der Worte »Freiheit,
    Gleichheit, Brüderlichkeit« wieder erleben.
22. Sie halten Körper, Seele und Geist in Bewegung,
    denn Leben ist Bewegung.
23. Sie eröffnen mir eine neue Dimension und verbin-
    den mich wieder mit der Schöpfung.
24. Sie führen mich zum Ursprung zurück und vermit-
    teln mir eigene Gotteserfahrungen.

Literatur

Aeppli, Ernst: *Der Traum und seine Deutung*, Knaur-Tb 4116
Dieckmann, Hans: *Träume als Sprache der Seele*, Fellbach-Oeffingen ³1984
Ders.: *Umgang mit Träumen*, Stuttgart 1978
Doucet, Friedrich W.: *Traum und Traumdeutung*, München ⁸1980
Faraday, Ann: *Die positive Kraft der Träume*, Knaur-Tb 4119
Fromm, Erich: *Märchen, Mythen, Träume*, Stuttgart 1980
Garfield, Patricia: *Kreativ träumen*, Knaur-Tb 4151
Dies.: *Der Weg des Traum-Mandala*, Interlaken 1981
Jung, Carl Gustav: *Psychologie und Alchemie*, Freiburg ⁴1984
Ders.: *Erinnerungen, Träume, Gedanken*, Freiburg ³1985
Ders. (Hg.): *Der Mensch und seine Symbole*, Freiburg ¹¹1979
Remmler, Helmut: *Der Königssohn, der sich vor nichts fürchtet*, Zürich 1984
Schwarz, Hildegard: *Mit Träumen leben*, Darmstadt 1981

Symbol-Register

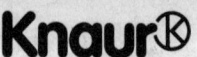

Band 4116
416 Seiten
ISBN 3-426-04116-2

Der Psychoanalytiker Ernst Aeppli schrieb dieses Traumbuch im Geiste des großen Seelenforschers C. G. Jung. Er wendet sich an alle, die wirklich Zugang zu ihren Träumen und somit zu ihrem Unbewußten suchen.

Der Autor leitet sein Werk mit folgenden Sätzen ein: »Die meisten Menschen haben Träume; doch nur wenige verstehen ihren Sinn. Das vorliegende Buch versucht nun all jene, die sich um eine bewußte Gestaltung ihres Lebens bemühen und deshalb auf den Traum und seinen Sinn als eine bedeutsame Mitteilung der Seele nicht verzichten möchten, an das Wesen des Traumes und an dessen fruchtbare Deutung heranzuführen.«

Esoterik

Band 4119
272 Seiten
ISBN 3-426-04119-7

Ann Faraday, die angesehene Psychologin und Traumfor-
scherin, hat in langjähriger Forschung eine Methode entwickelt, die jedem die Möglichkeit eröffnet, sich seiner
Träume zu erinnern und ihre individuelle Symbolik zu entschlüsseln. Endgültig ist damit die Behauptung widerlegt,
daß wir in unsere Traumwelten nur mit Hilfe eines Psychoanalytikers eindringen könnten. Ann Faraday lehrt uns, in
unseren Träumen Vorgänge und Bedeutungen wahrzunehmen, die uns im Wachen entgangen sind; wir erkennen
Wahrheiten über uns und unsere Mitmenschen, die uns zu
einem neuen Selbstbewußtsein führen.